# 油气资源企业标准化模式

庞 敏 秦 扬 何 沙 陈晓明 朱 林 著

石油工业出版社

## 内 容 提 要

本书针对新常态下油气资源型企业的管理需求，对标准化现状、存在的主要问题及标准化工作经验进行了实地调研、总结、整理与深入思考。依据企业资源状况，将管理决策科学化作为目标导向，建立以标准化工艺、标准化成本、标准化制度建设为一体式的标准模式构建，全面结合了资源企业规模、开发类型、开发周期等因素，建立了以动态生产指标为基础的标准成本模型。

本书可作为企业高层管理人员进行科学化管理和决策的重要参考书。

**图书在版编目（CIP）数据**

油气资源企业标准化模式 / 庞敏等著 . —北京：石油工业出版社，2019.7

ISBN 978-7-5183-3100-0

Ⅰ.①油… Ⅱ.①庞… Ⅲ.①石油化工企业－工业企业管理－标准化管理－模式－研究－中国 Ⅳ.①F426.22

中国版本图书馆 CIP 数据核字（2018）第 300226 号

---

出版发行：石油工业出版社

（北京安定门外安华里 2 区 1 号　100011）

网　　址：www.petropub.com

编辑部：（010）64523541　图书营销中心：（010）64523633

经　销：全国新华书店

印　刷：北京中石油彩色印刷有限责任公司

---

2019 年 6 月第 1 版　2019 年 6 月第 1 次印刷

787×1092 毫米　开本：1/16　印张：16

字数：360 千字

---

定价：68.00 元

（如出现印装质量问题，我社图书营销中心负责调换）

**版权所有，翻印必究**

# 前言

从中国古代的"车同轨、书同文",到现代工业规模化生产,都是标准化的生动演绎。实践证明,现代化企业对标准化的依赖程度越大,标准化的作用就越明显。要想稳步提升油气资源企业生产经营管理水平,就必须发挥标准的引领和支撑作用。

目前,标准化已经渗入到社会的各个领域,不断地促进企业技术进步、产品质量提高、成本节约、经济效益增加等,指导企业各项活动有序进行。标准化要在企业内发挥其优势就必须借助于标准化管理这一有效的管理手段。企业通过实施标准化模式能够把生产过程中的各个要素和环节有序化、规范化地组织起来,使整个企业处于最佳的生产经营状态。然而,高效的管理方法又须依赖于完善的管理模式才得以发挥作用。因此,完善的标准化管理模式是企业进步的重要组织形式之一。现阶段,我国企业标准化管理模式观念落后、体系不健全、管理制度不完善等问题尤为突出,鉴于此,提出了有效的企业标准化模式,以期提高企业的标准化管理水平。协调高效的管理标准是一切社会系统存在和发展的基础,建立企业管理标准是企业标准化管理的一项重要基础工作。企业标准化模式是从企业标准制订到标准实施、监督评价、反馈整个过程进行的计划、组织、指挥、协调和监督工作。企业标准化模式包含企业标准化工艺、标准化技术、标准化成本、标准化制度。

现阶段在油田企业管理方面,由于开采难度的不断加深致使成本不断增加。有专家学者将这种标准成本管理方式应用到一般企业或者油田企业的实际生产经营中,并取得了很好的应用效果,为企业的经营者提供了资金支付的依据,同时,有效地控制了企业的成本。石油企业标准化体系的建立及成本定额体系的实施处于初步研究与探索阶段,各大油气田企业都在积极地进行标准化成本定额的制订。但是,目前油气资源型企业制度建立的规范化、科学化程度需要加强,管理依托标准尚未形成合力,不规范,逻辑性相对较差。同时,成本管理存在较多问题。首先，成本价格定额制订没有精细标准化。成本价格定额体系尚未完全建立起来，所做的工作只是一部分，不能满足生产经营的需要。内部结算价格的制定，起初只是满足内部承包的需要，即主要目的是把繁琐的实物量指标的考核变为简单的价值量指标的考核，简化考核程序。由于不同时期所发生的成本费用不明确，特别是不知如何测定技术系数时，会导致所核定的价格不确定、不合理，操作起来很困难，也不完全符合各单元的实际情况。其次，成本分析与天然气的采出、净化、处理等生产工艺流程结合不紧密。没有从气井的生产工艺流程、装置运行出发，导致现有的成本分析办法对气田整个运行过程中的成本控制能力较弱，从而无法对气田生产运行过程中所产生的费用做出较为准确的预算。再次，成本的预算和核算与工艺流程脱钩，精细控制能力较弱。财务管理还是一种以传统的核算会计为主的管理，成本的预算和核算局限在了财务的这个专业领域，没有很好地反映生产和运行的经费预算要求，从而导致核算困难，单耗定额等的制订缺乏实用性，财务管理的成本控制职能效能偏弱。而且没有以工艺流程为核心的成本预算，只以总额指标为预算控制点，会导致预算控制的实用性较差，结果会存在很大的主观性。最后，大部分实行的增量成本预算编制办法是建立在"基数＋增长"前提下的，该预算编制的突出问题表现在预算的计划性、预见性、连续性比较差。

标准化是企业实现科学管理的重要手段。在企业内，一个产品的生产涉及研究、设计、制造、检验、设备保养、仓库管理、营销等部门。如何实现集中指挥，有效地管理各种资源，使各部门高效运转，生产出质量好、消耗少、成本低、用户满意的产品，就应该建立一整套包括技术标准、工作标准和管理标准在内的企业标准化体系。这也是建立现代企业制度的基础。

本书针对新常态下油气资源型企业的管理需求，对标准化现状、存在的主要问题及标准化工作经验进行了实地调研、总结、整理与深入思考。依据企业资源状况，将管理决策科学化作为目标导向，建立以标准化工艺、标准化成本、标准化制度建设为一体式的标准模式构建，突破了传统的企业资金链分析模式，全面结合了资源企业规模、开发类型、开发周期等因素，建立了以动态生产指标为基础的标准成本模型。因此，本书全方位梳理了油气资源企业的主要工艺流程，规范了主要的工艺工序，建立了工艺标准体系，突破传统的成本分析方式，依据油气田开发纲要，根据油气田规模、开发类型、开发周期，将地质、工艺指标与财务费用进行相关性回归分析，建立以动态生产指标为基础的标准模型。标准模型专业化程度高，预测范围全面、细致，能准确预测出新气田的投资资金和油气田未来各年成本耗费。从宏观的角度，深度挖掘油气田成本耗费的根本动因，改变原有以定量为主的微观成本预算方法，形成以地质、工艺指标为动因，具有科学性、可行性、可操作性的成本预算方法。从定量的角度，找出成本与地质、工艺指标的内在关联性，建立标准化成本计算模型。依据标准工艺、标准成本进行标准化制度的管理。创新制度管理方式，完善制度管理流程。

该书具有创新性和较高的学术价值，是企业高层管理人员进行科学化管理和决策的重要参考书，也希望该书能够为广大企事业单位的管理人员、标准化工作人员、研究人员提供一些切实可行的建议与发展启示。

# 目录 Contents

## 第一章 企业标准化概要 ... 1
### 第一节 概述 ... 1
### 第二节 企业标准化的重要性 ... 3
### 第三节 企业标准化编制依据 ... 5
### 第四节 企业标准化主要内容 ... 7
### 第五节 企业标准化实施效果 ... 8

## 第二章 油气企业成本管理现状 ... 13
### 第一节 油气开采企业特点 ... 13
### 第二节 油气开采企业成本构成 ... 14
### 第三节 油气开采企业成本管理现状 ... 16
### 第四节 油气开采企业成本管理存在的问题与难点 ... 18
### 第五节 油气开采企业成本标准化体系必要性 ... 20

## 第三章 油气企业标准成本理论与方法 ... 23
### 第一节 标准成本的内涵与功用 ... 23
### 第二节 油气开采企业标准成本体系的思路与步骤 ... 25
### 第三节 标准成本在石油企业的应用及借鉴 ... 40

## 第四章 油气企业工艺流程标准化体系 ... 45
### 第一节 标准工艺流程建立概述 ... 45
### 第二节 采出工艺流程 ... 46
### 第三节 集输工艺流程 ... 51
### 第四节 处理工艺流程 ... 56
### 第五节 基本运行维护保障部分 ... 64
### 第六节 其他部分研究 ... 65

## 第五章 油气企业成本标准化体系 ... 69
### 第一节 油气开采企业成本标准化体系的构建 ... 69

第二节　采出工艺成本节点及动因分析 ························ 77
　　第三节　集输工艺成本节点及动因分析 ························ 85
　　第四节　处理工艺成本节点及动因分析 ························ 89
　　第五节　基本运行维护保障成本节点及动因分析 ················ 92

第六章　标准化工期及费用管理体系 ································ 108
　　第一节　标准化工期及费用概述 ······························ 108
　　第二节　标准化工期及费用的影响因素 ························ 110
　　第三节　标准化工期的制订及控制方法 ························ 111
　　第四节　标准化费用的制订及控制方法 ························ 116
　　第五节　标准化的工期费用联合控制技术 ······················ 119
　　第六节　标准化工期、费用管理 ······························ 125

第七章　矿产资源开发生态补偿模式与机制 ·························· 127
　　第一节　矿产资源开发生态补偿相关概念 ······················ 127
　　第二节　矿产资源开发生态补偿标准模式 ······················ 128
　　第三节　矿产资源开发生态补偿机制研究 ······················ 132
　　第四节　油气资源开发生态补偿制度研究 ······················ 151

第八章　标准成本模型——以 A 气田为例 ···························· 159
　　第一节　A 气田操作成本分析研究 ···························· 159
　　第二节　A 气田标准化成本模型 ······························ 164
　　第三节　A 气田总成本研究 ·································· 194

第九章　标准工艺节点成本模型——以某储气库为例 ·················· 199
　　第一节　储气库标准成本建设必要性研究 ······················ 199
　　第二节　储气库标准工艺研究 ································ 202
　　第三节　储气库标准工艺成本节点设计 ························ 205
　　第四节　储气库标准工艺成本模型构建 ························ 209

第十章　标准成本管理制度建设 ···································· 218
　　第一节　标准成本管理配套机制 ······························ 218
　　第二节　具体制度要求原则 ·································· 219
　　第三节　具体制度制订 ······································ 223

后记 ···························································· 245

# 第一章 企业标准化概要

企业标准化是整个工业体系标准化的基础，也是整个工业体系标准化的重要组成部分。标准化渗透在技术工作的每一个方面，贯穿于整个生产流程的各个环节之中，不仅是企业进行科学管理的重要基础，也是企业进行组织生产的重要手段。在企业生产、技术和管理中，对标准化对象及其特性的研究，对标准化制定、实施过程中的客观规律和方法的掌握，对标准化实施效果和价值的追求，都是企业标准化工作的主要内容。

在企业中，标准化占据着很重要的位置。开展企业标准化，对于开发新产品、提高产品质量、节约原材料、降低成本、进行专业化生产、提高企业管理工作水平、提高经济效益等，都有着极其重要的作用。

企业标准化作用具体体现在以下两个方面：一是标准化来源于社会生产实践，并在实践中指导未来生产的发展方向，促进企业生产和技术水平的不断提高；二是国家标准、行业标准和企业标准都需要通过企业的贯彻实施，才能发挥标准的作用，获得标准化的实际效果和价值。

## 第一节 概 述

### 一、企业标准化的含义

企业标准化是指企业在整个生产经营管理过程中，制定和贯彻各类标准，使企业在生产和经营管理工作的整个过程中能够保持高度统一和高效率地运转，进而保证和提高产品质量。合理开发产品品种规格，提高企业的生产效率和经济效益，以达到企业生产经营管理工作的统一化、高效化和标准化效果。

### 二、标准化的特征

在企业标准化中，"化"是指扩散传播，即全范围内实现标准化目标的活动。"化"的过程是点、线、面和空间的发展过程。具体来说，标准对象指的是点，制定指的是线，贯彻指的是面，效果指的是空间。在企业开展标准化，则必须了解标准化过程的客观规律。标准化的活动过程，主要是围绕制订标准和贯彻标准进行的。标准化是一个连环，一环扣一环，往复循环，螺旋上升。

标准化过程就是标准的传递过程，标准化过程中的各个环节互相依存，环环相扣。在企业生产经营活动中，了解标准化的作用、特征，掌握标准化过程的客观规律，是做好企业标准化工作的关键。

企业标准化是一项经济性、技术性、管理性和全员性的工作，它的主要特征表现为以下几点：

（1）经济性。企业标准化实施的最终效果反映在经济上。制定和贯彻实施企业标准化，就是要提高产品质量、合理开发新产品、降低生产成本，即以最少的成本获得最大的经济效益。通过进行企业标准化管理，提升产品质量，提高企业的经济效益，是企业实施标准化的根本目的。

（2）技术性。标准是技术连接的纽带，是企业进行日常经营管理的主要依据，是企业进行技术交流和技术创新的重要凭证。企业标准的制定，是在掌握企业技术规律以及标准的内涵的基础上建立的，是比企业专业技术更为深入的一项技术工作。企业的技术生产活动都与标准化有着密不可分的关系。企业标准化活动是通过标准的制定和实施来提高企业的生产技术水平的。作为指导企业生产活动的各类技术标准，既反映了企业生产技术水平，又体现了企业整体标准化水平。

（3）管理性。标准化是企业进行生产管理的重要基础。标准化不仅反映了企业进行管理的客观要求，企业任何经营管理活动都离不开标准化。企业管理必须要以企业管理标准为依据，即企业必须以标准化为依据组织企业的经营管理工作，建立企业合理高效的管理制度，有效提高企业的管理水平。企业全面标准化管理，是实现企业生产经营目标的重要保证。

（4）全员性。企业标准化是以广泛的群众为基础建立的。为企业生产经营管理活动制定一定的标准，涉及企业的每一个员工每一个部门，只有依靠企业全体员工的共同努力才能有效实现企业标准化；只有认真落实企业的各项标准化要求，才能充分发挥企业标准化的作用和效果。

### 三、企业标准化管理体系的构成

#### 1. 技术标准

技术标准是企业进行标准化管理的核心内容，是保证和提高产品质量的重要保证。其他标准都是围绕技术标准进行的，并为技术标准进行服务。具体而言，技术标准是对企业生产相关的所有技术条件，包括生产条件、生产方式、生产对象等所作的具体规定，如产成品、半成品、原材料、设备、工艺、计量检验、包装、安全技术、环保卫生、设备维修、设计、能源等标准。

企业技术标准的表现形式主要为标准、规范、准则、操作卡、作业指导书等。任何一家企业都应以提升产品质量标准为基础，建立完善的企业技术标准体系。

#### 2. 管理标准

管理标准是企业实现技术标准和进行生产经营管理活动的重要措施。它把企业管理的各个部门、各个单位以及各个方面进行有机的结合，以提高企业产品质量的水平，使企业能够获得最大的经济效益。管理标准是对有关生产、技术、经营管理各个环节内容所做的的标准化的规定。它涉及管理的方方面面，包括企业经营决策管理、生产管理、质量管理、技术管理、计划管理、财务管理、人事管理、设备管理以及标准化管理等。

#### 3. 工作标准

工作标准是对企业经营过程中需要统一化的工作制定的标准，是以人的工作为对象，对工作范围、责任、权限以及质量等所做的规定。工作标准主要是规定人们在生产经营活动中应尽的责任和应有的权限，以及对工作要求、工作质量、工作期限等所做的具体规定。企业工作标准化管理，主要是明确工作标准的对象和内容，制定科学的工作标准；认真组织实施工作标准；对工作标准的完整性、实施情况和取得的效果进行严格考核。

企业标准化管理实质上就是对由技术标准、管理标准和工作标准这三大标准体系所构成的企业标准化体系的建立与贯彻实施。

## 第二节　企业标准化的重要性

企业是国家实施标准化工作的基础单位。企业标准化的制定与实施是为了企业在生产经营管理过程中能够获得最佳的秩序，并为实现企业目标，为企业生产、经营、管理的有序进行提供重要依据。企业标准化的主要内容是制定企业标准，建立和完善企业标准化体系，组织实施企业的各项标准，对标准、标准化体系的实施进行监督检查等，并不断完善和改进。

企业标准化工作贯穿于生产、技术、管理等各个方面，对企业新产品的合理开发、产品质量的提高、成本的降低、经营管理的改善、国内外市场的开拓、企业经济效益的提高等方面都具有十分重要的作用。在全球经济一体化的环境下，一个企业如果不重视标准化工作的实施，将会影响到该企业正常的生产、经营和管理工作，影响企业未来的发展。

在现代企业管理中，企业标准化是一项非常重要的工作。企业标准化有着广泛的范围和内容，从简单的生产技术领域到整个生产经营管理领域，从实施各类技术标准到实施各项管理及工作标准，标准化已经成为企业管理不可或缺的一部分。标准化作为企业进行科学管理的重要手段，对于做好企业的经营管理以及提高企业的经济效益，都具有十分重要的作用。

### 一、标准化是企业现代化生产的必要条件

在竞争激烈的市场条件下，产品的功能性越来越强、模块化程度越来越高。企业的现代化生产是建立在高度的社会分工和广泛的协作基础上的，企业生产的产品往往涉及上、下游企业。在企业内部也涉及多部门和多环节。为确保生产过程中技术上的相互衔接，需要制定和实施各类标准作为指导企业产品生产的重要依据，保障企业生产活动正常地进行。离开标准化，企业生产的现代化就无从谈起。

### 二、标准化是企业组织生产的必然手段

现代企业的生产是建立在先进技术、广泛协作和严密分工基础上的，企业生产的产品往往涉及许多企业和单位，在企业内部也牵涉到生产流程的各个部门。为确保产品生产流程的连续性，有必要制定和实施各项技术标准保证产品生产过程的技术衔接，从而保证生产的产品符合质量标准以及生产标准，保证企业正常的生产经营运转。因此，标准化在企业生产中扮演的角色越来越重要，离开了标准化，企业的生产就无法进行。

### 三、标准化是企业提高产品质量的重要保证

标准是提高企业产品质量的重要依据，标准水平的高低，决定着企业产品的质量水

平。首先要为企业生产的产品制定出先进合理的标准，并切实认真贯彻，这样的产品质量才能得到保证。随着科学技术的进步和生产技术水平的提高，企业生产的产品不再满足于达到现有标准，更多的是适应用户的需求。为满足这一现状，应加速产品升级换代，适应市场形势的发展，提高产品的竞争能力，积极采用国际标准及国外先进标准，不断修订标准内容，制定更先进的产品标准，提高标准水平，通过标准的再贯彻，不断促进产品质量的再提高。

## 四、标准化是企业实行专业化生产的重要前提

企业生产的产品首先要满足用户的需求。通过标准化的制定以及实施，能够合理划分产品规格，统一零部件，提高零部件的互换程度，企业可以扩大批量生产，采用新的设备和技术，实现专业化生产，提高劳动生产率，降低成本，实现经济利益最大化。标准化是专业化生产的前提，没有标准化，就没有专业化生产。

## 五、标准化是企业推行全面质量管理的重要依据

标准贯穿于全面质量管理的始终，标准化为全面质量管理提供了管理目标和依据。全面质量管理是全员参加的全过程质量管理。在质量管理中，对产品设计、制造、检验、包装、贮运及销售服务等各个方面都应制订出标准，作为质量管理的依据。并通过质量管理的实践，不断修订标准，保证和促进产品质量的提高。因此，没有标准化，质量管理就失去了管理的目标和依据。

## 六、标准化是企业科学管理的重要依据

企业的管理工作离不开标准化。企业管理涉及生产管理、技术管理、计划管理、质量管理、劳动管理、财务管理及物资管理等。企业各项管理都必须建立符合生产发展规律和客观经济规律的管理标准，作为企业生产和管理工作中共同遵守的依据和准则，使企业各个部门、各个环节明确各自的任务、责任、权限，明确工作程序及工作要求，按管理规章和标准办事，促使整个生产经营活动保持高度地统一和协调，以及高效率地运转。只有这样，才能提高企业管理水平，保证企业生产和管理工作有条不紊地进行。

## 七、标准化有利于企业加快新产品开发速度

现代标准化理念有助于企业新产品的设计和开发。新产品开发过程中积极采用通用化、模块化、组合化、系列化等标准化方法，积极采用现有的设备以及工艺，避免重复设计以及资源的浪费，缩减产品的生产周期，进而加快新产品的设计和开发。

## 八、标准化有利于企业实现生产安全、环境保护和职业健康管理要求

生产安全、职业健康和环境保护既是现代企业内部管理和市场拓展的需要，也是企业应承担的社会责任。推行企业标准化将为各类安全标准的实施、职业健康安全管理体系和环境管理体系的建立奠定良好的工作基础。另外，各类安全标准的实施、职业健康安全管理体系和环境管理体系的建立能够促进企业标准体系的完善。

## 第三节　企业标准化编制依据

### 一、标准编制的原则与要求

标准编制原则的确定是实现标准的重要前提，企业只有制定出适合企业的好的标准才会有利于提高企业的市场竞争力。目前，提高标准编制的质量是企业标准化编制过程中重点解决的问题之一。提高标准的编制质量，关键是要提高标准的适用性和可操作性。技术标准是技术应用的重要依据，管理标准是企业经营管理的基础，技术服务标准是增强企业活力、提高企业形象、展现企业文化不可忽视的工作规范标准。因此，标准编制是一项重要、严肃和认真的技术基础工作，企业领导者必须提高对标准的认识，认清标准对企业技术的发展有着至关重要的作用。为编制操作性好、适用性强的标准，标准的编制应遵循以下几项原则：

（1）标准编制不能违背国家相关的法律、法规；
（2）标准应与已颁布的有关国家标准保持一致；
（3）制定标准应有利于建立完善的企业标准体系；
（4）对国内外先进标准要认真研究，积极采用；
（5）要合理确定标准的适用范围和技术要求，在选择技术要求时，应充分考虑满足国家、顾客和企业三者的共同利益（违背任一方利益都是不适宜的，应考虑社会效益）；
（6）对同类产品的品种、规格进行优选和分档，形成标准系列；
（7）制定产品标准时应有包装、防护标准；
（8）对现有的标准，应按照技术进步、发展的形势及时修订，确保标准的先进性和权威性。

工作实践表明，企业标准的发展是企业生存的条件，也是竞争的工具。标准编制除了遵守上述8条原则外，还要明确制定标准的概念、法规与标准之间的区别。同时，还应注意标准的性质及转化条件。在合同条款、协议条款或具有法规效果中引用的标准，不论是不是强制性的标准，都应视为强制性标准。因此，在执行合同和法规时，必须认真贯彻条款中引用的标准，否则，会引起合同法律纠纷，造成不必要的经济损失。

### 二、企业标准化的特点

1. 目的性

即理清企业标准化思路，理顺企业技术和管理之间的关系，建立标准化体系，指导企业的生产和管理。标准化是企业技术、生产、经营工作有序进行的基础，必须做到"有法可依、有章可循、有据可查、有错必纠、有洞（漏洞）必补"。

2. 系统性

即"5M"（人、机、料、法、环）"4流"（人、物、信息、资金）、全过程、全方位管理以及全员参与。

**3. 层次性**

企业标准化不是各类标准化文件的组合，其规划思路并不是形成标准目录。个性化的标准应制订在底层，拥有共性的标准则上升一层（主要起指导、制约作用），而且每一层（子体系）都有自己的标准。

**4. 协调性**

企业标准化体系的标准主要包括上、下层级的标准，同层级的标准，管理标准，技术标准，工作标准等，各层级标准都应与国家法律法规和其他标准相协调，保持一致。

**5. 科学性**

企业标准化应借鉴先进的管理模式以及思想理念，如系统管理、领导作用、过程方法、合格评定、关键控制点、持续改进等。

### 三、企业标准化编制原则

编制企业标准化工作计划是一项政策性、技术性都很强的工作。它既有自身规律性要求，具有一定的相对独立性，又是企业整个工作计划中的一个重要组成部分。它必须符合工厂生产经营、科研技术、质量管理要求；必须具有超前性、系统性、成套性、科学性、权威性、切实可行性；必须与工厂整体工作计划协调一致，相辅相成。因此，在编制企业标准工作时主要遵循的原则和要求是：

（1）明确企业标准化工作的指导思想是保证企标工作稳步健康发展的关键，必须贯穿于计划编制的全过程和计划实施的全过程。企业标准化工作要真正树立起为企业产品开发、生产经营等各项活动积极服务的思想，进而促进企业技术进步，保证管理科学、工作井然有序，从而提高企业整体经济效益。

（2）要以企业标准化工作远景规划为指导，认真总结标准化工作经验和过去计划的实施效果情况，是编制好"当前"计划的先导；努力增强企标意识、加强标准化队伍建设、提高业务素质，是保证计划得以顺利实施和完成的基础。

（3）掌握企标工作发展过程，是使计划具有系统性、成套性的基本要求，如组织机构建立、人员落实、六项基础标准贯彻实施，企业标准制定等，我们通过完善自身管理，使标准化工作有标准可循，明确新产品研制，军民品生产经营的标准化工作内容，标准化工作程序及要求，及时提出了企业急需的六项基础标准和企业标准化通则方面的标准制订项目。

（4）参与工厂正确预测产品开发及市场前景，是使计划具有超前性、准确性的重要途径。新疆油田采油一厂变速器产品标准的超前计划和制订，及时为该产品定型鉴定工作提供了标准资料，使得产品定型鉴定顺利通过，为抢占市场取得了宝贵时间，使之成为新疆油田采油一厂的主导支柱产品。

（5）积极加强与上级标准化部门的联系，是争取上级主管部门的支持与帮助，扩大计划项目的重要途径。

（6）认真及时地修订企业技术标准是使企业技术标准保持先进性、适用性，并不断提高标准水平的必然要求，因此也是计划内容的重要项目。

（7）认真分析研究定型产品成熟的结构要素和工艺技术条件，并进行归纳总结优化，使之上升到标准高度，是企业标准化工作紧扣促进技术进步、加快产品开发、优化产品设计、降低设计制造成本、提高市场竞争能力和工厂经济效益主题的重要基础工作，也是企标计划的主要来源。

（8）多提合理化建议，动员和鼓励全厂职工积极参与标准化活动，是使计划切合工厂生产技术、经营管理等实际的有效措施和方法。紧紧把握住标准化工作当前及今后一个时期内的中心任务和工厂科研技术、产品开发、经营发展方向，充分发挥标准化工作在提高产品开发、技术进步、能力提升和企业素质提高中的促进作用，在思想上高度重视企业标准化工作计划的编制工作，是企业标准化工作计划具有科学性、权威性、切实可行性的关键和保证。有了科学权威、实用的企业标准化工作计划，再按计划精心组织、狠抓落实，企业的标准化工作就一定能够取得不错的成绩。

## 第四节　企业标准化主要内容

企业标准化的主要内容，应根据企业标准化管理的范围和内容进型制定，虽然不同类型的企业或者相同类型不同规模的企业工作内容会存在很大差异，但按工作的性质划分，企业一般都包括技术工作和管理工作两个方面。

### 一、技术工作

企业标准化的技术工作，是指企业的法定负责人或者是主管企业标准化制定的项目负责人，组织企业标准化专职组织以及企业其他组织部门，运用一系列标准的技术方法，做好企业新产品的开发、技术引进、技术改造、质量管理、生产和经营管理等各个领域的标准化工作。该工作主要包括以下内容：

（1）企业标准的制定、修订和复审。积极参与地方标准、行业标准、国家标准的制定、修订任务，有能力的企业要积极参与国际标准的制定和修订；

（2）组织实施标准以及监督检查；

（3）采用国际标准；

（4）积极参与新产品的开发、引进、改造，提高产品质量中的标准化工作，提出标准化要求，负责标准化审查、标准化技术服务等；

（5）积极推动产品的三化（标准化、通行化、系列化）、模块化、组合化、成组技术等的应用；

（6）积极参与企业生产、经营管理过程中相关的标准化工作；

（7）积极参与企业信息技术的标准化工作等。

### 二、管理工作

标准化是企业进行有效管理的基础，企业标准化管理同企业的生产管理、技术管理、计划管理等其他各项管理一样，是企业整个管理系统中不可或缺的一部分，并为其他各个管理系统提供管理服务。

1. 企业标准化的管理基础

企业标准化工作具有很强的专业技术性和政策法规性，标准化工作必须和专业技术和管理实践进行紧密的结合，同时要协调好各方之间的关系，充分调动大家的积极性完成标准化工作。因此，企业标准化人员必须熟悉国家各项有关标准化的法律法规，具备很广泛的知识面和很强的实践能力，以及一定的组织协调能力。

2. 编制企业标准化工作规划和计划

编制企业标准化工作规划和计划是计划管理的中心环节。规划一般以企业的中期发展目标为依据。根据大多数企业的实践经验，通常年度计划为主要编制形式。通常年度计划需要有较为清晰和明确的计划项目、工作目标、进度要求、人员配置和相应的资金、物质安排，需要有较强的可操作性，是企业标准化计划管理的主要基础和依据。

3. 企业标准化信息管理与服务

在管理科学中，信息指的是客观世界中各种事物的变化和特性的反映，而不是事物本身。标准化信息是指标准化过程中一切有关的的数据和信息，是企业进行标准化工作的重要基础和依据。根据企业的实践经验，企业标准化信息管理及服务应满足以下条件：收集渠道广泛而稳定；对资料进行及时整理，保持良好的标准时效性；正确并及时掌握与本企业相关的标准化资料和信息，尽快传达给企业有关部门；及时收回废止标准；建立企业标准化信息库，能够提供快速有效的服务。

4. 企业标准化培训和宣传

加强企业标准化的培训和宣传，提高企业标准化技术人员的技术水平，增强企业领导以及全体员工的标准化意识，对于企业顺利实施各项标准化工作有着非常重要的作用。由于企业标准化工作涉及企业高层领导、中层领导，以及普通员工的立法、执法的工作，对企业不同层级不同类型人员有着不同的要求，因此，企业标准化培训和宣传应该按照不同的要求进行。

# 第五节　企业标准化实施效果

## 一、企业标准化的目的

企业标准化是推动企业高效运作的重要的一种途径。通过企业标准化制度的制定，对企业活动进行指导监督，是对实现企业经营管理现代化的重要保证。

但从标准化方面看，企业标准化的目的主要包括6个方面。

1. 作为企业情报的手段

（1）出售者把介绍自己企业产品的性能、规格的说明书提供给购买者，这本身起了情报传递作用。有的企业还在企业标准的基础上编写出商品目录进行宣传，使其成为扩大市场的有力工具。

（2）企业的经营组织好似一座金字塔，塔尖是经营者，往下依次为管理者、监督者和操作者。经营者和管理者参与方针和计划的建立，监督者和操作者只是去执行这些方针和计划。因此必须把方针、计划及完成的方法编写成文，最后连同企业标准一道传达给监督者和操作者。

（3）企业是由许多专业部门组成。为了使部门内及各部门之间的任务统一并提高效率，必须制定出各种业务的顺序、手续及方法的企业标准。实行业务标准化可以避免差错从而减少损失。

（4）企业通常实行的管理工作包括质量管理、工程管理、成本管理。这些管理的基础是企业标准。开始是教育有关人员，接着是实施、复核、处理有关问题和开展小组活动。按此程序往复循环，但却不是简单地重复。

（5）企业中的固有技术多掌握在特别熟练的个人手中，应当把这个技术用文字记录下来，定成企业标准，成为企业的财富、企业的技术，使企业内的有关人员都会用。并在此基础上改良老产品、发展新产品，提高技术水平。

（6）过去对新入厂工人的培养都是靠口传。现在，在专业化发达的企业里，对新人的教育训练应以本厂的企业标准为出发点，制定标准成册，互相交流学习，使员工得到正确的训练和工作指导。

2. 稳定并提高产品质量

（1）作为产品重要质量特性的性能（包括耐久性和安全性）需要不断提高。单纯靠抽样检查是不可能保证质量的。性能的保证应该通过设计阶段和生产阶段的标准化来实现。因此，在质量管理方面，实行材料、设备、操作方法的标准化是十分必要的。

（2）企业内应当先制定原材料、零部件规格，加工制造标准及生产设备的保全标准。质量管理手段的效果首先表现为工作进度的稳定。但在没有实现标准化的车间里，无论怎样使用质量管理手段都难以使工作进度保持稳定。

3. 降低成本、简化品种

（1）在生产性企业里，降低成本的办法是靠产品的单纯化和成批量生产。这可以减少更换程序的时间以提高工效。因而经营部门乐于接受标准，设计部门则可以根据标准材料、标准零件进行设计。这不仅可以降低生产成本，使设计合理化，还促进了企业内部整个业务的合理化。

（2）如果一个企业生产的品种多，数量少，那么要实现产品的标准化很困难。但在材料和零件方面，简化品种，降低成本还是大有潜力的。

（3）生产材料中的材料、零件、中间产品、成品、生产设备、工具、试验仪器、测量仪器等种类繁多，应该通过建立合理的规章体系来减少种类。这不仅适用于现在，而且对于将来防止种类增加也是必需的。

（4）减少品种实现大量生产，主要表现在由于不同尺寸的某些零件的大量生产，导致机能互换性的某些产品（标准电动机、标准轴承等）大量生产。看来应用互换性这一原理是根本。

4. 提高生产率并使业务统一

（1）在研究、设计、进出口、制造、检查、设备保全、仓库管理、营业、一般性事务等全部企业活动中，最关键的是提高效率和减少费用。如果在工作方法规范化的同时，人们能共同遵守规范，就能够达到加快工效、提高质量、降低成本的目的。

（2）把业务的程序、手续、方法统一化、定型化，可以减少工作中的差错，从过去处理纠纷的状态下解放出来，更加集中力量改善工作方法。

5. 保障安全与健康

标准化的目的是确保安全的同时体现经济性。企业标准的主要作用是保护操作者的安全与健康。为了防止事故发生，应确立操作标准和安全标准，尤其要认真执行操作标准。应当把安全放在第一位，经济放在第二位。

6. 维护消费者及社会的利益

（1）企业从开创时就要维护消费者的利益。如果工厂的产品不符合顾客的要求，该产品就卖不出去。产品的耐久性、可靠性和安全性的高低都直接涉及顾客的利益。如果产品的性能好，顾客就可以享受到标准化的利益。

（2）现在的企业应当维持地区和企业的共存共荣。近来包围着工厂的环境保护问题就是典型例子。防止大气污染、水污染、噪声污染，建立起减少这些公害的工作方法，并从这一目的出发来制定企业标准是企业存在的必备条件。

## 二、企业标准化的实施成效分析

如果从标准化机能方面来掌握前面所述内容也可以看成企业标准化的效果。但从企业的角度来说，最关键的问题是看其经济效果如何。标准化经济相关的测定尚处于研究阶段，还没有定量的测定和定型的评价方法。表1-1中所述的企业标准化的实施效果仍是定性的，在生产企业的各个部门会以各种不同形式表现出来。

表1-1 企业标准化的实施效果

| 部门 | 方法 | |
| --- | --- | --- |
| | 减少品种 | 把业务工作标准化 |
| 供应 | 由于减少购入材料的品种：<br>（1）成批购入量增大，购入价格降低；<br>（2）减少了材料成本，减少库存材料；<br>（3）减少了固定成本；<br>（4）减少了材料报关面积和设备；<br>（5）减少了材料的搬运；<br>（6）扩大了供给者的选择范围；<br>（7）减少了高价特殊品的购入量 | 由于购买和外销业务的标准化：<br>（1）容易制订采购计划；<br>（2）可以把本企业的要求全部告诉供给者，减少业务联络；<br>（3）减少了等待脱销品的时间；<br>（4）减少了退货；<br>（5）简化了单据种类 |
| 设计 | 由于减少了成品和零件的品种：<br>（1）提高了设计技术水平；<br>（2）减少了设计中的差错，减少次品；<br>（3）缩短了出图时间，生产计划能顺利进行；<br>（4）使设计时间充分，可以集中力量改善老产品，研究试制新产品；<br>（5）简化了图面管理；<br>（6）提高了设计业务的效率 | 由于涉及业务实行标准化：<br>（1）减少了设计差错和次品；<br>（2）缩短了出图时间，生产计划能顺利进行；<br>（3）使图面管理、设计资料管理更容易；<br>（4）提高了设计业务效率 |

续表

| 部门 | 方法 | |
|---|---|---|
| | 减少品种 | 把业务工作标准化 |
| 制造 | 由于减少了成品和零件的品种：<br>（1）延长了一次性生产时间，扩大生产量；<br>（2）减少了设备的调整时间及停机时间；<br>（3）有利于实现设备的机械化、自动化，提高产品质量和生产效率；<br>（4）由于采用专用设备、专门加工方法，提高了质量和效率；<br>（5）减少了备用品；<br>（6）减少了工具卡、测量仪器的种类和数量；<br>（7）容易训练员工，提高员工熟练程度和操作的安全程度；<br>（8）容易管理，使质量稳步提高 | 由于生产作业的标准化：<br>（1）容易训练操作人员，提高其熟练程度，提高操作的安全程度；<br>（2）减少了残次品；<br>（3）容易改进操作；<br>（4）容易管理，有利于质量的稳定和提高；<br>（5）减少了设备的调整时间及操作的间歇时间；<br>（6）减少了设备故障的频度；<br>（7）减少了滞留时间；<br>（8）提高了生产效率 |
| 检查 | 由于减少成品和零件品种：<br>（1）检查的批量增大，但相对检查数量减少；<br>（2）减少了试验测量设备的调整时间及作业的间歇时间；<br>（3）采用专业试验设备，提高了测量精度和效率；<br>（4）减少了检查出错；<br>（5）减少了检查成本；<br>（6）容易培训检查员，有利于提高熟练程度和作业安全程度 | 由于检查业务的标准化：<br>（1）检查员容易培训，有利于提高熟练程度和作业安全程度；<br>（2）减少了检查出错；<br>（3）容易改进测量方法；<br>（4）保持了检查标准，使管理工作更方便；<br>（5）减少了试验测量设备的调整时间及作业的间歇时间；<br>（6）提高了测试设备的管理精度；<br>（7）减少了等待时间 |
| 设备保全 | 由于设备专用或减少设备的种类：<br>（1）提高了产品质量和工作效率，降低了产品成本；<br>（2）减少了工厂灾害；<br>（3）减少了设备；<br>（4）减少了修理用组件、零件等备用品的资金；<br>（5）保全业务容易化；<br>（6）减少了保全时所需的经费、劳力、时间；<br>（7）提高了保全员的熟练程度；<br>（8）减少了故障；<br>（9）减少了由于故障造成的停产时间 | 由于设备保全业务的标准化：<br>（1）有可能执行业务保全计划；<br>（2）可恰当选定重点设备；<br>（3）使保全业务容易搞，效率高；<br>（4）容易管理备用品；<br>（5）减少了保全所需经费、劳力和时间；<br>（6）容易训练保全员；<br>（7）减少了故障；<br>（8）减少了由于故障造成的停产时间；<br>（9）减少了围绕保全问题产生的纠纷；<br>（10）提高产品质量和工效 |
| 营业 | 由于减少了成品和零件的品种：<br>（1）销售迅速；<br>（2）减少了成本和成品库存；<br>（3）缩小了仓库保管面积和保管设施；<br>（4）包装合理化；<br>（5）运输合理化；<br>（6）集中努力做生意；<br>（7）提高了广告效率 | 由于营业业务标准化：<br>（1）减少了贸易中的混乱、差错和误解；<br>（2）容易处理顾客的意见，提高业务质量；<br>（3）容易训练售货员；<br>（4）容易评价销售成绩；<br>（5）简化了出售业务，提高了效率 |

续表

| 部门 | 方法 | |
|---|---|---|
| | 减少品种 | 把业务工作标准化 |
| 其他 | 由于减少了成品、零件、材料、设备的品种：<br>（1）容易制订方针、计划；<br>（2）减少了业务的混乱、差错、误解；<br>（3）提高了业务效率；<br>（4）简化了单据；<br>（5）容易培训工作人员 | 由于业务的标准化：<br>（1）由于日常业务被开放，经营者可以致力于最重要的业务；<br>（2）经营方针可以传达到底，利于企业内部的协调，改善了人与人之间的关系；<br>（3）明确了责任、权限，减少了任务的重复；<br>（4）减少了业务的混乱、差错和误解；<br>（5）提高了业务效率；<br>（6）简化了单据；<br>（7）容易培训工作人员 |

# 第二章 油气企业成本管理现状

## 第一节 油气开采企业特点

油气生产是一项非常复杂的工作，包括了油气勘探、开发、炼化和销售等环节。油气开采企业主要负责的是油气开发这一环节，属于油气生产的上游企业，其主要业务为油气生产与集输、地质开发和采油工艺研究等。油气开采企业的油气储量制约着企业产量，其生产过程具有独特性，这些特点使得其经营管理也有别于其他行业。要实现油气企业效益最大化，提高成本管理的效率，必须了解和认识油气开采企业的特点。

### 一、开采对象的特殊性

油气资源作为石油开采企业的开采对象，具有其特殊性，具体表现在以下几个方面：

（1）油气资源深埋地下，并且自然存储，具有一定的复杂性和隐蔽性，只能借助于钻孔测试和地球物理勘探等方法对油藏进行判断，需要的周期较长。而其他工业企业能够直接观察工作对象，相比之下，油气开采企业面临着更大的困难。

（2）油气储量具有较大的差异性和地域规定性，因此勘探开发手段也大不相同。

（3）油气储量评估是动态的预测过程，科技的进步会导致评估结果不断变化。

（4）油气资源属于不可再生资源，具有有限性和稀缺性。油气资源会随着不断开采而逐渐减少，甚至耗竭。

### 二、开发过程和开采成本的特殊性

油气资源的开发过程有其特殊性。一方面，油气开采的条件和环境较为复杂，需要较大规模的投资和高水平的开采技术。另一方面，油气的开发工程建设庞大，涉及许多难以处理的因素。成本的组成部分中不确定因素较多，材料所占比重较小，这一点与其他行业差别较大。其受科学技术的应用影响较大，在开发过程中会发生较大的不可控和不可预计的支出。开发过程和开采成本的特殊性导致了油气开采企业对油气成本的控制难度较大，成本可比性较低。

### 三、生产管理的特殊性

与其他企业的生产管理相比，油气开采企业具有自身独特的特点：

（1）具有较强的计划性，地位相对独立。油气开采企业处于油气生产的上游，仅负责油气简单再生产。油气开采企业的主要任务是由地区分公司按照一定的比例给企业分配成本和产量限额后，在给定的成本下完成一定的产量。因此，其通常被称为油气生产的"成本中心"，具有较强的计划性。此外，油气开采企业并不涉及油气的经营销售，只负责油气的生产，其目标是高效、安全地按计划开采原油，地位相对独立。

（2）管理的对象较复杂，任务繁重。油气生产具有连续性，属于流程型生产。并且油气生产的地理位置分布零散，工作场所大多在野外。加之其面临着环保压力和安全生产的高要求，管理难度较大。开采过程的特殊性也为生产管理增加了难度，采油生产过程中不安全、不稳定因素较多，易发生安全事故，生产中组织协调的任务较繁重。

（3）生产计划相对稳定。油气开采企业的生产计划由企业根据资源和生产能力集中编制，生产计划比较稳定，变动不大。为了充分利用生产能力，企业通常会对生产计划进行均衡分配。由于生产的连续性和设备的专业化，整个生产过程不能出现任何差错，任何一个环节出错都可能会导致生产计划不能按时完成。因此油气开采企业必须保证设备的正常工作来达到对生产的控制。

## 第二节　油气开采企业成本构成

油气开采企业成本是一个过程成本，即油气的发现和生产作业过程的总支出，包括费用性支出和资本性支出。根据油气开采企业所处的不同生产阶段，其成本主要由矿区权益的取得成本、油气勘探成本、油气开发成本、油气生产成本和弃置费用这几部分构成。

### 一、矿区权益的取得成本

矿区权益的取得成本是指油气开采企业为取得在特定矿区内开采油气的权利而付出的代价。按照我国石油天然气开采会计准则的规定，它主要包括：

（1）申请取得矿区权益的成本，即探矿权使用费、采矿权使用费、土地或海域使用权支出、中介费以及可直接归属于矿区权益的其他申请取得支出。其中，探矿权使用费是企业为从国家手中取得矿产资源探矿权而支付的费用；采矿权使用费是指企业为取得采矿权所发生的费用，国家对探矿权和采矿权的使用费都进行了一定的规定。

（2）购买取得矿区权益的成本包括购买价款、中介费以及可直接归属于矿区权益的其他购买取得支出。采矿权价款是指企业为取得采矿权按照规定向国家支付的一定费用，并且该采矿权是国家出资勘察所形成的。

与国外相比，我国的取得矿区权益的成本增加了采矿权使用费和采矿权价款这两部分，而减少了购买或租赁矿区选择权的支出。这一差别构成了中外矿区取得成本的差异。我国只有很少一部分大型石油公司拥有探矿权和采矿权，并且探矿权和采矿权的收费标准较低，占成本比重较小，而且矿区取得成本具有一次性特点，因此不属于成本管理的重点。

### 二、油气勘探成本

勘探成本是指为进一步探明天然气储量而发生的一系列支出，包括地质调查支出、地球物理勘探支出和维持未开发产量而发生的支出。勘探成本发生的时间点不确定，在矿区取得前后均可。勘探成本项目包括地质测量、控制点、地形测量、地球物理勘探及探井。

按照油气会计准则的规定，勘探成本由钻井勘探成本和非钻井勘探成本这两部分构成，以更好地反映和总结勘探支出。钻井勘探成本主要指为了了解地层和油气藏等情况而发生的探井工程支出，包括区域探井、预探井和评价井等的支出。非钻井勘探成本主要包括矿区的科学研究、地质调查以及地球物理勘探过程的支出，也包括勘探装备和配套设施相关的费用。

我国油气勘探成本与国外的构成基本相同，只是国外增加了持产成本这一支出。由于地下油藏储存的复杂性和隐蔽，勘探过程中具有较多不确定性因素，不可控性较大，因此，油气勘探成本不属于成本管理的重点。

### 三、油气开发成本

油气开发指开发探明储量而进行的产能建设活动，油井开发成本包括开发井成本和地面工程成本。开发井支出主要包括钻前准备支出、钻井支出、测井支出、固井支出等。地面工程成本指开发方案中规定的地面设施，如集输管线、计量设备和公共设施等发生的支出以及提高采收率的更新改造支出。

我国油田开发成本的构成相对稳定，并且与国外开发成本的构成基本相同，不是油气开采企业成本管理考核和控制的重点。

### 四、油气生产成本

油气生产成本是指将石油天然气从油气藏提取到地表以及在矿区内收集、拉运、处理、现场储存和矿区管理等活动所发生的成本。按照石油天然气会计准则的规定，相关矿区权益、油气井的各种合理的损耗，机器设备在生产过程中的折旧和以及操作成本都属于企业油气生产成本。操作成本是指企业在生产过程中发生的直接成本与间接成本，包括材料费、燃料费和人员费等。直接费用和间接费用的区别主要在于是否与特定矿区的生产有相当密切的关系。生产成本具体包括材料成本、燃料费、人员费用、动力费、驱油物注入费、井下作业费、测井试井费、稠油热采费、油气处理费、轻烃回收费、天然气净化费、维护及修理费、厂矿管理费、输油输气成本、辅助生产成本。

中外石油企业对生产成本分类的不同导致难以对油气生产成本的组成进行详细的对应比较，但总的有以下两方面的差别：

（1）国外的油气企业直接将其对生产成本的控制权限和成本与矿区的关系分为直接成本和间接成本，再对直接成本和间接成本进行分类。而我国油气企业则对成本进行两次分类，第一次把成本按其性质划分。第二次再对其按生产特点进行明细划分。

（2）国外油气开采企业的生产成本组成部分中并不包括折旧和摊销等，但包括生产税，而我国的生产成本中有折旧与摊销。

油气生产支出种类繁多，并且是油气企业日常经营中发生最多的支出，属于企业成本管理的重点。

### 五、弃置费用

弃置费用是指企业根据相关的法律法规的要求，与利益相关者进行协商后，对废弃矿区进行处置预计发生的费用。弃置费用以矿区为基础进行预计，包括废弃井及相关设施所发生的一系列支出，如拆移支出、填埋支出等。企业对弃置费用的核算主要考虑其是否满足确认条件，若满足，应按照规定的标准确认为预计负债，同时增加对应资产的账面价值，通过折旧和损耗等方式逐年摊销。

## 第三节 油气开采企业成本管理现状

20世纪90年代后,在油价低迷的背景下,我国油气开采企业面临着开发难度加大、开发投入不足、油气产量递减加快等困难,因此企业不得不在目标成本管理的基础上,实行预算管理,从内部进行挖掘,强化成本管理。目前,我国油气开采企业主要有两种管理模式:以"水平法"预算管理为核心的目标成本管理模式和油藏经营网络化目标管理模式。

### 一、以"水平法"预算管理为核心的目标成本管理模式

以"水平法"预算管理为核心的目标成本管理模式,即按照企业所编制的预算制定目标成本,通过对其进行分解、控制和评价来促进企业各级单位之间的协调,同时培养职工的成本意识,发挥职工自我控制和自我评价的积极主动性。我国的大部分石油开采企业都实行这种成本管理模式。企业各级单位一般采用水平预算编制法来制订目标成本,即以基期的费用水平为基础,结合业务量的变化及相关的控制措施,对相应费用项目进行调整从而编制预算和确定目标成本。对目标成本的分解主要按照"横向到边,纵向到底"原则。

目标成本的横向分解是指按照归口管理和横向到边原则,把上级单位下达的生产指标和成本指标分解落实到每个部门,直至个人。为加强成本指标纵向分解针对性和有效性,企业可根据自身实际情况采取不同方式,对油气开采企业的目标成本进行纵向分解。

采油大队可以按照油气开采企业对一级指标进行分解的办法,按照下达的生产指标和计划吨油成本对总量指标进行还原。把还原所得的总成本按成本项目分解到各职能部门,并安排项目负责人对其所管辖部分负责。其次,可以实行集体承包区块的方式。采油队把其所承包的总成本横向分解到专人,从而进行总量控制。另外,还可以选择以合伙的方式对厂直接承包,合伙可以是家庭合伙,也可以是职工合伙,这种方式主要针对那些偏远的和零散的井。管理的方式主要有两种,一种是专门设厂来进行日常管理,另一种则由采油队代为管理,后者主要针对极少数的零散井。

### 二、油藏经营网络化目标管理模式

在成本与产量的双重压力下,中原油田为实现效益最大化,率先全面探索了油藏经营网络化目标管理模式,建立了以预算为龙头的管理体系和内部优胜劣汰的竞争机制,加强了对成本的控制。

1. 完善网络化目标成本管理模式

网络化目标成本,即利用网络技术提高目标成本的科学性和先进性。通过对网络化目标成本管理的建立与完善,企业能在不减少产量的情况下减少操作成本。操作成本是企业生产成本的重要组成部分,对操作成本的控制很有必要。主要从以下几个方面对维持生产规模的操作成本进行控制和改善:

(1)对维持生产规模的成本进行科学的分解。将维持生产规模的操作成本所包含的一系列成本要素按照责任与能力匹配的原则层层细分,与各级职能部门单位挂钩,把单项目

标落实到单井和个人。

（2）目标成本的测算准确性是油气企业进行成本控制的基础，因此要科学地测算目标成本。不同的费用要素具有不同的特点，根据其特点制订不同的测算方法，对于变动成本考虑制订动态调整办法，进而提高目标成本测算的准确性，确保最终考核的公平与合理。

（3）加强对预算的管理并实施科学有效的成本控制方法。实施"预算、措施、目标"三位一体的成本控制方法，建立比较规范的成本控制制度和成本挖潜等管理制度，如"修旧利废"制度。

2．细化油水井管理水平的评价指标

（1）建立与采油矿挂钩的水平差值目标和月度基础产量目标；

（2）对地面管理指标进行量化评比；

（3）对注采井组进行分析评比和对单井的产量开展预测评比活动；

（4）落实保障制度的责任目标。

3．细化增产和稳产措施效益目标

由于措施构成复杂、涉面广，并且具有较大不确定性，为了提高各项措施效益工作，主要采取了以下措施：

（1）完善措施后的评估制度，以措施投入产出比作为油水井措施评价的主要指标，措施评价细化到单口井和单个人，每月进行量化排名，促使技术人员积极主动地参与到措施效益工作中来。

（2）对计量制度和基础资料录取制度进行了完善，对措施增产预测符合率进行评比，对措施决策进行登记，同时开展剩余油分布大调查，每月对评比活动进行检查并兑现奖励和惩罚。

措施决策的各项基础准备工作基本到位，油藏开发水平与措施目标基本实现统一。

4．建立以绩效评价结果为依据的收入分配机制

各单位内部形成一层层的科学量化评价考核体系，促进优胜劣汰的竞争机制的形成，以完善量化评价体系为切入点，从而实现反映主观能力和管理水平的目的。

（1）有利于被考核单位和个人的管理绩效的准确评价。

建立比较完善的绩效评价办法，针对各阶层人员和各职能部门形成不同指标的量化评价体系。对于管理人员的评价，如矿长等，主要是基层矿的产量和成本等指标，将指标进行量化并在所有的矿长中进行排名，从而进行考核。针对技术人员和科研人员，则主要考察单井的预测结果等。针对其他员工，考核其在岗位上的表现并进行排名，以此作为绩效评价的依据。对于各职能部门的考核，则是针对该部门所负责的模块选择合适的相关指标结合起来综合考虑，定时（按月、季和年等）进行量化排名。如基层采油单位，则考虑产量和利润等指标；后勤辅助单位则为产值、成本和百元产值成本等指标；科研部门则重视其油田开发和相关措施所带来的总效益等。

（2）依据绩效评价结果严格兑现奖惩。

收入分配的机制是否良好很大程度取决于奖惩的兑现程度。有了比较准确的绩效评价体系，按照评价结果兑现奖惩十分的重要。把管理目标进行分解，落实到每个基层单位，

并按照每个单位的产量占30%、成本占40%、基础工作目标占30%来确定各部分的基数。由于目标的可控性不同,所以在考核基数的基础上还应确定不同程度的奖励和扣除。另外,奖惩兑现程度很大程度上取决于目标的完成情况。收入基数主要是由各单位的特点决定,并在当年的年初就会确定下来。超过基数部分的收入需进行调节,主要目的是为避免收入差距过大,打击员工的积极性,调节的方法与超额累进税率原理类似。通过这样的奖惩兑现方法,可调动员工的积极性,最大限度地发挥其激励作用。

## 第四节　油气开采企业成本管理存在的问题与难点

随着体制的改革,油气开采企业的成本意识逐步增强,其成本管理有了较大发展。现行的成本管理模式在企业的经营管理过程中发挥了重要作用,为企业的持续发展提供了较好的基础。但将我国的成本管理工作与国外相比较,可以发现我国油气开采企业在成本管理的过程中仍存在一定不足。由于各种原因,很多措施有待改进。把成本管理过程分为事前成本管理、事中成本管理和事后成本管理这三个阶段。其中事前管理指成本的预测与计划,事中管理指成本的控制与核算,事后管理指成本的分析和考核。通过分别对各个阶段存在的问题进行分析,揭示成本管理的难点。

### 一、事前成本管理中存在的问题

国外石油开采企业实行科学的预算管理和投资决策,以此来降低成本增加收益,把效益作为资金预算的唯一依据,并且通过投资决策的科学化来避免成本上升。与其相比,我国的油气开采企业在预算和投资方面还存在两个问题。

(1)成本预算精度会对考核兑现的力度以及奖惩制度产生较大影响。油气开采企业的预算比较复杂,测算难度较大,并且影响预算的因素很多,最终导致预算与实际执行相差较大。从预算编制方法上看,虽已认识到"水平法"的不足,但却不能很好地运用零基预算法。大多数油气开采企业仍采用水平法,强调历史成本和会计年度,无法实现与油气开采企业实际相结合,与企业的持续发展计划无法统一。预算方法的陈旧,使得预算缺乏科学性和严肃性,个别单位水分较大。在成本预算方面,主要以基期成本费用为依据,结合预算期的业务量变化和相应的控制成本的措施,对预算进行调整。这种基数法使得原来不合理的费用一直持续下去,并导致预算的依据并不完全合理,成本预算的科学性大大降低。在年终进行考核兑现时,根据年初的成本管理奖惩制度进行兑现时会出现各职工之间的收入差别较大,因此企业经常会采取"封顶保底"这种分配收入的方法。虽然有一定的合理性,但会在一定程度上导致各责任主体的积极性降低。因此,必须要提高成本预算的科学性和严肃性。

(2)油气开采企业的各项投资决策有待进一步进行分析,包括投资的论证和可行性等需要细化和规范。投资与成本都是属于油气开采企业的资金流出,在现金流量中都是现金流出项。投资的管理也是一项属于成本控制体系中的工作,因为今天的投资将会形成明天的成本。比如油气勘探的投资、建造一定设施的投资形成相应的油气井或设施后,又以折旧和损耗等形式成为企业的一项重要成本。投资所形成的成本具有不可逆性和长期性,因此在某些方面来说,投资的重要性甚至高于成本。企业的经营者必须以长远的眼光进行投资管理，抓住投资这个源头，以效益的增长为依据对投资总量进行控制，减少企业的成本，同时优化投资结构，减少闲置资产和低效资产的产生。企业的经营者应克服短期行为，对企业的未来负责，改变现有的投资管理模式，对项目的技术方案和经济论证进行重点研究，从源头上进行成本的管理和控制。

## 二、事中成本管理中存在的问题

（1）成本、产量和效益三者之间的矛盾急需解决。

我国的几大主力油田经过多年持续的开发，油气储量大幅度减少，相继进入中后期开采阶段。在没有其他大型油田被开发的情况下，为了维持已有年产量，油气开采企业每年都要投入巨额成本。虽然近年来石油开采企业已经积极加强成本的管理并取得一定成果，但随着石油开采业的不断改革和国际化竞争的越发激烈，企业生产经营中关于成本、产量和效益这三个要素之间的矛盾越来越突出。石油开采企业由于其开采对象的特殊性多年来一直受到传统的计划经济体质影响，其管理政策和管理机制都具有高度计划性。当前石油开采企业仍是在国家计划的指导下进行产量配置、方案和投资审批及成本考核等。然而，却是不同的部门分别对其负责。计划部门负责对投资进行管理，财务部门负责成本管理，生产部门对产量的配置与方案的审批负责，三个部门对"成本、产量和效益"各有各自的认识，因此三个部门之间的协作并不理想。这不仅影响到生产经营过程中决策的执行，也不利于企业实现企业价值最大化。我国石油开采企业目前需要做的就是解决投入、产量与效益三者之间的矛盾，这也是企业成本管理的一大难点。

（2）成本管理的手段和方法落后。

随着信息技术的飞速发展，企业的宏观竞争环境日益复杂，生产组织结构也与以前大不相同，石油开采业逐步实现数控化。石油开采企业的竞争已经由国内竞争变为国际竞争，由技术和质量扩展为管理与服务。我国的成本管理的手段与方法都落后于国外很多企业，只有借鉴和吸收先进的成本管理手段，结合我国的国情转化为适合我国油气开采企业的成本管理方法，才能提高我国石油开采业的国际竞争力。

（3）成本管理技术有待提高。

成本管理目标的实现离不开合理的管理组织结构和有效的管理制度。油气资源的不可再生性使得油气的勘探开发和生产的难度不断加大，技术进步是唯一可以遏制其生产成本大幅度上升的策略。国外的油气公司在这方面显然做得很好，尽管在通货膨胀的背景下，其石油开采成本仍能保持稳定甚至降低。我国的石油开采企业除了与外国的油气开采企业进行合作，分享国际市场上的资源，还当充分利用先进的开采技术，依靠科技进步来实现增产，加强对油气开发的技术研究，实现对成本的控制。

（4）现行成本控制措施的协调性问题。

成本控制在国外的油气开采企业中处于非常重要的地位，这有利于开展成本分析工作。与之相比较，我国对成本控制的重视程度还不够。影响成本的要素很多，不能只注重成本总量的控制，还要对成本单项要素进行控制，采取多种有效的措施。应当构建一个完整的成本管理体系，把成本的控制放进公司的宏观战略中。

（5）成本管理中信息管理需进一步加强。

信息管理对企业的经营发展发挥着非常重要的作用，主要表现在以下方面：① 掌握足够的信息是企业经营者做出正确决策的基础。企业所处的环境在不断变化，企业决策者要做出正确的决策，不能仅仅靠个人经验和直觉来进行判断，还必须了解足够多的信息。② 信息资源的充足有利于企业提高效益和提升竞争力。当企业可以优先的获得信息时，便可以快速准确的抓住机遇，创造业绩。③ 企业通常通过信息来统一所有领导和员工的思想和行动。信息不仅表现在企业的各项业务流程中，还表现在各职能部门之间。物流、资金流和信息流可以概括企业的一切生产经营活动。通过信息的传递与交流，企业才能更好地实现其经营目标。

我国的石油开采企业在这些方面已经具有一定的基础，但还需要进一步规范和深化。

（6）成本核算有待进一步改善。

一方面，现行的成本核算过度重视财务成本核算，追求短期经营效果，而对长期的发展战略和非财务数据几乎没有关注，把成本控制等同于降低成本。另一方面，现在的财务成本核算几乎没有深入地分析影响成本的各要素，只关注财务核算，因此难以获取各个作业环节的成本信息，导致间接费用的分配难以科学化，分摊标准缺乏科学依据，成本信息的失真使得预算管理和绩效考评更加困难。

### 三、事后成本管理中存在的问题

（1）现行的成本管理的奖惩制度存在着由于过度重视成本而导致的不同利益主体之间的矛盾，即各部门在每年预算中的"要钱"现象。现有的考核过度重视成本而忽略利润，使得各部门在年初预算时，不按照实际需求和费用制订预算。成本管理奖惩制度的不合理不仅导致了各利益主体的矛盾，也影响了预算的科学性。

（2）管理者的短期行为会对油田的科学开发产生影响，并有可导致开采成本上升。要使企业能够可持续发展，油气开发作为企业的一个长期的系统工程，其各项措施的实施应当以石油的最终采收率和整体经济利益为出发点。如果过度重视当期成本，而忽略油田的中长期维护，就会造成油气生产后劲不足，这就是管理者的短期行为。另外，开采过程的复杂性也为不同类型措施的评价工作增加了一定的困难，评价工作的有效性难以保证。

（3）目前我国的油气开采企业实行的成本分析没有有效地结合实际生产，成本监控与生产监控仍是分离的。成本与生产关系密切，一方面，成本的源头来自生产；另一方面，生产的过程中会消耗成本。因此，成本分析不应只关注成本管理存在的问题，还应该对生产过程中无效和低效、生产条件等会对成本产生影响的要素进行关注。

## 第五节　油气开采企业成本标准化体系必要性

### 一、标准成本管理理念

"标准成本"也称为"应该成本"，即企业在正常的生产经营活动中应该发生的成本。"标准成本管理"是把成本标准融入生产的全过程。建立单个作业的标准消耗量，使其标准具有合理性和先进性。将成本目标落实到每一个人，定期对实际消耗和标准消耗进行对比，分析其中存在的问题并有针对性地予以改进。结合标准成本科学和公平地对各员工进行考核，调动员工积极性。同时，分清各责任中心的责任，实现奖惩分明。

## 二、标准成本管理目标

（1）实现全面预算管理。依靠标准成本的功能，把预算管理和标准成本紧密结合，能根据生产经营的变化对预算进行动态调整，实现生产与经营的统一、技术与经济的融合，从而建立科学和准确的预算管理机制。

（2）实现全员成本目标管理。对目标成本进行层层分解，建立与实际相适应的各种消耗标准，包括各作业过程的标准和各成本要素的标准，并按照从厂到队，再到组，最后到各岗位进行纵向延伸，实现成本的全方位管理。

（3）实现成本管理水平的提升。按照标准成本管理的理念，将各责任中心的实际成本与标准成本进行实时对比，对生产环节中的无效和低效环节进行及时改进，实现生产环节的最优化，同时对预算进行跟踪考核，减少预算的随意性，实现成本管理水平的稳步提升。

## 三、油气开采企业建立成本标准化体系的必要性

### 1. 油气开采企业内外部环境变化及其自身发展要求

油气开采企业面对目前严峻的生产经营形势，应对成本进行精细管理和规范管理，加大成本管理力度，提高经济效益。应结合自身生产经营的独特性，拓展成本管理的内涵，在目标成本管理的基础上建立成本标准化体系。标准成本管理的推行对于油气开采企业的创新发展和规范管理发挥着重要作用，也为油气开采企业持续和稳定发展提供了有利的保障。

（1）成本标准化体系的建立有利于企业实施低成本战略。高效益是企业管理者和经营者永恒的追求。影响企业经济效益的因素很多，其中最重要的就是实现经营成本最小化。当前，国际上石油企业竞争非常激烈，我国的石油企业要实现长远发展，在把产量作为生产经营的首要目标的同时，必须高度重视成本，实现效益的提升。而建立成本标准化体系则是实施低成本战略必然要求。

（2）通过标准成本管理，油气开采企业能更好地进行科学决策和结构调整，从而实现增产增效。有了成本标准体系，一方面，油气开采企业将从各方面努力来使自身接近于标准成本，减少更多的不必要的支出，实现更多的收益。另一方面，油气开采企业更能全面的对其生产经营情况进行评价，发现存在的问题和矛盾并提出解决方案，同时对其开发后期的生产经营进行系统的趋势预测从而进行有效调控，提高企业生产经营效益。

（3）标准成本法是目前ERP财务管理模块中所采用的核算方法，其"集中核算，数据共享"的理念有利于企业进行财务会计和管理会计核算。通过标准成本管理，油气开采企业可以创新管理手段和方法，促进其管理的标准化，进而提升竞争力并实现领先于国际水平的经营管理目标。

### 2. 实施标准成本管理的重要性

（1）有利于职责分工，明确各级单位的责任。

为全面调动员工参与成本管理的积极性，达到全员参与、挖潜增效和实现成本控制的目的，标准成本将预算计划指标层层下达，分解到各科室、部门、三级单位甚至每个责任

岗位的员工。其表现主要为三个方面：

① 标准成本有利于全面预算的编制，它使得预算编制更加科学合理。以前的预算编制的编制基础总是参照上年度或以往年度的实际情况，这样的预算编制所造成的后果是产品的实际支出经常无法合理预测。如果采用标准成本为预算编制的基础，可以全面提高预算编制的可操作性，更加科学合理地预见非正常性成本费用的支出，使实际支出得以预测，提高预算与实际的接近度。

② 标准成本对预算过程进行高度控制，预算管理可执行性增强。在标准成本的指导下，油气开采企业的各项生产指标将被横向到边、纵向到底地分解，促使全部人员都参与到成本管理中来，使得预算开展顺利。油气开采企业也会更加倾向于采用流程化方式构建扁平化组织机构，从而有利于企业实施有市场竞争力的生产经营战略。这样的预算标准贴合实际情况，预算的可执行性也得到非常有效的提高。

③ 标准成本能使预算符合率更高，提升预算指标的指导性。预算管理体系采用标准成本为基础，有利于实现控制成本、过程分析及绩效评价等功能的完善，无论是预算执行的符合率、预算预警机制功能性还是对预算指标的动态调整都得以强化，促进公司生产经营目标的完成。

（2）加强对对油气企业的成本控制。

油气开采企业对标准成本的制订和实施能为其在成本控制各环节提供有利参照，对企业生产经营十分重要，体现在以下三个方面：

① 标准成本的制订使得各成本项目的控制目标更加明确。油气开采企业把成本项目的标准进行横向分解和纵向分解，各科室必须严格按照标准成本进行成本控制，明确项目经费的指标，落实每一笔费用。

② 标准成本的实施加强了对成本过程的控制。生产成本费用项目以标准成本指标为依据，有利于增强对成本过程的控制，迅速找到成本控制的薄弱环节，使各责任中心针对性地采取有效的应对措施，避免造成不利影响。

③ 标准成本的制订使得考核评价更加公平合理。由于标准成本以统一的标准衡量各责任中心经营情况，对比分析其经营过程中实际成本和标准后，将结果与效益挂钩，奖罚有据，有效提升油气开采企业各层人员对成本控制的积极性，是各级责任中心业绩评价的合理尺度。

（3）提升油气开采企业决策正确性和有效性。

标准成本管理能为油气开采企业提供更加科学有效的决策方案。标准成本管理的推行，有利于企业实施扁平化管理模式。标准成本管理贯穿于企业的整个生产经营过程，企业可以科学地衡量各级责任中心的业绩，进而进一步优化企业的组织结构。标准成本管理的实施，有利于企业查明各项间接费用、节约非生产性支出，进而实施扁平化管理。同时，油气开采企业可以通过制订标准成本，加大对无效措施的控制力度，对资金的投入结构进行优化，提高资产的配置和运行效率，提升企业的创效能力，从而推动企业持续和稳定的发展。

# 第三章 油气企业标准成本理论与方法

## 第一节 标准成本的内涵与功用

### 一、标准成本的内涵

标准成本是指在正常和高效率的运转情况下制造产品的成本，而不是指实际发生的成本，是有效经营条件下发生的一种目标成本，也叫"应该成本"。从概念中，我们可以得到以下结论：

（1）标准成本不等于实际成本。

标准成本是事前制定的成本标准，即对各种资源消耗和各项费用开支规定数量界限，可以在事前限制各种消耗和费用的发生。在成本形成过程中，按成本标准控制支出，随时显示节约还是浪费，及时发现超过成本标准的消耗，有利于企业迅速制订改进措施，纠正偏差，从而达到降低成本的目的。产品成本形成之后，通过实际成本与标准成本相比较，企业可以进行定期的分析和考核，及时总结经验，为未来降低成本指出途径。

（2）标准成本不是固定成本。

企业的标准成本在一个固定的时期内是相对固定的，且随着企业生产工艺的变化、经济环境的变化、生产用量等发生较大变化时，是有必要进行修订的。但是等到上述因素发生较大变化时，往往差异已经较大了，这会给日常的差异分析工作带来不便，增加分析的复杂程度和工作量。企业应根据变动幅度，随时对标准成本模型中的系数进行调整，并根据测试结果在征求各方意见的基础上实施修订。

（3）标准成本不是计划成本。

计划成本是指根据计划期内的各种消耗定额和费用预算以及有关资料预先计算的成本。它反映计划期产品成本应达到的标准，是计划期在成本方面的努力目标。计划成本是按计划期内平均定额水平计算的，计划成本反映平均水平。而标准成本是指在正常和高效率的运转情况下制造产品的成本，而不是指实际发生的成本。

（4）标准成本不是目标成本。

标准成本不是目标成本，只是目标成本中的一种。目标成本又称为预计成本，是指产品、劳务、工程项目等在生产经营活动前，根据预定的目标所预先制订的成本。企业中目标成本一般是针对单位成本而言，包括计划成本、定额成本、估计成本和标准成本，标准成本是通过科学方法测算出的目标成本。

### 二、标准成本的基本原理

标准成本应依据企业各生产流程的操作规范，利用健全的生产、工程、技术测定（包括时间及动作研究、统计分析、工程实验等方法），对各成本中心及产品制定合适的数量化标准,再将该数量化标准定额化,作为成本绩效衡量和标准产品成本计算的基础。石油开采企业有其特定的行业特色和生产特色,因此,标准成本的制定一方面要依据作业成本法围绕作业中心进行成本的制定;另一方面要依据油田地质情况、采用的工艺方法、生产要素的消耗与成本的相关性,进行宏观分析,找出相关的规律。

(1)标准成本要依据生产中心进行制定。

标准成本是针对标准工艺中对应的作业成本中心进行制定的,从量和价的角度进行分类,可以分为消耗标准和价格标准。消耗标准主要是针对生产中心消耗的原材料、辅料、人工、直接动力、制造费用等生产费用;价格标准主要是量所对应的物料单价标准、能源消耗价格标准、人工成本价格标准等。

(2)标准的制定应考虑生产操作规程及相关单位要求。

成本标准的制定是系统性、相关性的,不能由财务部门单独制定,而是要通过生产部门、工艺技术部门、地质部门、采油厂矿区的人员共同参与完成。对于不同油区、不同采油厂、不同季节,应设定相关的修正系数。比如有的采油厂在西部地区,生产作业会受到季节、区域位置影响,那么这些采油厂在同样生产情况下,成本必然会受到运输费、人工成本等因素的影响而有一定的差异。

(3)标准成本要整合。

从标准到生产实际的信息量非常的庞大,应借助于软件进行统计分析与计算。除了采用微观方法建立标准成本定额体系以外,还可以采用宏观方法,将生产指标与成本指标进行关联,寻找其相关因素,建立标准成本模型,对未来企业的成本投资进行合理预算和科学估算。

### 三、标准成本的用途

(1)作为企业经营决策的重要信息。

标准成本代表了成本要素的合理近似值和生产要素中的合理需求量,因而可以作为经营管理依据,并可作为成本—业务量—利润分析的原始数据资料,以及估算未来生产成本的依据。标准成本是预先设置的,合理的标准成本可以作为企业劳务或产品价格决策的尺度,同时能够为企业对外开发市场提供决策依据。

(2)作为企业经营管理的重要依据。

一是标准成本有利于明确各单位成本的控制目标,明确责任,按照成本控制目标控制实际成本。二是标准成本有利于加强成本管理的过程控制及差异分析,并能有针对性地采取有效措施。三是标准成本有利于班组经济核算工作。在核算过程中,将各种消耗与标准成本进行比较,及时发现生产经营中存在的问题,查明原因,切实整改,使班组经济核算的作用发挥得更及时、更直接。

(3)作为企业全面预算管理的重要基础。

有助于企业全面预算体系建设。标准成本可作为预算编制的基础、预算执行的参照、预算考核的依据,从而提高预算编制的科学性和可操作性。

(4)代替实际成本作为存货计价和登记账簿的依据。

由于标准成本中已去除了各种不合理因素,以它为依据,进行材料在产品和产成品的计价,可使存货计价建立在更加健全的基础上。而以实际成本计价,往往同实物形态的存货有不同的计价标准，不能反映其真实的价值。

使用标准成本来记录材料，对于产品和销售账户，可以简化日常的账务处理和报表的编制工作。在标准成本系统中，上述账户按标准成本入账，账务处理及时简单，减少了许多费用的分配计算。

## 第二节 油气开采企业标准成本体系的思路与步骤

### 一、油气开采企业标准成本体系构建

油田的地质特征决定了油田生产工艺特点，工艺特点又影响油田成本。因此，油气开采企业标准成本体系的构建需从油田地质状况出发，根据工艺特点，选取以定量为主的微观成本要素和以地质、工艺指标为主的动因，建立具有科学性、可行性、可操作性的标准成本体系，深入挖掘成本与地质、工艺指标的内在关联性。

1. 标准工艺

油气藏从油气藏勘探开始，到确定油藏类型和储量，然后进行钻井作业、固井，到射孔钻开油气层、地面设施建设，再到安装井口装置，才具备开采的基础条件。最后将地下原油采集并送到计量站主要经过驱油、采油、集输和井下作业等重要环节。

1）驱油

由于原油汇集于地下含油岩层的孔隙中，而含油岩层作为一种特殊岩石，构造比较致密，如要将其中的原油驱集到井底位置，需要采取一定的措施。这些驱赶原油的措施主要有包括：利用油井底部较低的压力形成压力差，自喷驱油；当油藏的压力降低时，可以采取注水、注气等方式补充外部能量，促使原油流动；通过注汽等措施提高原油温度，降低黏度，从而增强流动性，利于油气汇集；通过注聚化合物等提高注入水的黏度和降低油层的水相渗透率，改善水油流度比，调整注入剖面而扩大波及体积，进而促进原油流动。

2）采油采气

原油混合液汇集到油井底部以后，还要将它们提升到地面上来，这个过程叫采油。油田的生产井，按照生产方式的不同，分为自喷采油和机械采油两大类型。如果油层有足够的能量，不仅能将原油从油层内驱入井底，而且能够将其由井底连续不断地举升到地面上来。这样的生产井，称为自喷井。用这种方式进行的采油，称为自喷采油。

机械采油是指借助于机械动力将原油提升到地面的采油方式。常用的机械采油方式有有杆泵采油、电潜泵采油和其他方式采油（水力活塞泵采油、气举采油、射流泵采油、链条式抽油机采油等）。

3）集输

石油通过采油过程到达地面，通过输送管线汇集到联合站。此时油井采出物是油、气、水、泥砂和其他杂质的混合物，难以直接加工利用。需要将油井采出物集中处理、外输，这一过程称为油气集输。油气集输一般由联合站来完成，其主要任务有：将油井采出物集中，进行气液分离；原油脱水、稳定、储存、加热、计量、外输；天然气干燥、净化、初加工、外输；污水除油、除砂、脱氧、防腐处理后回注或外排。经过处理外输的原

油,便是采油企业的主要产成品。

4）井下作业

为了经济高效地开采原油,油气开采过程中有时会对油井、水井等实施一些较为复杂的施工。这些施工称为井下作业,也有称修井作业。井下作业贯穿油田开发的全过程,是原油生产的重要手段。常规的井下作业包括：新建油水井投产时的下管柱、下泵；保证正常生产进行的检泵、换泵等施工；处理事故进行的修井；油田挖潜改造措施的实施,如分层配产,配注,堵水,调整注水井吸水剖面配合压裂、酸化等。在采油企业的管理实践中,一般按照作业目的和工艺复杂程度,将井下作业分为维护作业和措施作业两类。

2. 标准成本

1）微观成本动因分析

根据作业成本法,油气开采企业各阶段成本的变化是源于成本动因的变化。因此,微观角度主要表现在成本动因、成本基础和成本状态。

成本动因就是指即将引起成本发生或变动的原因。成本基础是形成一定成本状态的基本因素,包括资源、资产、人力、工艺、体制、机制、市场、政策等。但是从成本管理实践看,成本基础的作用主要由核心的成本动因表现出来。成本状态是指成本水平、成本构成及成本变化趋势。

油气开采企业成本发生的根本动因是工艺设计,产能的目标与工艺设计有密切相关性。在一定资源条件下,不同产量目标要求不同的工艺设计,不同的工艺设计产生不同的成本动因,不同的成本动因产生不同成本。

产能工艺设计,主要是油气开采过程各阶段的主要功能设计,是各生产阶段发生的。例如,注水的结果是提升、集输和处理的液量急剧增大,需安装大型抽油机、使用大深井泵、扩建注水设施和处理设施、增加污水处理等。注水过程中,涉及了水量、人工、电能等因素。所以,成本包括整个油气开采过程各阶段、各生产环节、各生产工艺的全部成本。

同时,油气企业成本的日常管理,主要是以固定资产运行、维修、养护、看守为具体内容的成本管理,成本的效能直接体现为固定资产效能,如油井利用率,油井开井时率等。采油企业成本日常管理的重要手段是监测,包括油藏的动态监测和采油过程中每个阶段的功能监测,每个阶段的主要设施、设备的运行状态监测。

2）宏观成本模型分析

突破微观层面的具体成本因素的分析,研究与财务具有相关性的重要地质工艺指标,包括日产水、日产油、日产气、压力、水气比、凝析油含量、年压降、压降程度等。气田操作成本的各构成要素与以上指标存在隐含的相关性,因此,需通过研究、挖掘其中的关联性,建立相关的函数关系。这个模型可以突破以前财务预算的缺陷,体现油田会计的特色,将地质与财务关联起来,实现过程的控制。它以往年的数据为基础,拟合出一条符合气田成本预算的等式出来,从而为下一步的财务预算提供基础这种体系比传统的单一产量指标的预算体系,具有较大的进步,更加符合实际。因为产量确定成本是符合气田生产的特性的。气田可能产量很高,而几乎没有成本。因为气藏是以地质参数为基础,从而实现财务上的成本预算的。

**3. 标准制度**

标准成本管理是一项具有开拓性和创新性的综合系统工程。要推动标准成本管理工作的顺利开展，必须要有强有力的组织基础、信息化手段的支撑和运行机制的保障，更需要全员共同参与，协同执行和落实。所以，建立与标准工艺、标准成本相配套的标准制度，可保障油气开采企业标准体系的顺利实施。

## 二、标准成本的具体步骤

（1）搜集和分析有关成本资料。

收集一定时期（主要是近期）的本企业和其他同类企业同类产品的成本资料，并对占有的资料进行初步分析、筛选，去粗取精，去伪存真，剔除偶发因素，然后按时间序列的组成要素（长期趋势、周期变动和季节变动等）进行必要调整。这是成本预测的前提与基础工作。

（2）定出目标成本方案。

通过对资料精选和推理判断，基本上可以发现和认识各种经济现象的结构及其变化的一般规律，在此基础上可以初步提出目标成本方案。这是成本预测的关键步骤。

（3）进行定量分析。

在掌握大量有关成本资料的基础上，运用各种专门的数量分析方法，如高低点法、最小二乘法、指数平滑法等，预计企业在目前情况下成本可能达到的水平，并计算出预测成本与目标成本之间的差距。

（4）制订可行方案。

在进行定量分析的同时，还应动员企业的一切力量，挖掘企业内部各方面的潜力，尽量缩小预测成本与目标成本之间的差距，提出各种降低成本可行性方案。

（5）确定目标成本。

对指定的各种降低成本的可行性方案，管理人员应根据企业的实际情况进行科学地技术经济分析，从多种备选方案中筛选出经济效益最佳的降低成本方案，作出成本的最优化决策，并把切实可行的目标成本确定下来。

## 三、成本具体计算方法

进行成本预测所依据的是本企业或国内外其他企业同类产品的历史成本资料。选用这些历史资料时间不宜太长，更不宜太短，一般以 3~5 年内资料为合适。应用历史资料，还应注意它的偶然性，以免使结论偏离实际太大。

成本预测的基本方法很多，但应用比较广的是历史资料分析法。它是根据企业历史成本资料，利用数理统计的方法，确定成本预测模型：

$$y = a + bx$$

再根据预测期产销量情况作出相应的成本预测。历史资料分析法根据确定成本 $a$、单位变动成本 $b$ 方法的不同，又分为高低点法、回归直线法、指数平滑法和加权平均法等。

**1. 高低点法**

根据一定时期的历史资料中的最高、最低产量下成本的差额和最高、最低产量的差额进行对比，先求出单位变动成本 $b$，然后再求出固定成本 $a$，最后即可根据计划期的预计产量来预测计划期的产品总成本。其具体计算公式如下：

$$单位变动成本 = \frac{最高产量的成本 - 最低产量的成本}{最高产量 - 最低产量} \qquad (3-1)$$

$$固定成本总额 = 最高点成本总额 - 单位变动成本 \times 最高点产量 \qquad (3-2)$$

或

$$固定成本总额 = 最低点成本总额 - 单位变动成本 \times 最低点产量 \qquad (3-3)$$

单位变动成本和固定成本的值求得后，再代入计划期的总成本方程式，即可预测出计划期的产品总成本和单位成本。

2. 回归直线法

回归直线法是一种比较精准的方法。它是根据若干期的历史成本资料，利用最小二乘方法，分析成本在一定条件下的增减变动趋势和基本规律，确定成本预测方程式，据此进行成本预测：

$$y = a + bx \qquad (3-4)$$

其中 $a$ 与 $b$ 的值可按下列公式计算：

$$a = \left(\sum y - \sum bx\right) \div n \qquad (3-5)$$

$$b = \left(n\sum xy - \sum x \sum y\right) \div \left[n\sum x^2 - \left(\sum x\right)^2\right] \qquad (3-6)$$

式中　$y$——总成本；
　　　$a$——固定成本总额；
　　　$b$——单位变动成本；
　　　$x$——产品产量；
　　　$n$——历史资料的期数。

3. 指数平滑法

指数平滑法又称指数加权移动平均法，它的优点是，可以排除在实际销售中所包含的偶然因素影响。在实际工作中，由于近期资料和远期资料对预测未来值的影响程度不同，所以，对过去不同时期的资料必须取不同的"权数"加以平均。采用这种方法的计算公式如下：

$$y = \alpha A + (1-\alpha) F \qquad (3-7)$$

式中　$\alpha$——平滑系数，$\alpha = 0.1 \sim 1$；
　　　$y$——计划期预期成本；
　　　$A$——上期实际销售成本；
　　　$F$——上期预计销售成本。

采用指数平滑法预测销售成本时，首先用此法预测计划期销量，然后结合高低点法、最小二乘方法预测的数值，可以作出比较科学的预测数值。

4. 加权平均法

加权平均法是根据过去若干时期的固定成本总额及单位变动成本的历史资料，按其距计划期的远近分别进行加权。由于距计划期愈近，对计划期的影响愈大，故所加权数就应大些；反之，距离计划期越远，对计划期影响较小，所加权数就应越小。其计算公式如下：

$$y = \frac{\sum a_i w_i}{\sum w_i} + \frac{(\sum b_i w_i)x}{\sum w_i} \quad (3-8)$$

式中　$y$——预测总成本；
　　　$a$——固定成本总额；
　　　$b$——单位变动成本；
　　　$x$——业务量；
　　　$w$——权数。

### 四、标准成本模型构建的数学方法

1. 相关分析

相关分析（correlation analysis）是研究现象之间是否存在某种依存关系，并对具有依存关系的现象探讨其相关方向以及相关程度的方法，它是研究随机变量之间的相关关系的一种统计方法。变量之间存在的不确定的数量关系，用相关系数 $r$ 来描述。一般相关分析首先是通过对图形点的分布进行判断，比如散点图。一般说来，$|r|>0.95$ 时，存在显著性相关；$|r|\geqslant 0.8$ 时，高度相关；$0.5\leqslant |r|<0.8$ 时，中度相关；$0.3\leqslant |r|<0.5$ 时，低度相关。相关系数，表明线性关系的强度，其公式如下：

$$r = \frac{\sum(x-\bar{x})(y-\bar{y})}{\sqrt{\sum(x-\bar{x})^2}\sqrt{\sum(y-\bar{y})^2}} = \frac{n\sum xy - \sum x \sum y}{\sqrt{n\sum x^2 - (\sum x)^2}\sqrt{n\sum y^2 - (\sum y)^2}} \quad (3-9)$$

相关关系的显著性检验，即为 $r$ 的显著性检验。然后在给定的显著性水平来对假设，计算检验的统计量见式（3-10）：

$$t = |r|\sqrt{\frac{n-2}{1-r^2}} \sim t(n-2) \quad (3-10)$$

2. 回归分析方法

回归分析法是处理变量之间相关关系的一种数理统计分析方法。它是通过预测对象的变量统计资料，找出自变量与因变量的因果关系，并建立变量之间的经验公式，即回归方程式，最后再根据该方程或自变量的数值变化去推算预测因变量未来发展状态的一种定量预测分析方法。

在石油企业对标准成本模型的分析中，回归分析法的基本思路是：预测人员通过对标准成本构成因素间的因果关系的分析研究，揭示其内在的相互联系的规律性，采用数理统

计分析方法,建立恰当的数学模型,并用它预测标准成本的水平,其预测步骤是:

(1)凭借个人的经验、知识及思维判断力,对油气操作成本问题进行质的分析基础上,明确油气操作成本的目标变量(因变量)及其影响因素的诸多构成要素(自变量)。在选择自变量时,必须抓住影响预测目标变化的主要影响因素,而且,还要考虑到所选变量的观察数据资料是可以收集到的。

(2)根据变量间的因果关系的类型,选择数学模型,经过数学运算,求出回归参数,建立模型。

(3)对回归模型的可信程度进行统计检验,估计预测值的置信区间。

(4)利用回归模型对形成油气操作成本的过程进行分析、预测和控制。

回归分析关键在于模型的建立,下面就给出国内外油田公司在成本分析预测中常用到的回归模型。

(1)一元一次直线回归模型。

直线趋势方程为:

$$\hat{y} = a + bt \tag{3-11}$$

式中　$t$——时间数列的时间;

　　　$\hat{y}$——直线方程的趋势值;

　　　$a$——直线方程的截距(表示当 $t=0$ 时,$\hat{y}$ 的起始值),待定参数;

　　　$b$——直线方程的斜率(表示当 $t$ 每变动一个单位时,$\hat{y}$ 平均增加或减少的数量),待定参数。

求待定参数 $a$,$b$ 可以采用最小平方法。最小平方法也称最小二乘法,是测定长期趋势最常用的方法。其中心思想是通过数学公式,配合一条较理想的趋势线。这条趋势线必须满足两点要求:原数列实际值与趋势值的残差平方和为最小;原数列实际值与趋势值的残差总和为零。显然,第一点是最基本的,如能得到满足,也就必然能满足第二点。

设原数列为:$y_1$,$y_2$,$y_3$,…,$y_n$

则趋势值为:$\hat{y}_1$,$\hat{y}_2$,$\hat{y}_3$,…,$\hat{y}_n$

最小平方法的条件为:

$$\sum(y-\hat{y})^2 = 最小值 \tag{3-12}$$

$$\sum(y-\hat{y}) = 0 \tag{3-13}$$

将 $\hat{y} = a + bt$ 代入式(3-13)得:

$$\sum(y-a-bt)^2 = 最小值 = Q(a,b)$$

分别对上式 $a$,$b$ 求偏导数,并令各自的偏导数为 0。

对 $a$ 求偏导得:

$$\frac{\partial Q}{\partial a} = 2\sum(y-a-bt)(-1) = 0 \tag{3-14}$$

对 $b$ 求偏导得:

$$\frac{\partial Q}{\partial b} = 2\sum (y-a-bt)(-t) = 0 \quad (3-15)$$

联立式（3-14）和式（3-15）得：

$$\sum y - na - b\sum t = 0 \quad (3-16)$$

$$\sum ty - a\sum t - b\sum t^2 = 0 \quad (3-17)$$

联立式（3-16）、式（3-17），对式（3-17）乘以 $n$，对式（3-16）乘以 $\sum t$，则最终有：

$$n\sum ty - \sum t\sum y - nb\sum t^2 + b\left(\sum t\right)^2 = 0 \quad (3-18)$$

即

$$b = \frac{n\sum ty - \sum t\sum y}{n\sum t^2 - \left(\sum t\right)^2} \quad (3-19)$$

式（3-19）代入式（3-16），则：

$$a = \frac{\sum y}{n} - b\frac{\sum t}{n} \quad (3-20)$$

在已知时间数列 $y$ 及时间序号 $t$ 的情况下，就可以求出 $\sum y$、$\sum t$、$\sum ty$、$\sum t^2$ 的值，代入方程组，算出 $a$，$b$ 值，并可求出 $\hat{y} = a + bt$。

（2）一元二次曲线回归模型。

$$\hat{y} = a + bt + ct^2 \quad (3-21)$$

式中 $a$，$b$，$c$——均为待定参数。

待定参数 $a$，$b$，$c$ 也可采用最小二乘法求得，即：

$$\sum (y - a - bt - ct^2)^2 = Q(a,b,c) \quad (3-22)$$

分别对 $a$，$b$，$c$ 求偏导，令其自身偏导为 0，整理得到如下 3 个方程：

$$\sum y = na + b\sum t + c\sum t^2 \quad (3-23)$$

$$\sum ty = a\sum t + b\sum t^2 + c\sum t^3 \quad (3-24)$$

$$\sum t^2 y = a\sum t^2 + b\sum t^3 + c\sum t^4 \quad (3-25)$$

联立式（3-23）、式（3-24）、式（3-25）即可求解 $a$，$b$，$c$。

与直线趋势方程一样，可以选择中间时期为原点使 $\sum t = 0$，$\sum t^3 = 0$，那么，式（3-23）、式（3-24）、式（3-25）就变为：

$$\sum y = na + c\sum t^2 \quad (3-26)$$

$$\sum ty = b\sum t^2 \quad (3-27)$$

$$\sum t^2 y = a\sum t^2 + c\sum t^4 \qquad (3-28)$$

由式（3-27）得：

$$b = \frac{\sum ty}{\sum t^2} \qquad (3-29)$$

对式（3-28）乘以 $n$，式（3-26）乘以 $\sum t^2$，则最终有：

$$n\sum t^2 y - \sum t^2 \sum y = nc\sum t^4 - c\left(\sum t^2\right)^2 \qquad (3-30)$$

所以，

$$c = \frac{n\sum t^2 y - \sum t^2 \sum y}{n\sum t^4 - \left(\sum t^2\right)^2} \qquad (3-31)$$

将式（3-31）代入式（3-26）得：

$$a = \frac{\sum y}{n} - c\frac{\sum t^2}{n} \qquad (3-32)$$

表 3-1 为二次曲线方程的适用条件分析表。

表 3-1 二次曲线方程的适用条件分析表

| $t$ | $\hat{y}_t$ | $\hat{y}_t - \hat{y}_{t-1}$ | $(\hat{y}_t - \hat{y}_{t-1}) - (\hat{y}_{t-1} - \hat{y}_{t-2})$ |
| --- | --- | --- | --- |
| $t = 1$ | $\hat{y}_1 = a + b + c$ | | |
| $t = 2$ | $\hat{y}_2 = a + 2b + 4c$ | $b + 3c$ | |
| $t = 3$ | $\hat{y}_3 = a + 3b + 9c$ | $b + 5c$ | $2c$ |
| $t = 4$ | $\hat{y}_4 = a + 4b + 16c$ | $b + 7c$ | $2c$ |
| $t = 5$ | $\hat{y}_5 = a + 4b + 25c$ | $b + 9c$ | $2c$ |

从表（3-1）分析可以看出，时间数列的逐期增减量的增减量（或二级增减量）大致相同时，是二次曲线方程的适用条件。

（3）一元三次曲线回归模型。

$$\hat{y} = a + bt + ct^2 + dt^3 \qquad (3-33)$$

式中 $a$，$b$，$c$，$d$——均为待定参数。

待定参数 $a$，$b$，$c$，$d$ 也可采用最小二乘法求得，即：

$$\sum \left(y - a - bt - ct^2 - dt^3\right)^2 = Q(a,b,c,d) \qquad (3-34)$$

求解过程与二次曲线相同。故略。

时间数列的三级增减量大致相同时,是三次曲线方程的适用条件。

(4)指数曲线回归模型。

$$\hat{y} = ab^t \tag{3-35}$$

式中　$a$, $b$——为待定参数。

进行指数曲线的配合,必须先将指数曲线转化为直线方程的形式。对方程 $\hat{y} = ab^t$ 两边取对数,得:

$$\lg \hat{y} = \lg a + t \lg b \tag{3-36}$$

令 $\hat{y}' = \lg \hat{y}, A = \lg a, B = \lg b$,则指数曲线方程式可表示的直线方程形式为:

$$\hat{y}' = A + Bt \tag{3-37}$$

按最小二乘法求得 $A$, $B$,再查反对数表,即得 $a$, $b$ 的值。

$$B = \frac{n\sum ty' - \sum t \sum y'}{n\sum t^2 - (\sum t)^2} \tag{3-38}$$

$$A = \frac{\sum y'}{n} - B\frac{\sum t}{n} \tag{3-39}$$

$$y' = \lg y \tag{3-40}$$

式中　$y$——原时间数列的实际值。

## 五、成本模型优化相关方法

1. 系统仿真技术

1)基本概念

所谓系统仿真,就是根据系统分析的目的,在分析系统各要素性质及其相互关系的基础上,建立能描述系统结构或行为过程的、且具有一定逻辑关系或数量关系的仿真模型,据此模型进行试验或定量分析,以获得正确决策所需的各种信息。

2)系统仿真的实质

(1)它是一种对系统问题求数值解的计算技术。尤其当系统无法通过建立数学模型求解时,仿真技术能有效地处理系统问题。

(2)仿真是一种人为的试验手段。它和现实系统实验的差别在于,仿真实验不是依据实际环境,而是在作为实际系统映象的系统模型以及相应的"人造"环境下进行的。这是仿真的主要功能。

(3)仿真可以比较真实地描述系统的运行、演变及其发展过程。

3)系统仿真的作用

(1)仿真的过程也是实验的过程,而且还是系统地收集和积累信息的过程。尤其是对一些复杂的随机问题,应用仿真技术是提供所需信息的唯一令人满意的方法。

(2)对一些难以建立物理模型和数学模型的对象系统,可通过仿真模型来顺利地解决预测、分析和评价等系统问题。

（3）通过系统仿真，可以把一个复杂系统降阶成若干子系统以便于分析。

（4）通过系统仿真，能启发新的思想或产生新的策略，还能暴露出原系统中隐藏着的一些问题，以便及时解决。

4）系统仿真方法

系统仿真的基本方法是建立系统的结构模型和量化分析模型，并将其转换为适合在计算机上编程的仿真模型，然后对模型进行仿真实验。由于连续系统和离散（事件）系统的数学模型有很大差别，所以系统仿真方法基本上分为两大类，即连续系统仿真方法和离散系统仿真方法。

连续系统是指系统中的状态变量随时间连续地变化的系统。由于连续系统数学模型主要描述每一实体的变化速率，故数学模型通常是由微分方程组成。当系统比较复杂，尤其是系统包含非线性因素时，这种微分方程的求解就非常困难，故要借助仿真技术。其基本思想为：将用微分方程所描述的系统转变为能在计算机上运行的模型，然后进行编程、运行或其他处理，以得到连续系统的仿真结果。连续系统仿真方法根据仿真时所采用计算机的不同，可分为模拟仿真方法、数字仿真法及混合仿真法。在连续仿真中，还需要解决仿真任务分配、采样周期选择和误差补偿等特殊问题。

离散系统是离散事件动态系统的简称，是指系统状态变量只在一些离散的时间点上发生变化的系统。这些离散的时间点称为特定时刻，在这特定时刻由于有事件发生所以才引起系统状态发生变化，而其他时刻系统状态保持不变。离散系统另一个主要特征是随机性。因为这类系统中有一个或多个输入量是随机变量而不是确定变量，所以它的输出也往往是随机的。描述这类系统的模型一般不是一组数学表达式，而是一幅表示数量关系和逻辑关系的流程图。流程图可分为三部分，即"到达"模型（输入）、"服务"模型（输出）和"排队"模型（活动系统）。前两者一般用一组不同概率分布的随机数来描述，而系统活动则通常由一个运行程序来描述。对这类系统问题，主要使用计算机进行仿真实验。这种仿真试验的步骤包括：画出系统的工程流程图；确定"到达"模型、"服务"模型和"排队"模型；编制描述具体系统活动的运行程序并在计算机上运行。一般来说，在管理领域中经常遇到的是离散动态系统，其常见的有库存控制系统、随机服务系统。

在以上两类基本方法的基础上，还有一些用于系统（特别是社会经济和管理系统）仿真的特殊而有效的方法，如系统动力学方法、蒙特卡洛法等。系统动力学方法通过建立系统动力学模型（流程图），利用DYNAMO仿真语言在计算机上实现对真实系统的仿真实验，从而研究系统结构、功能和行为之间的动态关系。

2. 模糊综合评价方法

模糊综合评价法是一种基于模糊数学的综合评标方法。该综合评价法根据模糊数学的隶属度理论把定性评价转化为定量评价，即用模糊数学对受到多种因素制约的事物或对象做出一个总体的评价。它具有结果清晰、系统性强的特点，能较好地解决模糊的、难以量化的问题，适合各种非确定性问题的求解。模糊集合理论的概念于1965年由美国自动控制专家查德（I.A.Zadeh）教授提出。

在生产实践、科学研究、日常生活中，经常要对事物进行比较、评论。然而，同一事物往往具有多种属性,事物的不同属性反映事物的不同侧面。因此,要对事物进行全面评价,必须考虑多种因素。这就是所谓的综合评价问题。

综合评价问题常常带有一定的模糊性,因为评价结果,如优、良、中、差等本身就具有一定模糊性。另外,评价过程中难以准确判定各评价因素对事物最终评价结果的影响大小等。因此,综合评价问题最适宜进行模糊综合评价。

模糊综合评价就是运用模型关系合成的原理,对多个隶属于被评价事物的等级状况因素进行综合性评价的一种方法。

根据被评问题或系统的复杂性、所含因素的多少,模糊综合评价分为单级模糊综合评价和多级模糊总评价。本文主要对单级模糊综合评价进行介绍。

单级模糊综合评价适用于影响评价事物的评价因素较少的综合评价问题的综合评价,其评价过程如下:

(1)确定评价事物的评论因素论域 $U$。

$$U = \begin{pmatrix} u_1 & u_2 & \cdots & u_n \end{pmatrix} \tag{3-41}$$

(2)确定评语等级论域 $V$。

$$V = \begin{pmatrix} v_1 & v_2 & \cdots & v_m \end{pmatrix} \tag{3-42}$$

通常评语集为:

$$V = (很好 \quad 好 \quad 较好 \quad \cdots \quad 较差 \quad 差 \quad 很差) \tag{3-43}$$

进行单因素评判,建立模糊关系矩阵 $R$。

$$R = \begin{bmatrix} r_{11} & r_{12} & \cdots & r_{1m} \\ r_{21} & r_{22} & \cdots & r_{2m} \\ \cdots & \cdots & \cdots & \cdots \\ r_{n1} & r_{n2} & \cdots & r_{mm} \end{bmatrix} \tag{3-44}$$

式中 $r_{ij}$——被评事物就评价因素 $u_i$ 而言,被评为 $v_j$ 的程度,即 $u_i$ 隶属于 $v_j$ 的程度。

$R$ 的第 $i$ 行

$$R_i = \begin{pmatrix} r_{i1} & r_{i2} & r_{i3} & r_{im} \end{pmatrix}$$

即第 $i$ 个评价因素的单因素评价。

(3)确定评价因素权重向量。

$$A = \begin{pmatrix} a_1 & a_2 & \cdots & a_n \end{pmatrix} \tag{3-45}$$

评价因素权重向量各元素即为对应评价因素对最终评价结果所起的作用的大小。进行模糊关系合成,可得到综合评价结果 $B$。

(4)综合评价结果的表达。

$$B = \begin{pmatrix} b_1 & b_2 & \cdots & b_m \end{pmatrix} \tag{3-46}$$

按最大隶属原则得出评价事物隶属于评价等级的优先顺序,或最大隶属度对应评语作为模糊综合评价结果。这种描述只适用于单个事物的综合评价,不适用于多个事物的综合比较评价。

3. 灰色 GM(1,1)模型

在实际应用中,一维灰色问题建模使用最多的是一阶一个变量的 GM(1,1)微分拟合模型,此模型是对一某个变量的随时间变化的数据序列经过一次累加生成后建立的模型,是一个单序列的一阶线性动态模型,其模型形式如下:

将系统特征数据序列(即 $n$ 个观测值)$X^{(0)}$ 记为原序列:

$$X^{(0)} = \{x^{(0)}(1) \quad x^{(0)}(2) \quad \cdots \quad x^{(0)}(4)\} \tag{3-47}$$

则其一次累加生成序列 $X^{(1)}$ 记为:

$$X^{(1)} = \{x^{(1)}(1) \quad x^{(1)}(2) \quad \cdots \quad x^{(1)}(4)\} \tag{3-48}$$

其中

$$x^{(1)}(k) = \sum_{i=1}^{k}\left[x^{(0)}(i)\right] \quad k=1,2,\cdots,n \tag{3-49}$$

对于没有规律的原始数据,经过累加生成得到较有规律的新数据,并减弱消除了随机因素的影响,加强了系统确定性因素的作用。对于任何非负的原数列,经一次累加生成后,就可得到较有规律的单调递增的新数列。

对生成序列 $X^{(1)}$ 建立如下灰微分方程:

$$\frac{\mathrm{d}x^{(1)}(t)}{\mathrm{d}t} + ax(1)(t) = u \tag{3-50}$$

式中　$a$——发展系数,它反映 $\hat{x}^{(1)}$ 及 $\hat{x}^{(0)}$ 的发展态势;

　　　$u$——灰作用量,它的大小反映数据的变化关系。

灰微分方程的解为:

$$x^{(1)}(k+1) = \left[x^{(0)}(1) - \frac{u}{a}\right]e^{-ak} + \frac{u}{a} \tag{3-51}$$

用最小二乘法求得:

$$a = [a, u]^{\mathrm{T}} = \left(B^{\mathrm{T}}B\right)^{-1}B^{\mathrm{T}}Y_N \tag{3-52}$$

其中,$B$ 为累加矩阵,$Y_N$ 为向量,它们的构造形式分别为:

$$B = \begin{bmatrix} -\frac{1}{2}\left[x^{(1)}(1) + x^{(1)}(2)\right] & 1 \\ -\frac{1}{2}\left[x^{(1)}(2) + x^{(1)}(3)\right] & 1 \\ \cdots & 1 \\ -\frac{1}{2}\left[x^{(1)}(n-1) + x^{(1)}(n)\right] & 1 \end{bmatrix} \tag{3-53}$$

$$Y_N = \begin{bmatrix} x^{(0)}(2) \\ x^{(0)}(3) \\ \cdots \\ x^{(0)}(n) \end{bmatrix} \quad (3-54)$$

利用式（3-50）求出辨识参数 $a$，$u$，再代入式（3-51）即可求得 $x^{(1)}(k+1)$。然后经过式（3-50）的还原处理得到实际的预测值 $\hat{x}^{(0)}(k+1)$：

$$\hat{x}^{(0)}(k+1) = \hat{x}^{(1)}(k+1) - \hat{x}^{(1)}(k) \quad (3-55)$$

最后将式（3-55）代入式（3-56）整理得到：

$$X^{(0)}(K+1) = (1-e^a)\left[X^{(0)}(1) - u/a\right]e^{-ak} \quad (3-56)$$

式（3-47）即为实际的灰色 GM（1，1）动态预测模型。

GM（1，1）预测模型必须经过精度检验才能用于预测，检验方式通常用关联度检验。

灰关联分析是以灰关联度分析系统中各因素间关联程度的一种方法。灰关联分析在各因素特征指标为同向指标，即极性一致的指标基础上进行的。若各因素的特征指标极性不一致，应先进行极性变换转换为极性一致的特征指标，在进行灰关联分析。

设参考数列 $x_0$，比较数列为 $x_i$（$i$=1，2，$\cdots$，$m$），并且

$$x_0 = \{x_0(1) \quad x_0(2) \quad \cdots \quad x_0(n)\}$$
$$x_i = \{x_i(1) \quad x_i(2) \quad \cdots \quad x_i(4)\}$$

则称

$$\xi_i(k) = \frac{\min_i \min_k |x_0(k) - x_i(k)| + p \max_i \max_k |x_0(k) - x_i(k)|}{|x_0(k) - x_i(k)| + p \max_i \max_k |x_0(k) - x_i(k)|} \quad (3-57)$$

为参考数列 $x_0$ 与比较数列 $x_i$ 在第 $k$ 点的灰关联系数。

式中　$p$——分辨系数，一般取 $p=0.5$。

以参考数列 $x_0$ 与比较数列 $x_i$ 在各点灰关联系数平均数作为比较数列 $x_i$ 与参考数列 $x_0$ 的灰关联度 $r_i$，即

$$r_i = \frac{1}{n}\sum_{k=1}^{n}\xi_i(k) \qquad (i=1,2,\cdots,m) \quad (3-58)$$

$r_i$ 越大，比较数列 $x_i$ 与参考数列 $x_0$ 的灰关联程度就越大。

4. BP 神经网络

1）基本概念

基于误差反向传播算法的多层前馈网络（Multiple-layer feed forward network，简记为 BP 网络）是目前应用极为成功和广泛的人工神经网络。BP 神经网络，可以具备三层或三

层以上的网络层次结构。在输入层、隐含层、输出层三层结构中，前后层之间的连接方式可以是全链接的方式，每个后层单元与每个前层单元都实现全链接。BP 神经网络具备误差反向传播算法的学习过程，一般由信息的正向传播和误差的反向传播两个步骤组成。

（1）正向传播主要流程是：输入层各神经元负责接收来自外界的输入信息（输入变量），并传递给中间层各神经元；中间层也称为内部信息处理层，此层主要负责前后层之间的信息变换，根据信息变化能力的需求，来确定中间层设计的隐含层的个数；最后一个隐含层则传递给输出层各神经元的信息，经过进一步处理后，完成一次网络学习的正向传播处理过程，并由输出层向外界输出信息处理结果。

（2）当网络输出与期望输出不符时，那么网络就应该进入误差的反向传播阶段。误差通过输出层，可以参考采用误差梯度下降的方式修正各层权值，并向隐含层、输入层逐层反向传播。

（3）重复将信息正向传播和误差反向传播是各层权值不断调整与优化的过程，也是神经网络学习训练的过程。此过程一直进行到网络输出的误差减少到可以接受的程度，或者达到预先设定的学习次数为止。

BP 神经网络网络模型如图 3-1 所示。

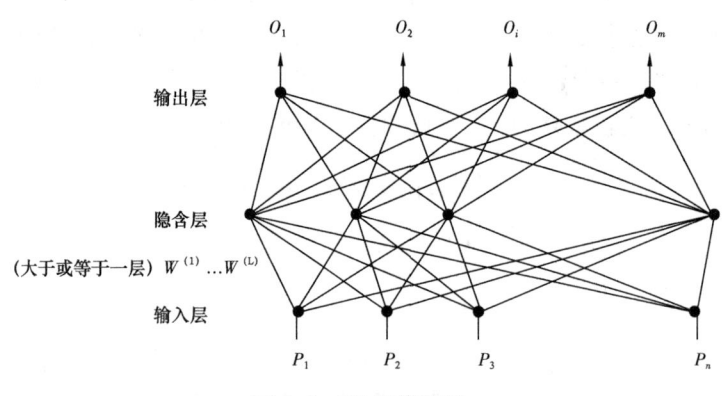

图 3-1　BP 网络模型

可以看出，由 $n$ 个输入单元组成的输入层、若干隐含层和 $m$ 个输出单元组成的输出层构成，则该三层网络可表示为 BP$(n, l, m)$，利用该网络可实现 $n$ 维输入向量 $X_n = (X_1, X_2, X_3, \cdots, X_n)^T$ 到 $m$ 维输出向量 $Y_m = (Y_1, Y_2, Y_3, \cdots, Y_m)^T$ 的非线性映射。输入层和输出层的单元数 $n$，$m$ 根据具体系统问题来确定，而隐含层单元数 $l$ 的确定尚无成熟的方法，一般可根据训练结果来进行选择并设定不同的 $l$ 值。

2）BP 神经网络标准算法

一般来说，人工神经网络是一般由输入层、隐含层、输出层及其层间的激活函数构成的。BP 的特点是采用误差反向传播对权值进行修改，并将网络输出与样本期望输出相比较，不断地修改权值，从而训练出可靠的网络。这个过程是比较复杂和带有经验性、可指导性的。BP 神经网络的结构直接关系到网络的函数映射能力和网络的性能，网络结构的设计包括输入、输出层节点数、隐含层数和隐含层节点数的选择与确定。其中，关键的是隐含层数和隐含层节点数的选择。

在三层 BP 网络中，输入向量为 $X = (x_1, x_2, \cdots, x_i, \cdots, x_n)^T$，$i=1, 2, 3, \cdots, n$，

其中 $x_i$ 为输入向量的第 $i$ 个元素。输出层输出向量为 $\boldsymbol{O} = (o_1, \cdots, o_k, \cdots, o_l)^T$, $k=1$, 2, 3, $\cdots$, $l$, 其中 $o_k$ 为输出层输出向量的第 $k$ 个元素。期望输出向量为 $\boldsymbol{d} = (d_1, \cdots, d_k, \cdots, d_l)^T$, $k=1$, 2, 3, $\cdots$, $l$, 其中 $d_k$ 为期望输出向量的第 $k$ 个元素。输入层到隐含层间的权值矩阵用 $\boldsymbol{V} = (V_1, V_2, \cdots, W_j, \cdots, V_m)$, $j=1$, 2, $\cdots$, $m$, 其中列向量 $V_j$ 为隐含层第 $j$ 个神经元对应的权向量。隐含层到输出层之间的权值矩阵用 $\boldsymbol{W}$ 表示，$\boldsymbol{W} = (W_1, W_2, \cdots, W_k, \cdots, W_l)$, $k=1$, 2, 3, $\cdots$, $l$, 其中列向量 $W_k$ 为输出层第 $k$ 个神经元对应的权向量。当网络输出与期望输出不等时，存在输出误差 $E$：

$$E = \frac{1}{2}(\boldsymbol{d} - \boldsymbol{O})^2 \qquad (3-59)$$

将式（3-50）展开，有：

$$E = \frac{1}{2}\sum_{k=1}^{l}\left\{d_k - f\left[\sum_{j=0}^{m}W_{jk}f\left(\sum_{i=0}^{n}V_{ij}x_i\right)\right]\right\}^2 \qquad (3-60)$$

式中　$f$——各隐含层神经元转移函数；

$W_{jk}$——隐含层第 $W_{jk}$ 个神经元与输出层第 $k$ 个神经元间的权值；

$V_{ij}$——输入层第 $i$ 个神经元与隐层第 $j$ 个神经元间的权值。

调整权值的目的就是使误差不断地减少，并通过对误差的要求来使得网络中单元连接权值进行修改，通常采用误差梯度下降（Gradient Descent）算法对权值进行调整，即：

$$\Delta w_{jk} = -\eta \frac{\partial E}{\partial w_{jk}} \qquad (3-61)$$

$$\Delta v_{ik} = -\eta \frac{\partial E}{\partial v_{ik}} \qquad (3-62)$$

式中　$\Delta w_{jk}$——隐层第 $j$ 个神经元与输出层第 $k$ 个神经元间的权值调整量；

$\Delta v_{ik}$——输入层第 $i$ 个神经元与隐层第 $j$ 个神经元间的权值调整量；

$\eta$——比例系数，$\eta \in (0, 1)$。

3）应用 BP 神经网络进行预测的步骤

根据 BP 神经网络的方法原理及学习规则，应用神经网络进行预测的步骤如下：

（1）针对系统应用信息的实际情况确定构建网络的输入与输出。待分析系统将系统信息转化成数据样本，选择适当的网络结构作为预测工具，确定输入层神经单元个数和输出层单元个数，从而确定网络的结构（网络层次结构与层中节点数）。

（2）将样本数据进行规范化，随机产生输入样本和检验样本。

（3）根据定义好的网络结构，将输入样本输入，并对输入样本进行训练与学习。

（4）将检验样本和网络训练输出相结合，验证网络的学习能力。

（5）若训练出来的网络具备较强的适应能力，即训练出来的结果达到误差要求，则该网络构造成功。

（6）利用训练好的网络，根据已知的数据进行实际预测。

与传统的预测方法相比，神经网络预测方法是相对比较新颖的，这主要得益于神经网络自身的结构特点及分析原理。神经网络具备较强的非线性特点,这点是一般的数学模型无法表达的。在复杂系统研究过程中,神经网络的自适应能力将是它独特的优势。

## 第三节 标准成本在石油企业的应用及借鉴

### 一、国内石油企业标准化体系借鉴

从石油企业战略角度来看,我国三大石油公司对于标准化建设都非常重视。标准化建设主要包括技术标准和管理规范两个层面。在生产管理方面,中国石油天然气集团公司各地分公司,出台了大量的规范。比如,宝鸡石油钢管有限责任公司制订了《西气东输二线管道工程精品钢管质量控制规定》;大港油田集团有限责任公司对采购产品实行三级检验标准制度;华北油田招标中心为规范操作,建立了一套严格招标制度,包括严格的业务流程,严格的招标项目申请、审批程序,严格的招标文件编制、审核制度,严格的发标、开标、评标程序等规定。

中国石油化工集团公司也非常重视标准化建设。如中国石油化工集团公司大力推进以 ERP 为主线的信息化建设,利用信息化手段,直观快速地将财务指标与装置运行的每一项参数、员工的每一步操作关联起来,真正把"成本在我手中"的口号变成量化的"人人肩上有指标";中国石化扬子石油化工有限公司建立了完善的 HSE 管理制度,并于 2011 年对相关制度进行了整合,形成了科学合理的一体化制度;普光气田开发统一实施了 51 项企业标准等。

"十一五"期间,中国海洋石油集团有限公司各级标准化组织共制订、发布标准 265 项,并于 2012 年全面开展安全生产标准化,通过达标建设提升了公司安全管理和本质安全的水平。

在此基础上,我们认为三大石油公司对于标准化建设的认识有共性又有特性。标准化管理是指符合外部标准(法律、法规或其他相关规则)和内部标准(企业所倡导的文化理念)为基础的管理体系。标准主要是指的的两个方面的标准:技术标准、管理标准。技术标准是对技术活动中需要统一协调的事物制订的技术准则。它是根据不同时期的科学技术水平和实践经验,针对具有普遍性和重复出现的技术问题提出的最佳解决方案。管理标准是企业为了保证与提高产品质量,实现总的质量目标而规定的各方面经营管理活动、管理业务的具体标准。

石油企业对与标准化体系的建立及成本定额体系的实施处于初步研究与探索阶段,各大油气田企业都在积极地进行标准化成本定额的制订。以下为我国石油企业中在标准化建设方面取得了一定成就的企业,它们的经验对采气一厂的标准化工作的建立具有很好的借鉴作用。

(1)中国石油集团测井有限公司——建立测井作业标准成本模型。

中国石油集团测井有限公司(以下简称测井公司)是于 2002 年底成立的专业化公司,位于陕西省西安市,直属于中国石油天然气集团公司。其业务定位是:以测井技术研发、测井仪器制造、测井资料处理解释和测井技术服务、测井新技术推广应用为主的专业化技术公司。测井公司目前表现为研发、制造、服务一体化,因此其标准成本管理模型的建立包括研发标准成本管理模型、制造标准成本管理模型和服务标准成本管理模型。

测井有限公司按照测井生产经营和服务的特点，根据测井工艺流程和操作规程，以成本现场描述和测量为主、历史成本信息提取为辅的手段，判定成本控制的关键点位，认识成本形成的内在规律和发展趋势，建立适用于三类主要服务项目的"标准成本控制，实绩考核"分析模型。这一模型应能适用于对采集、解释和仪修三类主要产品成本的分析、考核与控制。对于辅助生产单位的成本费用，设计"毛利率控制，实绩考核"费用分析模型。在应用效果上，利用现有的管理平台和会计集中核算规范流程，适时动态反映成本费用的发生情况，使相关方及时了解成本费用的发生，了解成本费用的超支或节约，从而加强对成本费用的管理。同时，对于固定性制造费用，如厂房、机器设备的折旧、井下仪器的摊销、保险费、车间管理人员的工资等一般由企业既定的生产能力决定。对维护企业正常生产不可或缺的成本的标准确定、控制途径进行探索性研究，以突破在标准成本制订上的瓶颈性问题，实现标准作业成本管理的量价分离。根据测井公司内控管理规定和内部职责分工，采集、解释、仪修等单位只能对生产资料的消耗量进行控制，对于生产资料价格和人员薪酬等分属器材则由供应部门和人力资源部门掌控。同时，市场变化对生产资料价格的波动问题，在客观环境下，要求在建立标准成本管理模型时，统筹兼顾本单位"量价分离、操控分置、集成管理"的实际情况。

根据测井作业的特点，采集、解释、仪修三个主要模型均受益于同一个作业对象。不仅如此，在采集板块还存在着若干个被受益对象。因此，在模型建立时，遵循"模块化集成"的思想，将最小的受益单位以模块化的方式逐步集成，以达到受益对象明确、责任单位清晰，集成模型兼顾面广、适应性强、通用性好、便于模型的测试和模型参数的局部调整的目的，实现标准成本模型的高度适应性。

（2）长庆油田——基于作业成本的标准化管理。

随着油气田产量递减加快，勘探开发难度加大，生产要素价格上涨，油田企业面临巨大的成本控制压力。长庆油田在多年探索的基础上，探索建立并推广实施了"基于作业的标准成本管理"方法。该方法是将作业成本管理概念融入标准成本系统，确定每个作业过程、每项要素的成本支出标准，为预算编制、成本控制、正确评价作业中心及相关责任成本中心的业绩提供依据。"标准化"就是以标准化设计与模块化建设为支撑，用一整套符合长庆地下油气开发和地面建设需求的标准设计文件，统一油气田开发工艺、流程布局，统一井组、井站建设规格标准，统一设备、设施配套，使油气田建设按照"组装""复制"的模式低成本扩展，提高建设效率和降低投资成本。"标准化"首先简化、优化了工艺流程，规范了建设标准，使油气计量、增压、注水、集输、设备能够提前按照设计标准制作成成品模块，在井站建设过程中即可以最快的速度组装成型。"标准化"剔除了井站建设重复设计成本，节省了大量人力资源和不必要的配套，同时缩短了建设周期，最关键的是提高了工程质量。一个月建成一座集气站，三个月建成一座联合站，一年建成一座大型天然气处理厂，这就是长庆转变发展方式、实施低成本战略创造的新奇迹。推广实施的标准成本管理以作业为基础，其标准成本是用科学的方法，根据客观实验和生产实践后制订出来的，具有客观性和科学性。该标准成本排除了各种偶然性和意外情况，代表了正常情况下的消耗水平，具有现实性，标准成本管理基于提升增值作业，可控制低效、无效作业，确定成本目标，具有激励性。标准成本可以在工艺技术水平和管理有效性变化不大时持续使用，不需要经常修订，具有稳定性。长庆油田通过试点推行标准成本管理，掌握了每口油、水井，每座站点的生产运行动态数据，优化了生产运行通过实施标准成本管理，建立了各类作业过程和作业设施的基准运行参数和运行标准。

长庆油田探索出了以丛式井组、二级布站、井站共建、多站共建为代表的"超低渗透油田开发模式"，拓展了勘探开发一体化的标准开发思路，建立了一系列标准管理制度，成为中国低渗透、超低渗透油气田开发的标准典范。

（3）西南油气田——标准化成本定额手册的初步建立。

2006年，中国石油西南油气田公司（以下简称西南油气田）通过对五个油气矿开展成本现场调查，收集、汇总、整理、分析各单位历史成本数据，研究成本支出与生产过程的内在联系，按照不同区块制订了单井提升成本，按照不同采气工艺流程制订了增压、净化、污水回注等装置标准成本，制订了生产现场操作人员、作业区机关、厂矿机关人员行政经费标准，初步形成了符合西南油气田生产经营管理实际的预算管理模式，为公司预算分解、成本控制、预算分析发挥了重要作用。2010年，西南油气田在原有基础上对标准成本进行了补充和完善，制订了公司统一的标准定额成本体系，该体系覆盖公司生产经营的各个环节，可作为预算编制和各二级单位成本控制的依据。

西南油气田将生产过程中的成本主要分为直接成本和间接成本两类。直接成本包括井站、采气装置、采油装置、集输装置、增压装置、气田水回注装置、脱水装置、电潜装置、单井退硫装置、输配气装置、净化厂净化装置、内部集输管线、输气管线、气田水车辆运输、其他装置、自控大修、现场操作人员行政经费共17个部分。间接成本主要包括机构日常固定费用和人员行政部分。

（4）塔里木油田——单井钻完井定额明细体系。

塔里木油田以建设具备国际化、现代化的管理视角和一流管理水平的国际先进企业为目标，大力推行精细化管理，以基础管理建设为工作重点，完善和规范各管理系统，强调标准化和规范化工作。

在塔里木油田的塔北区块，以钻井工艺为轴心，建立了钻井、试井、测井、录井为核心的定额体系，科目详细，操作可行，有效地指导了塔北区块EPC承包的精细化、规范化工作，降低了成本，提高了效益。

（5）河南油田——科学系统的成本预算评价考核体系。

河南油田开展了成本调研，设计工作模块，建立了科学系统的成本预算评价考核体系，突出了成本、物资和人力资源的关键环节。河南油田从体制、机制、技术等方面寻求突破，建立措施，制订定额标准，提高企业成本效益。

## 二、经验借鉴

以上各大油田公司的标准化经验说明，标准化是一个系统的工程，必须要有精细的布置、长远的规划才可能成功。所以，对于采气一厂，应转变思维，打破传统思维，实现机制创新，要彻底改变原有的"先探明、后评价、再开发"的勘探程序，让勘探在点上突破，评价立即跟进，开发紧跟评价部署。这种勘探开发一体化的模式，不仅可以成倍地提升勘探成功率，使油气发现面积迅速扩大，还可以让油气储量在最短周期内转化为产量，生产效率呈几何级数地提高。因此，采气一厂应建立标准化的模式，坚持标准化的管理。

（1）气田标准成本模型的制订必须在流程梳理和优化的基础上才能建立，才能有据可依。

标准的工艺流程不仅可以增加企业的生产能力，提高企业生产水平，也是企业减少不必要开支、进行成本控制的关键。坚持标准化，编制作业指导书，将工艺流程优化，将工序条理化。在车间成立标准化小组，对现场操作层的流程进行系统梳理，建立完善的规章制度和操作流程及标准，实现"工面清晰、程序简捷适用、关键过程受控、行为操作标准"。同时通过编制作业指导书，让员工找到一个好师傅，使其快速适应各个岗位，提高工作效率和安全性。通过标准化的程序，使员工的岗位操作只有规定动作，没有自选动作。员工的每一个操作都必须严格按照标准化作业程序进行。

（2）在气田标准成本模型的建设过程中，建立企业财务标准系统，实现财务管理标准化。

企业对财务活动实施标准化管理，其前提是制订企业财务标准。企业财务标准是指企业为了在财务活动范围内获得最佳秩序，由相关机构制订并经企业管理当局协商一致批准共同使用和重复使用的一种规范性文件。财务标准是一种统一规定，是财务活动行为的准则及依据。它以财务理论研究与实践经验的综合成果为基础，以实现最佳的共同效益为目的。而企业财务标准化则是指企业对现实或潜在的重复性的财务行为制订、发布和实施财务标准等各项活动的过程，其本质特征是使企业各项财务活动达到统一、均衡有序的状态。成本标准化的建立可以提高企业竞争能力和经济效益，是企业生存发展的基础。成本的高低直接影响着企业盈利的多少，较低的成本可以使企业获得更多的利润。成本越低，产品的价格空间弹性也越大，在市场竞争中也能处于优势地位，进而能更好地抵抗内外压力，以求得生存发展，提升企业综合经营管理水平。成本指标是一项综合性的经济指标，企业各项工作的好坏，最终反映在成本指标的高低上。因此，通过总结成本管理工作，揭示企业在经营管理工作中存在的问题，找出产生问题的原因，提出进一步改进的措施，全面提升企业的综合经营管理水平。成本指标的完成情况直接关系到员工的切身利益，所以员工在思想上需形成强烈的成本意识，在生产实践中自觉关注与产品相关的成本、质量、安全等各项信息指标，并贯彻到整个生产成本的控制体系中。

企业财务标准系统不是标准的简单叠加，而是根据财务标准的基本内容和内在联系所组成的、具有一定集合程度的整体结构。企业财务标准系统具有与一般系统相类似的特征，包括：

① 目的性。即企业财务标准系统应该围绕着增加企业财务活动的有序化程度，防止其向无序化发展，并在一定的财务活动范围内获得最佳秩序这一目标而建立。

② 整体性。即财务标准系统中的每个标准都起着其他标准不可替代的作用，但若干标准综合集成为一个系统才能实现其共同目标。

③ 层次性。即财务标准系统不是杂乱无章的，整个系统的结构应该是有秩序、分层次的。为了发挥其系统而有序的功能，应该对其进行分层管理。

④ 动态性。即企业财务标准系统不是静止、孤立和封闭的，而是处于某种不断变化发展的环境之中的。它能与所处环境之间相互作用、交换信息。环境的变化直接影响着财务标准系统的实施和改进。

⑤ 阶段性。即财务标准系统的发展是有阶段的，因为系统效应的发挥要求系统处于

稳定状态，这是标准系统的基本特点。

（3）在气田标准成本模型的建设过程中，企业管理制度标准化是标准化实施的重要保障。

企业的日常经营管理是由一个个稳定的业务所构成，对企业的各项业务流程进行标准化、制度化，建立系统的、完善的制度标准，可以很好地实现经营管理的标准化，减少日常工作的难度，提高管理的效率以及效益。比如 2007 年，中国石油天然气集团公司优化业绩考核指标体系，制订了《高级管理人员绩效考核办法》《总部机关部门和专业公司中层及以下管理人员绩效考核暂行办法》等政策。又如中国石油天然气集团公司所属大港油田集团有限责任公司对采购产品实行三级检验制度，中国石油化工集团公司大力推进"三基"工作的标准化和规范。在技术规范的标准化方面，中国石油化工集团公司下属的宝鸡石油钢管有限责任公司起草了石油天然气行业标准草案《钢管管接头焊接》，中国海洋石油集团有限公司编制了上游项目工程定额，长庆油田的低渗透油田建立了标准开发模式。

# 第四章 油气企业工艺流程标准化体系

## 第一节 标准工艺流程建立概述

油气开发是为了尽可能将储存在油气深处的油气开采出来,以达到提高采收率,降低成本的目的。在油气开采过程中还需要通过生产井、注入井和观察井对油气藏进行开采、观察和控制。油、气的流动有三个互相联接的过程:(1)油、气从油层中流入井底;(2)油、气从井底上升到井口;(3)油气从井口流入集油站,经过分离脱水处理后,流入输油气总站,转输出矿区。

### 一、油气开采的工艺流程

油气开采工艺主要包括以下 4 个流程:

(1)测井工程指的是在井筒中用地球物理方法,将岩层和油气藏中的原始状况和钻采过后的变化信息,尤其是油、气、水在油藏中的分布情况及其变化的信息,通过电缆传到地面,进行综合判断后确定应采取的技术措施。

(2)钻井工程在油气田开发中有着十分重要的地位。其运用成本往往要占油气田建设开发总投资的 50% 以上。一个油气田的开发,往往需要打成百上千口井,且对用于开采、观察和控制等不同目的的井(生产井、注入井、观察井以及专为检查水洗油效果的检查井等)有不同的技术要求。钻井工程应保证钻出的井对油气层的伤害最少,固井质量高,能经受开采几十年中的各种井下作业的影响。改进钻井技术和管理,提高钻井速度,是降低钻井成本的关键。

(3)采油工程是把油、气在油井中从井底举升到井口的整个过程工艺技术。油气的上升可以依靠地层的能量自喷,也可以依靠抽油泵、气举等人工增补的能量举出。有效的修井措施,能排除油井经常出现的结蜡、出水、出砂等故障,保证油井正常生产。水力压裂或酸化等增产措施,能提高因油层渗透率太低,或因钻井技术措施不当伤害、损害油气层而降低的产能。对注入井来说,则需要提高注入能力。

(4)油气集输工程是在油田上建设完整的油气收集、分离、处理、计量和储存、输送的工艺技术。准井中采出的油、气、水等混合流体,在矿场进行分离和初步处理,获得尽可能多的油、气产品。水可回注或加以利用,以防止污染环境,减少无效损耗。

### 二、标准工艺流程建立的必要性

要使我国油气开采企业走出误区、走上科学的成本管理之路需要从以下几个方面入手:

(1)深化思想改革,转变成本观念。

做好成本管理的首要前提是用先进的成本管理思想来指导成本管理实践。要改变对降本增效认识上的误区,降低成本必须以经济效益为前提。不能一味强调从绝对量上压缩成本，应克服成本控制的短期行为。

（2）加强过程管理，强化关联研究。

油田的成本管理要始终贯穿于生产经营的全过程，要全方位、系统考虑，坚持从源头抓起，把成本管理同影响成本的各个环节、各个要素有机联系起来，系统管理，系统运作。

（3）研究成本规律，分析成本动因。

清楚油气成本的构成、油气生产的各项作业类型以及给予作业的各项资源的消耗规律。在此基础上，做好各项作业的资源消耗定额。

（4）建立标准流程，紧抓成本管理。

加强基础性业务建设，规范施工人员的操作行为，努力提高管理水平，降低企业的成本。同时通过标准工艺流程的建立，能够有利于通过工艺节点对油气开采的成本动因进行分析，帮助企业找寻降低企业成本的方法，突出重点，抓住成本管理的"节点"，这样在成本管理上才不至于出现大的问题。

（5）建立分析报告，重抓专项分析。

首先要建立月度和季度经济活动的分析报告制度。根据预算管理和控制的需要，结合油田生产经营实际情况，自上而下建立经济活动分析模板，全面重点地反映预算执行情况。并定期召开经济活动分析会，对当期预算执行情况进行总结分析。

成本节点管理思想逐步引起了油气开采企业的重视，且有部分企业已将此思想融入管理当中，但实践缺乏深度和系统性。正是基于理论创新和实践应用的双重需要，针对油气开采企业面临的内外部环境和其在成本管理方面已采取的措施，在油气开采企业实施成本节点管理模式研究是必要而可行的。

## 第二节　采出工艺流程

### 一、采出工艺划分

将所要开采气田各气藏开采过程中地层压力变化情况作为采气工艺选取的衡量标准，特制订在地层压力降低时需要实施的排水采气工艺。而针对地层压力未发生较大变化的情况，则使用自喷采气工艺。排水采气是封闭型水驱气藏生产中常见的采气工艺。由于地层水和天然气中的凝析水的影响常会造成气井井筒的积液，气井的生产效能会受到大的影响。在国内外多年的开发实践基础上，我国逐渐形成了包括优选管柱、气举、泡沫排水、机抽、电潜泵、气体加速泵等比较常用的排水采气工艺。

同一工艺实施于不同气井、不用工艺实施于同一气井所产生的效果都是不同的；不同的排水工艺都有不同的优缺点，不同的有水气藏的地质构造特征也不尽相同。所以只有在兼顾各工艺特点和各气藏本身情况的前提下才能做到真正的优化。比如电潜泵排水工艺，它是采用多级离心泵装置进行井筒积液的排除，排量大，自动化程度高，适用于水气田中后期开采的后续工艺。由于其价格昂贵，不能在产水量较小的气井和开采初期实施，否则将导致开采成本剧增。但是对气井进行一一对应的排水方案优化也是不经济的。因为在同样条件下各指标体现的效果也不尽相同。必须通过技术经济综合评价，才能着眼于整个气田进行有效的技术优化，实现用最少的劳动消耗与投入来获得最多的油气产量。

针对各个气田对排水采气不同方法及其适应性作相应的研究与评价。

1. 优选管柱排液采气

气田开发进入中后期，气井不能建立压力、产量、气水比相对稳定的带水采气制度而转入间歇生产时，及时调整管柱，改成小管柱生产，这就是优选管柱排液采气工艺。该方法充分利用气井自身能量，在气井压力变低时，适当更换或下入较小直径油管，使气流排速增大，以达到排水采气的目的。

为确保连续带出地层流入井筒的全部液体，在自喷管柱中气流速度必须达到排液的临界流速。通常来讲，油管直径越大，气井产量越高，而这种油管却有可能不能连续携液。减小油管直径能够提高天然气的流速，并在某种程度上提升举升液的效率。优选管柱排水采气，就是要缩小油管内径生产，减小流动截面积，增加气体流速，以便把液体带到地面。该工艺理论成熟、施工容易、管理方便、工作制度可调节性强、免修期长、投资少，除优选与地层流动条件相匹配的油管柱外，无须另外添加特殊装备和动力装置，是能够充分利用气井自身能量实现连续排液生产，延长气井带水自喷期的高效开采的工艺技术。但此工艺也存在着一定缺点：气井排液量不宜过大；下入油管深度受油管强度的限制；因压井后复产启动困难，起下管柱时最好能实现不压井起下作业。

若油管直径过小，虽然能够提高气流速度，有利于将井底的液体排出，但油管的摩阻损失大，一定井口压力下所要求的井底流压就高，从而限制了气井产量。油管直径过大，会降低气流速度，摩阻损失也会降低，从而降低流压。但过低的气流速度无法将井底液体携至地面，最终造成井底积液、流压升高，气体的携液能力降低，从而限制产气量。因此必须根据气井的产能状况优选合理的管径，充分利用气藏的能量，尽可能多地使井底的液体能及时被气流携带到地面，以获得最大产气量。优选管柱排水采气的核心是确定连续排液所需的最小气量。

2. 气举排液

气举和液氮排液气举是使用高压气体压缩机向井内注入高压气体，用高压气体置换井筒内液体的施工方法。其目的是大幅降低井底回压，使地层中的流体流入井筒。

目前连续气举和间歇气举两种方式是采气厂最常用的气举方式。当井底压力和产能高时，通常采用连续气举生产；当产能和井底压力较低时，则采用间歇气举或活塞气举。

连续气举：通过气举阀在地面将高压天然气、液氮或其他气体注入停产井中，利用气体的能量举升井筒中的液体，使井恢复生产能力。

连续气举适用范围和条件：弱喷、间歇自喷和水淹气井的复产；大产水量井的助喷和连续强排。

柱塞气举：在油管柱内装能上下活动的柱塞，作为气液分界面，利用井内气体压力，上推活塞柱体，柱体向上推液（水）到达地面，这样往复进行以达到排液采气的目的。

柱塞气举适用范围和条件：间喷周期较短的间歇井；有效排水量以 $10\sim20m^3$ 为宜；柱塞下入深度为3000m左右；高气液比、高压低渗井。

3. 泡沫排液采气

泡沫排水采气工艺是将化学发泡药剂通过不同方式投入井内，以减少气、油、水三相在垂直管流动中的滑脱损失，从而提高气流的垂直举液能力。该方法主要针对自喷能力不足、气流速度低于临界流速的气井。其目的就是要减少井筒及井底近区积液，疏导气水通道，改善或维持气井生产能力。

4. 柱塞排液采气

柱塞气举的柱塞在油管内的卡定器和防喷管之间做周期性的运动。整个过程由控制器控制气动薄膜阀的开关来完成。当气动薄膜阀关闭时，柱塞（阀已打开）在自重作用下下落，柱塞撞击弹簧后阀关闭，井下压力开始恢复。当套管压力恢复到一定值时，气动薄膜阀打开，气体迅速从套管进入油管，加上地层产出的气体推动柱塞及其上部的液柱一起向上运动，直到把柱塞以上的液体举至地面。柱塞撞击防喷管内的顶杆后，阀再次打开，气动薄膜阀关闭，柱塞下落进行下一次工作循环。

适用范围和条件：对常规连续气举或间歇气举效率不高的生产井，采用柱塞气举能够提高生产效率，避免气体的无效消耗；柱塞气举井正常生产时，柱塞在油管内的往复运动，可以达到清蜡、防蜡和除垢的效果，适用于易结蜡、结垢的气井。

5. 超声波旋流雾化

超声雾化排水采气工艺是将一套超声波雾化装置，利用钢丝作业下入井卡定在井内油管的设计深度，借助天然气流动能量，将大液滴打碎、雾化。雾化通过3方面实现：

（1）雾化装置中有一个旋流分离装置，借助于高速旋转流体，产生剪切力和离心力破坏液体的表面张力，使液体破碎雾化；

（2）利用高速气流剧烈冲击液体再膨胀，破坏液体的黏性力和表面张力，使液体破碎雾状；

（3）利用声振动的力学效应，将液体碎化、均化、细化、降黏。

通过超声雾化，将井筒液体打碎到78～88μm的雾滴，使气井携液临界流速大幅降低，从而提高了气井的排液效率。

超声旋流气动雾化排液采气技术适用条件：低渗、凝析气藏，具有一定能量，但产气量少，不足以将井内的液体完全带出地面的气井（将要积液的气井或靠激动式放喷排液维持正常生产的气井）；气井油管内径为62mm；井深为2500～3500m；日产气为5000～20000$m^3$；日产液为3～20$m^3$；油管无弯曲、无变形，通井。超声旋流气动雾化排液采气技术的特点：不压井、不动油管作业，排液深度可调，不受积液介质的影响，经济实用，安装管理方便，可有效弥补其他工艺的不足；可实现依靠气井自身能量连续排液、预防气井积液、延长气井稳产期的目的。

6. 机抽排液采气

机抽排水采气生产方式是油管排水、油套环空排气。此工艺适用于气井中后期排水采气，工作原理与抽油相同，区别是抽油从油管排水、油套环空采气。该工艺装备简单、可靠，将天然气和电作动力，能够实现自动控制，实现有人管理、无人操作；设计简单、成熟；可使设备多井运移；工艺井可不受采出程度影响，并能把气水井采至枯竭。对于排水采气的气井，杆式泵则是首先将有杆深井泵（泵筒）、柱塞连接，通过地面的抽油机带动油管内的抽油杆不停地作往复运动。这样，抽油机装置不停地将地层和井底中的液体从油管排到地面，井筒中的液体将逐渐下降，井筒中液体对气体的回压也随之降低。产层气向油套管环形空间聚积、升压，当套压超过输压一定值后，套管内的天然气可通过地面水气分离器进入输气干线到用户，自然就实现了气井抽油机排水采气的目的。

该工艺的缺点在于需要深井泵、抽油机、抽油杆，初上机抽投资较大，动力装置的配套实施困难较大。同时该工艺易受井斜、井深和硫化氢的影响，泵挂深度和排液量均受限制。鉴于气水井与油井性质差异较大，如气体干扰使泵效降低，抽油杆和泵易损坏，诸如此类的种种问题尚未得到解决，因此，机抽排液采气工艺在部分气田还未展开大规模应用。

7. 电潜泵抽排液采气

变速电潜泵排水采气工艺是采用随油管一起下入井底的多级离心泵装置，将水淹气井中的积液从油管中迅速排除，降低对井底的回压，形成一定的"复产压差"，使水淹气井复产的一种机械排水采气生产工艺。

电潜泵扬程高、排量范围大，可日产 $10m^3$ 至几千立方米，一般的产量在 $4100m^3/d$ 以内，最高已达 $15000m^3/d$；井深一般在 3000m 以内，最深已达 4572m；井温一般在 120℃以下，最高已达 242℃；平均检泵期 2 年左右。电潜泵排水采气工艺适用于产水量大、井温较高、地层压力低、剩余储量多的水淹井，在目前举升工艺中属于排量最大的一种。电潜泵排水采气工艺存在着一定的局限性：初期投资大，多级大排量高功率电潜泵机组比较昂贵，特别是电缆费用高；高温下电缆易损坏，使电潜泵机组的下入深度受到限制；由于气井中地层水腐蚀及结垢等影响，井下机组寿命较短，部分设备重复利用率不高，从而使得装备一次性投资较大，采气成本高；选井受套尺寸影响也较大，不适合高含硫井。

根据国内多个气田采取的排水采气工艺措施的经验，气井实施排水采气工艺措施从地质上应具备以下几点：

（1）产水气井具有封闭性、弱弹性水驱特征。

（2）产水气井的水体有限、弹性能量有限，排水采气可行。

（3）地层水分布受裂缝系统控制，多为裂缝系统内部封闭性的局部水。这些水沿裂缝流动，故可以利用自然能量和人工举升的方法排水。

（4）产水气井井底积液，地层水在井底及周围区域聚集，有利于采用人工举升法排水。

由于排水采气工艺方法优选的技术指标主要是根据各种工艺的特点及其对产水气井的适应性进行确立的，在建立技术指标体系时要充分考虑气井的地质条件、生产状态等一系列的技术条件因素。

（1）地质条件。

① 产层水总矿化度。

总矿化度高于 $1.2 \times 10^5 mg/m^3$ 时，不宜采用泡沫排水采气工艺。

总矿化度高于 $90000 mg/m^3$ 时，不宜采用机抽排水采气工艺。

② 地层温度。

地层温度小于 100℃时，各种排水采气工艺均可采用。

地层温度大于 100℃且低于 120℃时，不宜机抽排水采气工艺。

地层温度高于120℃且低于149℃时，不宜采用射流泵、机抽、以及国产电泵排水采气工艺。

地层温度高于149℃时，可考虑采用气举、优选管柱排水采气工艺。

③气液比。

气液比高于30%时，不宜采用电泵排水采气工艺。

气液比低于166.67$m^3/m^3$时，不宜采用泡沫排水采气工艺。

气液比低于25$m^3/m^3$时，不宜采用优选管柱排水采气工艺。

④产层中深。

中深大于4000m时，不宜采用机抽排水采气工艺。

⑤腐蚀性（$H_2S$含量、$CO_2$含量）。

$H_2S$含量高于300g/$m^3$时，不宜采用机抽排水采气工艺。

$CO_2$含量高于115g/$m^3$时，不宜采用机抽排水采气工艺。

（2）产水气井生产状况。

①剩余储量。

单井控制储量小于$0.5×10^8m^3$，剩余开采储量小于$0.1×10^8m^3$时不宜采用气举排水采气工艺。

②日产水量。

日产水量小于80$m^3$/d时，不宜采用电泵排水采气工艺。

日产水量高于120$m^3$/d时，不宜采用泡沫排水采气工艺。

③井状态。

气井为水淹停产井时不宜采用泡沫排水采气工艺。

④井身状况。

斜井或弯井时，电泵、机抽排水采气工艺受到限制。

排水采气工艺实施要求见表4-1。

表4-1 排水采气工艺实施要求

| 对比项目 | | 举升方法 | 优选管柱 $\phi 2in$ | 优选管柱 $\phi 1in$ | 泡沫排水采气 | 气举排水采气 | 机抽排水采气 | 电潜泵排水 | 射流泵排水 |
|---|---|---|---|---|---|---|---|---|---|
| 地面及环境条件 | | | 适宜 | | 装置小，适宜 | 适宜 | 装置大、中，较适宜 | 装置小，适宜高压电源 | 动力源可远离井口 |
| 斜井 | | | 较适宜 | | 适宜 | 适宜 | 受限 | 受限 | 受限 |
| 开采条件 | 高气液比 | | 很适宜 | | 很适宜 | 适宜 | 气液分离较适宜 | 较敏感，一般适宜 | 较敏感，一般适宜 |
| | 含砂 | | 适宜 | | 适宜 | 适宜 | 较差 | <5% | 很适宜 |
| | 结垢 | | 化防，较好 | | 能洗井，适宜 | 化防，较好 | 化防，较差 | 化防，较好 | 化防，较好 |
| | 腐蚀性 | | 缓蚀，适宜 | | 缓蚀，适宜 | 适宜 | 较差 | 较差 | 适宜 |

续表

| 对比项目\\举升方法 | 优选管柱 | | 泡沫排水采气 | 气举排水采气 | 机抽排水采气 | 电潜泵排水 | 射流泵排水 |
|---|---|---|---|---|---|---|---|
| | $\phi 2in$ | $\phi 1in$ | | | | | |
| 设计难度 | 简单 | 简单 | 简单 | 较易 | 较易 | 较复杂 | 较复杂 |
| 维修管理 | 很方便 | | 方便 | 方便 | 较方便 | 方便 | 方便 |
| 投资成本 | 低 | | 低 | 较低 | 较低 | 较高 | 较高 |
| 运转效率 | 良好 | | 良好 | 较低 | <30% | <65% | <34% |
| 灵活性 | 工作制度可调 | | 注入量可调 | 可调 | 产量可调 | 变频可调 | 喷嘴可调 |
| 免修期（1年） | >2 | | >2 | >1 | 0.5~1.5 | 0.5~1.5 | 0.5~1.5 |

## 第三节　集输工艺流程

### 一、气田集输工艺模式研究

天然气生产主要使用自喷生产，即枯竭式开采工艺。随着气田天然气的不断开采，气井天然气的压力逐步降低，当储量低于集气管线压力时，便不能进入集气管网。这种低压气在我国开采较早的天然气气田内逐年增多。对于气井压降不一致的气田，若条件允许，应实行高、低压管分输，低压天然气输入当地用户，高压天然气进入集气干线。若受客观原因限制，气田气只能建一个系统，则需要建气田天然气增压站，将低压气增压后再进入管网。

天然气从气井采出后，在流经节流元件时，在节流作用下，气体压力降低，体积膨胀，温度极速下降，可能生成水化物而影响生产，在这种情况下就需要采取一定的措施防止水化物的生成。目前我国有两套气田地面集输工艺模式：一是井口加热节流地面工艺模式；二是井口注醇高压集输工艺模式。运用加热方法提升天然气温度是现国内外广泛采用的，这种方法能够使节流前后气体温度高于气体所处压力下水化物的形成温度。井口加热节流地面集输模式，在四川气田、胜利油田等老油气田使用较多。该方法是对产出天然气先加热，然后节流。对于压力较高的井，可运用两次加热、两次节流，并进行气液分离、计量，或去集气站分离、计量后外输。配有井下气嘴的气井，在地面集输过程中不再配备加温设备。

近年来井口注醇高压集输模式，在新开发的西部气田使用较多，并已广泛应用到靖边气田、涩北气田等气田当中。井口不设任何设施，设在集气站的注解泵通过注醇管线将醇注入井口产出的天然气中，以防冻堵。注醇后的天然气直接集中到集气站，在集气站节流、分离、计量，然后输往总站集中处理（脱硫、脱水）。这种模式的工艺特点是投资低、工艺流程简化、管理方便，但由于需要注醇，运行的费用较高。

## 二、对某采气厂气田集输工艺流程分析及评价

1. 井口工艺流程分析及评价

井口工艺流程图如图 4-1 所示。

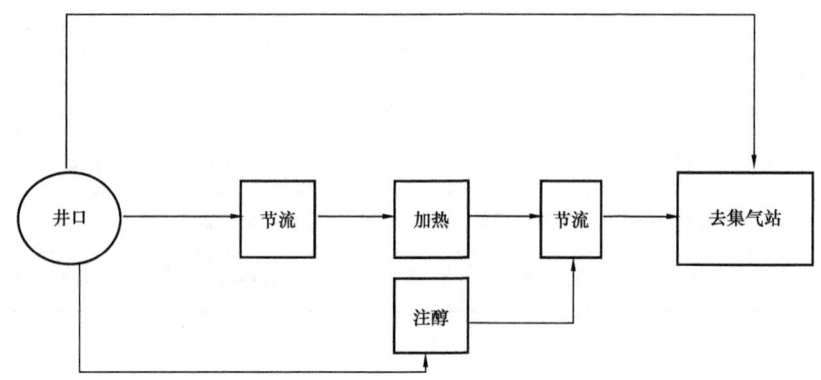

图 4-1　井口工艺流程图

目前该采气厂所管辖的气田井场所应用的防冻防凝工艺措施有井口注醇和井口加热两种，另部分压力较低的生产井，井口不采用防冻工艺。

（1）井口注醇：流经注入器的天然气与抑制剂相混合，一部分饱和水汽被吸收下来，天然气的水露点降低；经过第一级节流阀（气井产量调控阀）进行气量控制和降压；再经第二级节流阀（气体输压调控阀）进行降压来满足采气管线起点压力的要求。

（2）井口加热：天然气从针形阀出来后进入井场装置，通过加热炉进行加热升温；然后经过节流阀进行气量调控和降压，以满足采气管线起点压力的要求。

井口注醇和井口加热两种井口工艺各有优缺点：

（1）井口注醇法优点是克服了加热保温法的主要缺点，简化了工艺流程，管理方便、投资较低。缺点是不能解决析蜡问题；如果在井口设防冻剂注入设备，则对电的依赖性强；如果采用集中注入法，则需要管线投资；如果生产过程中产水量上升，则防冻剂注的注入量要相应增加，运行费用较高。

（2）加热保温法优点是能够同时解决水化物和蜡的问题。缺点是井口加热设备会带来一定安全问题；消耗燃料；返输燃料气管线需要投资；长距离管线保温投资大、技术难度高。

2. 集输工艺流程分析及评价

气田集输的类型主要有放射状、环状、枝状和复合状四类。

放射状管网如图 4-2 所示。

放射状集气管网适合于若干口气井相对集中的一些井组的集气，每组井中选一口井设置集气站，其余各井到集气站的采气管线呈放射状。井场减压后，将气输送至集气站，在站上经加热、节流调压、分离、计量后，输送至天然气处理厂或输气干线起点站。这种方式便于天然气集中预处理和集中管理，能够精简操作人员，缩减人力成本。

环状管网如图 4-3 所示。

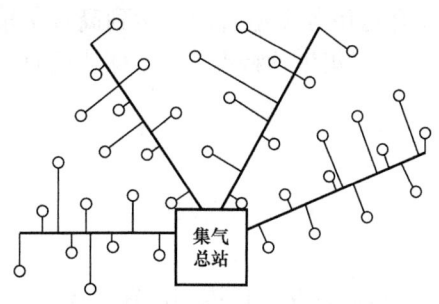
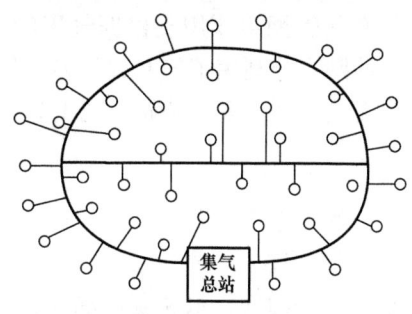

图 4-2  放射状管网　　　　　　图 4-3  环状管网

环状集气管网是将集气干线布置成环状，沿干线设置各单井或集气站的进气点，环口处设置集气总站，将天然气送往处理站或输气干线。其特点是变了调度气量、环形集气干线局部发生事故也不影响整个集输管网的正常生产。

枝状管网如图 4-4 所示。

树枝状集气管网呈树枝状，经气田主要产气区的中心建一条贯穿气田的集气干线，将位于干线两侧各井的气集入干线，并输至集气总站。该流程适用于条状狭长气田，适宜于单井集气。

复合状管网如图 4-5 所示。

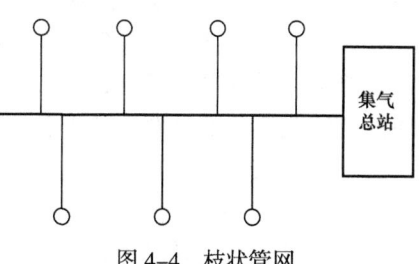

图 4-4  枝状管网

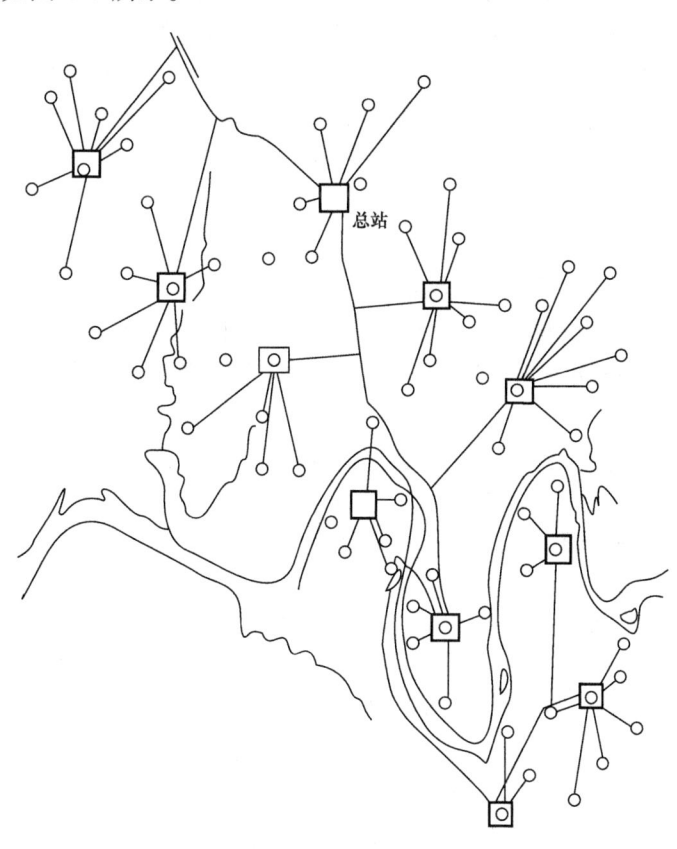

图 4-5  复合状管网

复合状管网主要用于根据气田的实际情况，综合运用各类型管网，达到高效集输目的。该井网充分利用了气井数目多、各气田气井布置相对集中的特点，便于集中管理，实现井场无人值守、人员精简，减少劳务开支。

3. 集输模式

气田的集输模式主要有气液混输、气液分离、高低压分输、增压输送四种。

1）气液混输

来自气井的气、水和凝析油混合物从井下流到井口后，在气田内的混输系统中汇合，不经过处理，直接沿着多相混输管道输送到处理站。

优点：相比分输方式，其能够大幅缩减管道工程建设量，从而降低投资成本，大幅缩短工期，使气田尽快投入开发。

缺点：由于气液两相介质之间存在界面效应等，在同一管道内共同输送过程中，气液混输管道内呈现复杂多变的流动状态，加之地形等条件的诱导，极易出现被称为严重段塞流的有害流型，给混输管道及下游处理设备造成严重的安全威胁。

解决办法：加装段塞捕集器，控制段塞流的形成和对下游处理设备的影响。

2）气液分离

我国陆上气田传统气液分输集气工艺是先将天然气在井场或集气站分离后再进行计量，然后通过集气支线或集气干线输至天然气处理厂，或直接进入外输管线。气液分输集气系统设置站场数量多，使用了大量的分离器，分离后对气、液分别计量，井场或集气站流程较复杂，并增加了分离后液体管输或车运投资及运行费用，给气田运行管理带来不便。借助气液分离器将从井口采出的气相和液相分离后，各相单独输送至处理站。

优点：气液分离后，减少了下游设备对处理原料的筛选过程；气液分离输送后可根据气相和液相各自特点建立合理的输送制度，增加了设备的安全性。

缺点：由于井口和集气站等处需要建立气液分离装置，增加了投资成本。

3）高低压分输

高低压分输技术运用广泛，基本与石油天然气的利用同步。气田开采后期不同等级的压力气混合输送会给天然气正常生产、输送带来困难，降低气井产能，不利于气田开发。为使气田气井有效利用，将其分开输送到不同压力等级的管网和用户，提升天然气使用效率。

4）增压输送

进入开发后期挖潜生产阶段，气井压力普遍较低，采出的天然气不能靠自身自然能量输送。使用压缩机增压输送，可降低气井（气水井）井口流动压力，进一步提高气藏采收率。增压输送有压缩机增压和天然气引射增压等工艺。

（1）气液混输模式。

技术原理：天然气携带油、水等液体一起输送至天然气处理站进行处理。

应用实例：各气田均采用气液混输工艺；针对地形起伏较大的气田，进系统前采用段塞流捕集器，避免形成段塞流冲击系统。

技术评价：简化了地面集输流程，便于操作和管理。

（2）高低压分输。

技术原理：高、低压气井分别采用不同压力等级输送至集气站或处理站。

应用实例：针对气田开发中后期气井井间差异较大的情况，克75井区采用高、低压气井分输工艺，满足了气田开发要求。

技术评价：气井顺利进站生产，解决了高、低压气井生产矛盾。

（3）天然气引射增压。

技术原理：将工作流体的焓转变为动能，利用高压流体卷吸周围低压流体（图4-6）。

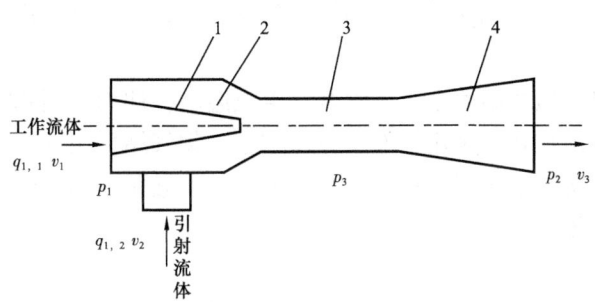

图4-6 天然气引射增压工作原理图
1—喷嘴；2—混合室；3—混合室；4—扩压管

应用实例：根据各气田产气能力及生产情况对比分析，在盆5气田应用天然气引射技术，年增产天然气 $726 \times 10^4 \text{m}^3$。

技术评价：有效地延长了气井的自压开采周期，提高单井采收率。

4. 防冻工艺

天然气集输防冻的主要目的是防止形成天然气水合物造成管线冻堵。在0℃以上的一定温度和有液相水存在的条件下，天然气中的某些组分能和液态水形成一种白色结晶固体，外观类似于松散的冰或致密的雪，密度为 $0.88\sim0.9\text{g/cm}^3$，称为水合物。水合物的形成会使输气管道和设备堵塞，影响集输的正常进行。

水合物的形成主要有三个条件：一是天然气含水量必须处于饱和状态；二是只有在足够高的压力和足够低的温度下，才能形成天然气水合物；三是流动条件的突变。根据这些条件，目前主要的防冻工艺有加热防冻、注抑制剂和井下节流。

1）加热防冻

加热是为了提高天然气流动温度，从而防止水合物的产生。提高节流阀前天然气的温度，或者敷设平行于集气管线的热水伴随管线，使气体流动温度保持在水合物的生成温度以上也可防止天然气水合物的生成。目前，矿场加热天然气常用设备有饱和蒸汽逆流式套管换热器和水套加热炉。

2）注抑制剂

天然气水合物抑制剂使用最广泛的有甲醇和甘醇类化合物，如甲醇、乙二醇、二甘醇、三甘醇等。

由于沸点较低，温度高时损失大，甲醇通常在温度较低的场合使用，且主要用于气量较小的井场节流设备或管线。同时，甲醇富液经蒸馏提浓后可循环使用，有效缩减成本。

甘醇类防冻剂（常用的主要是乙二醇和二甘醇）无毒，沸点较甲醇高，蒸发损失小，一般回收、再生后可重复使用，适用于处理气量较大的井站和管线。但因其防冻剂黏度较大，当凝析油存在时，过低的操作温度会给甘醇溶液与凝析油分离带来困难，增加了凝析油中的溶解损失和携带损失。

3）井下节流

调整井下节流器，可控制井口压力与输压配合，从而不必考虑保温、加热，可节约加热用气以及减少地面设备的投入。

大多数采气厂主要应用加热防冻（主要应用水套炉加热防冻和电加热器加热防冻）和加抑制剂防冻工艺。

技术原理：加热天然气温度至高于水合物生成温度；注抑制剂脱除天然气中水分。

应用实例：各气田在井口采用加热或注醇防冻，集气站采用水套炉加热防冻。

技术评价：加热防冻工艺对于产液量变化的气井有较强的适应性；对于产水量较大的气井，注醇防冻效果较差。

4）计量工艺

计量工艺有多种，其中多井轮换计量和单井计量是最主要的两种。一般采气厂主要应用多井轮换计量。

技术原理：各单井来气定期轮换进入分离器进行周期性计量。《油气集输设计规范》（GB50350—2005）规定，计量周期根据计量路数决定，计量持续时间不少于24h（图4-7）。

应用实例：各气田均采用多井轮换计量工艺对气井进行周期性计量。

技术评价：工艺简单，适应性较强，成熟可靠。

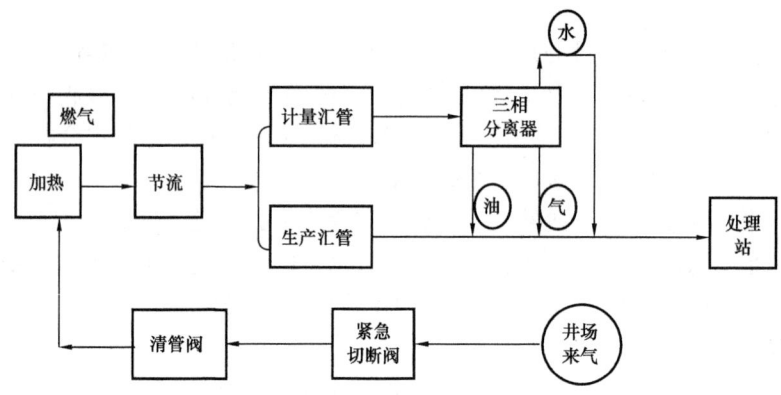

图4-7 集气站的工艺流程图

目前多数采气厂所管辖的气田集气站的工艺流程主要为：加热→节流→分离→计量和节流→分离→计量。其中根据井口工艺的不同有集气站加热和集气站不加热两种方式。这是国际上普遍采用的一种集气流程，其流程简单、运行平稳、维护方便。

## 第四节 处理工艺流程

处理站工艺主要分为天然气处理工艺、凝液处理工艺和辅助工艺。

### 一、天然气处理工艺

天然气处理工艺图如图4-8所示。

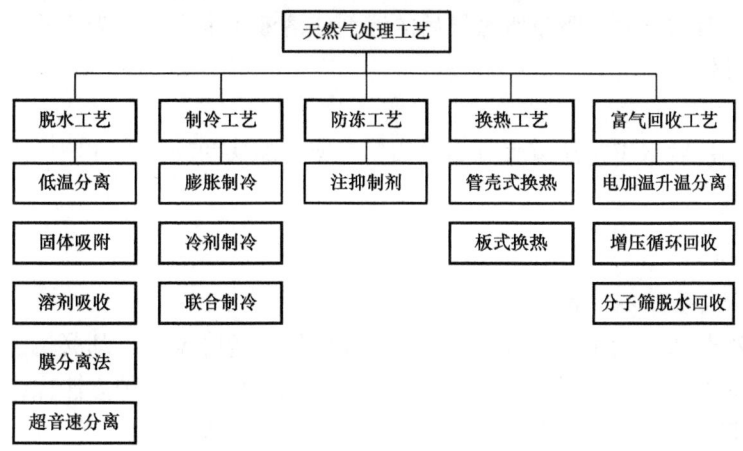

图 4-8 天然气处理工艺图

**1. 脱水工艺**

当压力升高或者温度降低时,水在天然气中的溶解度将会减小。液相水对于处理装置及输气管线十分有害,在天然气进行压缩或冷却处理时,就要特别注意其中的水含量。

为使天然气达到管道运输要求,需要对天然气进行脱水处理。目前所用的方法主要有低温分离法、固体吸附法和溶剂吸收法三大类。近年来国内外正在大力发展用膜分离技术和超声速分离技术进行天然气脱水,但目前在工业上还应用不多。

(1)低温分离。

天然气冷却能够使大部分水蒸气冷凝出来。由天然气的最大体积含水量与压力、温度的关系可知,压力一定时,天然气的含水量与温度成正比,因此温度降低,天然气中的水蒸气就会凝析出来。这就是低温分离法的原理,如图 4-9 所示。

应用实例:各气田采用低温分离脱水工艺,低温分离温度为 –15~–12℃,为浅冷分离。根据《天然气》(GB17820—2012)标准,"在交接点压力条件下,水露点比输送条件下最低环境温度低 5℃。"控制天然气烃水露点低于 –5℃。

技术评价:能够有效分离天然气中的水,达到外输商品气的要求。

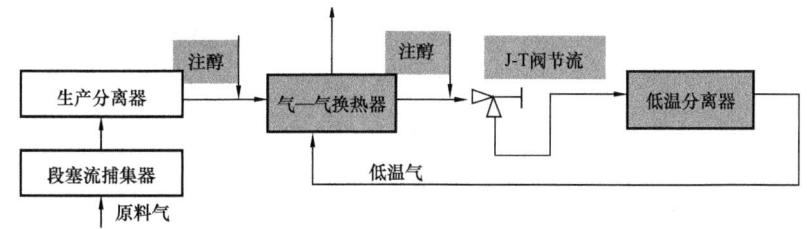

图 4-9 低温分离原理

(2)固体吸附。

固体吸附是利用固体干燥剂的吸附能力将天然气中的水蒸气吸附下来。当固体干燥剂吸附能力降低或丧失后,可用高温气流对干燥剂进行再生,实现重复使用。

(3)溶剂吸收。

溶剂吸收是目前应用较普遍的脱水方法,运用溶剂或溶液对水蒸气的吸收能力,将天然气中的水蒸气吸收下来。吸收水蒸气后的溶剂或溶液（生产上称为富液）经再生后，溶剂或溶液可循环使用。

（4）其他。

目前所使用的脱水工艺还有膜分离法和超音速分离法两种，但在国内应用较少，尚未进行大规模的推广。

2. 制冷工艺

低温分离具体方法有三种：

（1）膨胀冷却法。利用天然气本身压力节流膨胀进行降温，冷却凝析部分水蒸气。为防止膨胀降温时发生冻结，降温前需要注入乙二醇或二甘醇。这种方法操作简单，且经济实惠，但由于脱水深度不够，仅适用于井场初步脱水，且适应于高压气田。

（2）加压后冷却。由于天然气的含水量会随着压力的升高而降低，随温度降低而降低，可以用天然气（一般指压力较低的天然气）加压冷却的方法使天然气中的水蒸气凝结析出。

（3）冷剂制冷。利用冷剂膨胀吸热的原理，降低天然气温度，天然气中的水蒸气就凝结为液态水析出。

现阶段采气厂主要使用J-T阀节流膨胀制冷工艺。

技术原理：利用焦耳–汤姆逊效应使高压气体通过节流阀，通过降低气体的压力和温度来获得冷量。

应用实例：各气田原料气运行压力为6.5～10MPa，有压力能可利用，采用J–T阀节流制冷工艺。

技术评价：该技术工艺简单，成熟可靠，能够为后续低温分离提供足够冷量，但只适用于有足够压力能可利用的气田。

3. 防冻工艺

防冻工艺主要是为了防止天然气处理过程中产生天然气水合物冻堵管线，造成设备运行危险。

水合物抑制剂的种类很多，其中，在气田工程中使用最多的是甲醇、乙二醇。甲醇沸点较低，更适合于温度低的场合。甲醇具有挥发性，注入井场节流设备或管线的甲醇进入气相的部分不再回收，进入液相的部分可蒸馏后循环使用。使用甲醇做抑制剂时应采取一定安全措施，因为甲醇具有中等毒性，能够通过呼吸道、食道侵入人体。相比之下，乙二醇更适合于天然气处理量大的场站，因为其无毒且沸点比甲醇高许多，蒸发损失量也较小。

采气厂主要使用注甲醇和乙二醇进行防冻。

技术原理：抑制剂吸收天然气中的水分，抑制水合物生成。

应用实例：气田采用注醇防冻工艺，通过注醇雾化器将甲醇或乙二醇在原料气预冷和节流降温前注入。

技术评价：能够有效地防止水合物的生成，达到良好的防冻效果。

4. 换热工艺

在节流前压降不变的情况下，提高节流前天然气的温度也等于提高了节流后天然气的温度。如果将节流后的天然气温度提高到高于水合物的生成温度，就可以达到预防节流后水合物生成的目的。具体加温方法有两种。

（1）蒸气加热法。用锅炉产生的水蒸气加热天然气来提高气流温度。由锅炉产生的饱和水蒸气进入换热器的壳程，与天然气管中的天然气进行逆流换热。换热后水蒸气凝析成水，并依靠换热器和锅炉回水之间的高差及密度差形成压头，在克服了回水管线的摩阻后自动流回锅炉。如此不断循环加热天然气。

（2）水套炉加热法。水套炉加热法是用水和蒸气作热介质的间接加热法。炉膛里的火直接加热水套底部，使水套里的水处于沸腾上升状态。水与气管壁接触传热后因温度降低、密度增加而下沉，被加热后又因密度减小而上升。如此不断循环来加热天然气，达到提高气流温度的目的。

采气厂主要使用管壳式换热方法，如图4-10所示。

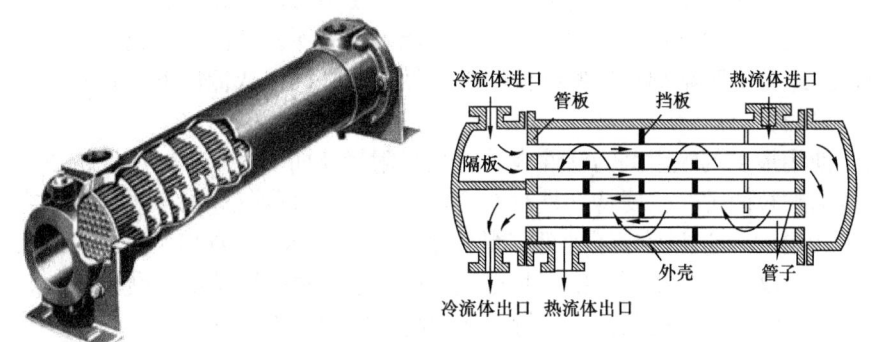

图4-10 管壳式换热方法

优点：传热面积大、耐高压、热效率高；易清洗，能够长周期、高负荷运行；其应用范围较广，适应性较强；

缺点：易出现管束堵塞、泄漏等问题；

5.富气回收工艺

某采气厂目前主要使用电加热升温分离、增压循环回收、分子筛脱水的富气回收工艺。

技术原理：利用气液分离、增压循环处理、吸附脱水等原理对富气回收利用。

应用实例：根据各气田产生富气的不同特点，目前主要采用电加热升温分离、增压循环回收、分子筛脱水等工艺回收富气。

## 二、凝液处理工艺

凝液处理工艺如图4-11所示。

1.凝液回收工艺

主要的凝液回收工艺有低温分离、吸附工艺、冷油吸收。

（1）低温分离方法。

利用原料气中各组分冷凝温度不同的特点，在逐步降温过程中，将沸点较高的烃类冷凝分离出来，这种方法需要提供足够的冷量使气体降温。工艺中的制冷工艺与天然气处理工艺类似。

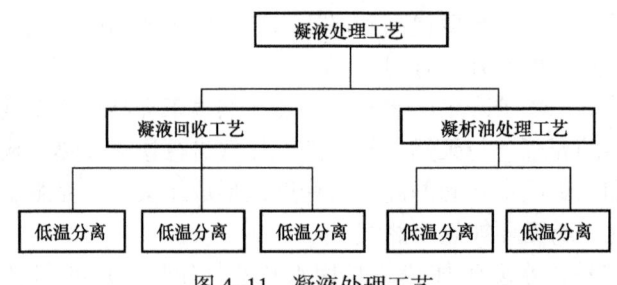

图 4-11 凝液处理工艺

（2）吸附工艺。

所谓吸附分离法，是利用某种团体吸附剂，如活性氧化铝或活性炭，再选择性地吸附气体混合物中的某个组分（吸附质），随后再使之从吸附剂上脱附，实现分离。

吸附作用主要是基于固体吸附剂的表面力，分子引力能使吸附表面保持一层或数层吸附质分子，不同的吸附质在吸附剂当中的吸着能力也有所差别。如果我们选择能够吸附天然气中所需要组分的吸附剂将这些组分吸附，然后再在高温或低压下将其脱附，就可达到回收轻烃的目的。

目前，使用最多的吸附剂为活性炭，它只吸附烃类而不吸附水。活性炭主要分为定形颗粒和不定形颗粒两种，主要特性是对 $C_2$ 到 $C_{11}$ 各种纯烃的气体混合物的吸附容量随碳原子数的增多而增大。它主要用于处理气量较小（小于 $60×10^4 m^3/d$）较贫的天然气（液烃含量为 $13\sim40mL/m^3$ 的气）。使用活性炭不需要特殊的材料和设备，投资较小。但其使用范围具有一定局限性，耗能较大，运行成本较高，应用并不广泛。

（3）冷油吸收法。

低温油吸收法是将处理的气体和吸收油冷冻至 $0\sim-40℃$，以回收更多的包括乙烷在内的烃类。这种方法的丙烷回收率可达 $85\%\sim90\%$，乙烷回收率为 $20\%\sim60\%$。

某采气厂主要应用低温分离工艺。

技术原理：利用不同压力下天然气各组分挥发度不同，将天然气冷却至露点温度以下，将轻烃冷凝分离。

应用实例：各气田均采用低温分离工艺，对天然气进行脱烃处理。

技术评价：与天然气脱水工艺中的低温分离同步进行，工艺简单可靠，系统能耗较低；实现了天然气中的凝液回收，并降低了天然气露点，满足外输要求。

2. 凝析油处理工艺

凝析油处理工艺如图 4-12 所示。

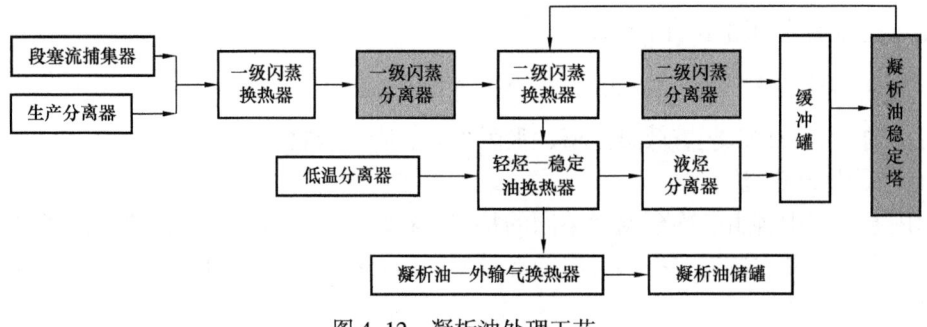

图 4-12 凝析油处理工艺

某采气厂主要应用闪蒸分离和分馏稳定技术。

技术原理：利用凝析油中轻、重组分挥发度不同的原理，使轻组分率先挥发。

应用实例：各气田均采用低压闪蒸分离、稳定塔分馏稳定的凝析油处理工艺，控制凝析油的饱和蒸汽压为60～70kPa。

技术评价：具有操作弹性大、效率高、不易发生液泛等工艺特点。

稳定轻烃也称为天然汽油，是由天然气凝液中提取，以戊烷及更重的烃类为主要成分的油品。其终沸点不高于190℃，在规定的蒸气压下，允许含有少量丁烷。

稳定凝析油是从未稳定凝析油中提取的，以戊烷及更重的烃类为主要成分的油品。

## 三、辅助工艺

辅助工艺流程图如图4-13所示。

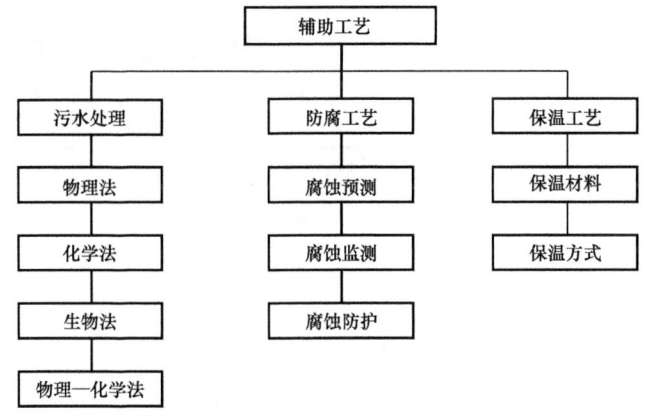

图4-13　辅助工艺

1. 污水处理

污水处理工艺流程图如图4-14所示。

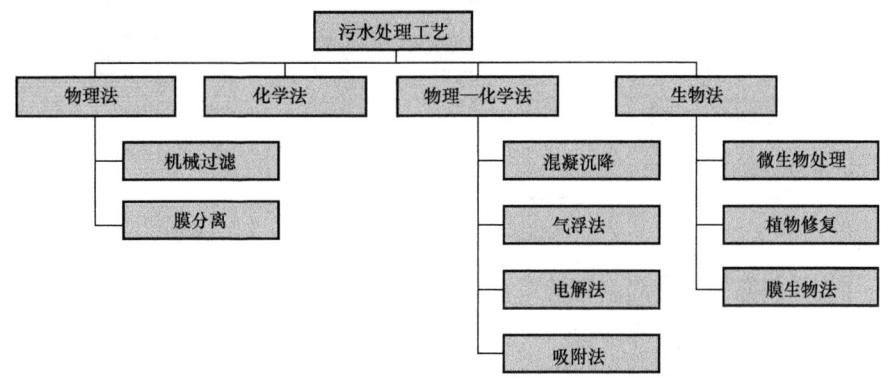

图4-14　污水处理工艺

采气厂污水处理工艺主要采用微生物处理及植物修复技术，均是利用生物的新陈代谢降解水中的污染物。目前，该工艺均处于实验研究阶段。为应对采气废水的大幅增加，后续将偏重成熟工艺（物理—化学法）的研究。

## 2. 防腐工艺

防腐工艺流程图如图 4-15 所示。

某采气厂地面腐蚀监测主要采用挂片失重、电阻探针和超声波测厚法，防护主要采用阴极保护、涂层及耐蚀材料防腐。通过对气田地面腐蚀机理的研究，已形成一套地面生产系统腐蚀防护技术模式，现主要做腐蚀预测和井下腐蚀监测的研究。

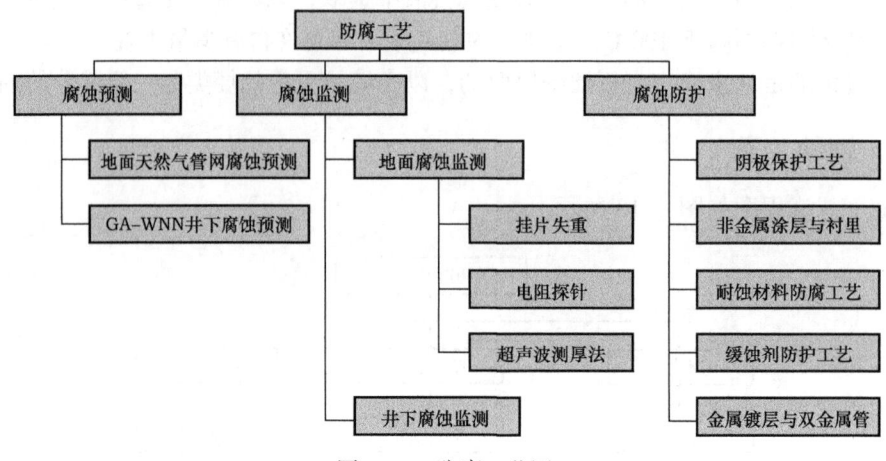

图 4-15　防腐工艺图

## 3. 保温工艺

保温工艺流程图如图 4-16 所示。

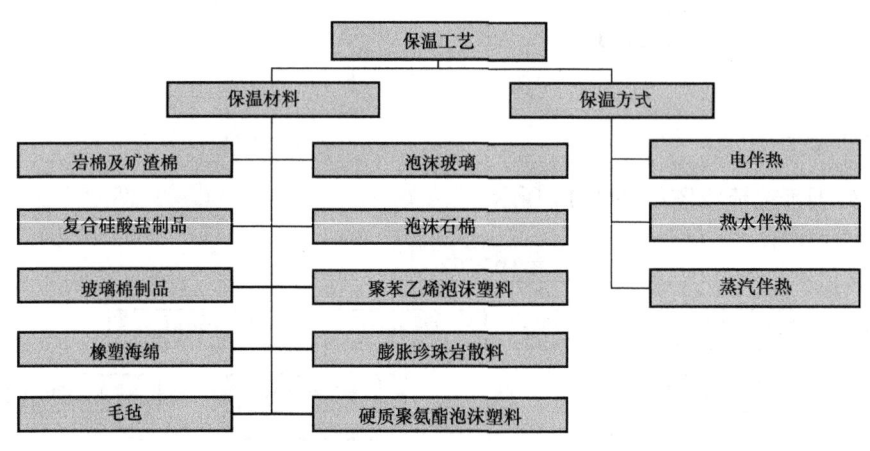

图 4-16　保温工艺图

采气厂各气田使用的保温材料种类较多，但没有形成统一的工艺保温模式。通过对比分析，建议采气管线使用聚氨酯泡沫，保冷设备管线采用橡塑海绵。并应规范电热带的使用，保证安全生产的同时降低生产能耗。

天然气气相管线流程图如图 4-17 所示。

来自集气区的天然气、凝析油进段塞流捕集器，分离后的天然气进生产分离器分离出游离的烃、水，生产分离器分离后的天然气通过注醇物化器注入乙二醇后进气–气换热器，与低温天然气换热。然后通过注醇雾化器再次注入乙二醇，经 J-T 阀节流，然后进低温分离器分离。分离后的干气进气-气换热器管程，与原料天然气换热后，部分天然气通过温度控制调节阀的控制，进外输气-稳定凝析油换热器壳程与稳定凝析油换热，换热后的天然气去外输计量区稳压、计量后外输。

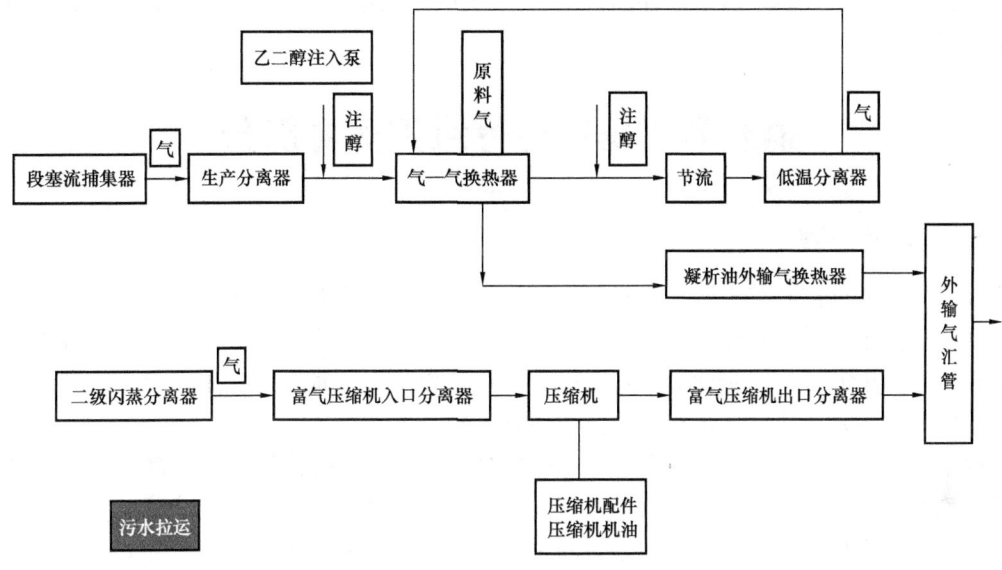

图 4-17 天然气气相管线流程图

凝析油主要管线流程图如图 4-18 所示。

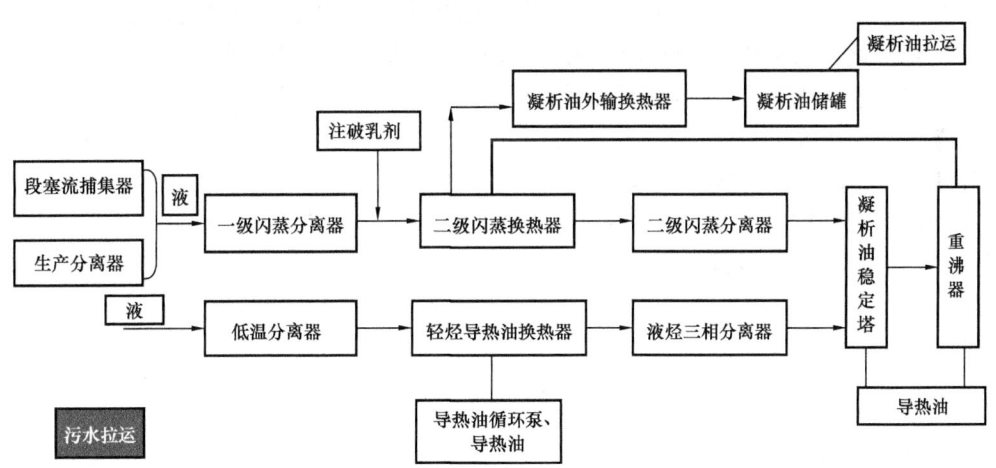

图 4-18 凝析油主要管线流程图

段塞流捕集器分离出的液相与生产分离器分离出的液相混合后，进入一级闪蒸分离器进行气液分离。一级闪蒸分离器为三相分离器，分离出的气体进低温分离器，分离出的含油污水进排污系统，分离出的凝析油加入破乳剂后进凝析油闪蒸换热器加热。加热后的凝析油进二级闪蒸分离器进行油、气、水三相分离。分离出的天然气去富气压缩机增压，分离出的含油污水排入排污系统，分离出的凝析油经减压后和液烃分离器来凝析油混合后进凝析油稳定塔进行稳定。

低温分离器分离出的凝液进轻烃—导热油换热器加热后进液烃分离器进行油、气、水三相分离。分离出的气相去富气压缩机增压，分离出的乙二醇水溶液去乙二醇再生系统将乙二醇提浓后循环使用，分离出的凝析油去凝析油稳定塔进行稳定。

稳定塔塔底重沸器出口的稳定凝析油进凝析油闪蒸换热器的管程，与一级闪蒸分离器来的未稳定凝析油换热。然后进外输气—稳定凝析油换热器的管程，换热后进稳定凝析油储罐储存。

## 第五节　基本运行维护保障部分

### 一、主要内容

日常设备的维护是基本运行维护的主要内容。企业生产管理当中越来越重视设备维护维修管理的作用。对于石油天然气行业而言，设备维护维修更是保障企业安全高效生产的关键所在。由于油气生产企业具有资金密集、设备密集、管理困难、工作量大的特点，在运营过程中，提升企业信息化建设的科学性是十分必要的。

设备性能恶化（磨损、腐蚀等）、突发故障或维修人员的错误操作等都会给企业带来无可避免的严重损失。由此，设备维修管理费用成为企业建设的重要组成部分，维修效益和管理效果也不再是微不足道的因素，而是在企业总体投资和损耗、生产的安全性、市场竞争力、环境等方面影响企业发展的重要因素。

由于企业中的生产设备类型复杂，企业在设备维护管理和购买中投入巨大。尤其是随着某些复杂的综合性设备快速发展，以机电一体化为特色的设备的自动化水平越来越高，大型化、复杂化、精密化和柔性化成为设备发展的主要方向，解决企业复杂设备的管理问题就必须实施信息化工作。设备管理的信息化建设应作为现代油气生产企业关注的焦点。

油气企业属于高危行业。在一线工作时，往往受到诸如作业队野外工作、分布地域辽阔、作业现场情况复杂多变等不确定因素影响，生产过程中存在许多安全隐患，生产设备的完好、安全和可靠对于保障人员安全、保护环境就显得尤为重要。由此可见，设备的日常维护对石油企业的重要影响。

### 二、应用实例

1. 地面检修部分

某采气厂地面工程在正常运行过程中发生的费用主要是地面检修工程费用支出，其次则是日常气田保驾维修。地面检修项目主要包括工艺设备、电气、仪表、基础设施等。在工艺流程中成本主要为进行项目检修的费用。

2. 生产管理部分

（1）生产运行类费用主要包括一般维修费、气田维修保驾费、气田应急费、暖气费、运费、计量检测费、化验分析费、通信费等。

（2）生产技术类主要包括科研试验费、外部加工费及设备维修报驾费等。

（3）安全环保费主要包括防暑降温费、绿化费、财产保险费、安全设备检测费等。

（4）特车运行费主要执行乙方公司服务标准。

# 第六节 其他部分研究

油气资源作为一种重要的战略物资，在国民经济发展构成中，具有不可替代的作用。我国油气资源总量大但人均占有量较少。加之社会经济的高速发展、人口数量的不断增长，我国油气难以实现有效的内部供给。我国由原来的石油净出口国转变为石油进口国，且石油对外依存度不断增加。2015 年，我国石油净进口量达 $3.28 \times 10^8 t$，对外依存度首次突破 60%。如何维护石油安全、保障油气的自我供给已成为我国油气面临的重要战略问题。我国政府高度重视油气资源问题，并采取了多项战略措施来确保我国油气资源量。科技进步与创新就是这些战略性举措之一。

国家将油气资源科研工作作为重大科技任务，并确立了"十五"期间油气资源发展指导原则：一是面向需求，强调科研与生产实践紧密结合，解决油气勘探开发面临的重大科技问题；二是大力推进高新技术开发，推进其在油气勘探开发中的应用和推广；三是重视基础理论研究，力求在适合我国油气勘探开发特点的重大理论方面取得突破；四是大力推进"产学研"相结合机制，充分发挥大型油气企业在技术创新中的主体作用；五是重视科研人才队伍和科研基础条件建设，为科技攻关创造良好的科研环境。

## 一、科研项目的特点

油气企业科研项目的研究主体是石油天然气生产技术，旨在攻克企业运营过程中的重点难点问题。这些科研项目具有以下特点：

（1）多为应用型项目，针对企业生产技术和运营管理问题进行选题；
（2）项目具有明确的战略性、计划性和系统性，与生产实际联系紧密；
（3）项目具有较强的专业性、行业性和区域性，分层设置和管理。

油气企业科研项目以石油天然气生产与技术为主要研究对象，旨在攻克企业生产与运营过程中的关键、难点问题。它具有以下特征：

（1）项目主要针对企业生产技术攻关、运营管理需求选题，多为应用型项目；
（2）项目设置与企业生产运营实际结合紧密，具有明确的战略性、计划性和系统性；
（3）项目分层级设置和管理，专业性、行业性、区域性较强；
（4）项目的研究主体是企业的科研院所；
（5）成果主要在行业内部转化应用；
（6）项目的投资主体是企业本身。

## 二、科研项目质量控制策略

项目的质量控制要素表现在项目开展实施的每一个阶段，具有时间上和空间上连续的全过程特征。因此，依据质量控制要素的结构和功能特点，重点把握要素的基本因子、具体内涵及控制内容，是实施项目质量有效控制的重要途径。

（1）精组团队，择优选能。
在项目经理的选择上，采用竞聘上岗的方式，公平竞争，保证人才质量。为项目经理设置一定的选择标准，其中包括组织沟通能力、科研能力、创新能力、坚韧不拔的毅力以及奉献精神等。

在团队的选择上，采用双向选择的方式组建团队。研究人员根据自己的业务擅长和意愿，提出到某一个项目组的要约。项目经理经过全面考察，依据项目角色需求，决定是否接受要约。签订研究协议，确定研究团队成员"责、权、利"，从而进行团队组建。团队结构在知识、年龄、专长构成等方面，要求利于项目的发展，满足项目内容的专业需求，同时应考虑团队成员相对稳定的因素。

（2）选题注重"四靠"，突出创新。

立项创意是项目立项成功与否的关键。在实际工作中，选题应着重往新政策上靠，往企业规划上靠，往生产经营急、难、新问题上靠，往具有自身优势的研发项目上靠。研究题目应准确体现整个项目的研究内涵。一个好的题目，往往要占项目成功率的50%。研究目标的选择应着重把握项目的应用性、可行性和前瞻性。

（3）缜密谋划，紧贴主题。

项目设计及质量计划，其优劣直接决定项目的研究价值和品质。项目设计必须具体、可行、可控。重点阐明项目为什么做、做什么、怎么做的问题。做好政策把握，在创新思路，相关指标的确定，内容的设计以及人力、经费、时间资源的配置等方面应合理规划。

（4）计划、执行、检查同步跟进。

进度执行计划的编制，需要重点考虑完成研究内容中各阶段工作及里程碑任务所需时间的合理配置，细化分解任务，确保在研究周期内有较充足的时间，保证项目的完善。建立周、月度、季度、半年、年度等以不同主体的定期检查机制，实时关注项目进展情况，督促项目顺利完成。进度调整是针对因项目内容的增减、研究资源的变化而导致项目结束、周期变化所进行的时间改变，必要的计划调整是研究质量的重要保证。

（5）夯实基础，突出主题。

研究纲领是指导项目开展的方向，在整个项目纲领的设计当中要把握其结构的完整性、合理性以及各个部分的有效链接，突出研究重点与创新内容的设置。

调研并收集项目研究的基础资料是开展研究工作的前提。调研过程当中需要注意找准目标、把握关键、选准对象。资料信息应注重层次清晰、内容全面、新颖、真实、客观、渠道可靠。此外，调研还要着重把握专题在项目中的定位和角色，把握调研资料和专题的相关性，还要把握调研与项目研究方向的一致性、与研究目标的同一性。

创新则要求项目研究人员在观点、方法等方面实现突破，需要在对攻关目标和难度充分认识的基础上，进行创新程度、创新范围、创新步骤的详细策划。

综合研究能够对项目实现全面综述和提升。应当着重对研究观点进行提炼，形成完整一致的整体研究观点，从而形成完整合格的研究结果，并达到设计要求。

成果形成主要是项目结题报告的创建，表现形式应重点保证文本要素的齐全，格式符合企业科研项目的规范和要求。

（6）细化预算编制，严格预算执行。

将预算编制准确细化，支出与进展匹配，将与预算有偏差的费用降低到最小，杜绝经费乱用、串用。

（7）科研硬环境保持较为先进的水平。

科研办公需要良好的硬件条件进行保障，实验基础平台、实验室仪器设备、试验基地等应功能配套、装备先进，以满足技术发展和科研需求。

（8）注重过程评价，风险先期控制。

考评的对象主要针对项目质量和研究团队，以过程考评为主、结果考评为辅。

① 项目质量评价。

项目质量评价可分为项目过程研究评价和项目形成质量评价。其中过程评价需要进行重点把握，它是对项目质量的限期控制。形成质量评价重在对项目结果进行评判。项目质量评价需着力把握好几个关键环节：项目选择、设计评审、阶段成果评审和项目结题评审。

在项目选择以及设计评审时应重点考虑以下指标：项目设置的实用性、创新性、可行性、合理性等。在具体的评审中应重点把握：所选项目必须有较强的针对性、新颖性，设计要素齐全，目标明确，内容设置完整，资源配置优化等。

阶段成果的评审是过程控制的重要内容。其主要评估：选用的研究方法是否正确；研究路线、研究方向是否准确；是否完成设计的阶段研究内容及节点目标；经费使用是否规范、是否与进度匹配。

项目解题的评审标准需要对照项目设计的各项指标，重点观察项目是否达到设计目标、是否完成设计的内容、研究是否有实质性的突破。

项目评审应采取同行专家评议法，随机选取确定其人选，评价指标定性和定量结合，采取无记名方式，以保证专家独立、公正地进行评价。

② 研究团队考评。

在项目实施当中，要对项目质量进行把控需要健全相应的项目配套制度，对项目进行全程跟踪考核。考评主要内容包括：团队的组织执行力是否有效、成员是否胜任角色、经理的履职是否到位、团队能力是否满足研究需求等。建立配套的研究人员进退机制和奖惩机制，对项目开题到项目结题分阶段、分专题进行考核，细化责任，以此确定团队和个人过程绩效。团队内部应建立成员业绩台账，项目经理行使对成员的评价考核权利。

### 三、科研对企业的影响

1. 科研投入对企业盈利能力的影响分析

作为营利性组织，企业的根本目的是获取利润。盈利能力反映了成本与收益之前的关系。经过评估，若收益能力大于成本，则企业拥有较强的盈利能力，公司可进行进一步投入。增加产量在引起收益增加的同时也会导致经营成本的上升，只有收益增加的幅度大于成本上升的幅度，才会引起利润的增加。科研经费的投入为企业带来了新的知识、技术，从而给企业带来更高的利润。但其中的投资回报效应往往不会在短期内显现，需要经过一个较长的时间效应才能得到效益补偿，即企业科研活动的投入产出效应具有一定的滞后性。

2. 科研投入对企业成长能力的影响分析

成长能力是衡量一个企业发展潜力，即未来资产增值的能力。衡量一个公司的成长能力有很多指标，成长型公司应具备合理的资产结构、较强的市场竞争能力。在市场中保持其稳定的占有率的同时不断增强优势，扩展其发展规模，业务能够实现稳定攀升。成长能力是公司未来价值之所在，也成为公司管理者、投资者等利益相关者所关注的共同问题。根据成长性理论，企业要在未来发展中具有竞争优势，必然需要从技术科研方面入手，而科研经费的投入也是衡量企业技术创新能力的关键指标之一。由此可见，科研投入较多，企业也将在未来的发展中具备更多的竞争优势，拥有更强的成长能力。

# 第五章 油气企业成本标准化体系

## 第一节 油气开采企业成本标准化体系的构建

### 一、现阶段油气开采企业成本控制存在的问题

作为油气工业主体的油气开采企业,其传统的"横向到边,纵向到底"的成本控制管理模式已经形成并运行了许多年,而且也取得了一定的成效。但从理论上讲,传统的成本控制管理模式仍有一定的缺陷和不足,具体体现为:

(1) 从技术层面看,标准成本不仅是一项编制工作,更多的是一个标准与控制相结合的过程,是一个运行系统。但目前油气开采企业的成本控制明显缺乏定额的标准进行约束,过多的偏重于年末成本的控制,并未真正地把控制落实于日常经营管理工作之中。当然,油气开采企业是具有规模大且结构复杂等特点的资源性企业,成本控制不再是单纯的面对面的控制,更多的是非面对面的间接的控制。间接控制通常是控制者对被控制者设定一定的标准,然后分析执行情况与标准之间存在的差异,寻求控制成本的有效途径。但是目前我国油气开采企业很少采用定额的标准来进行成本控制,成本控制过程的随意性较大。

(2) 从组织层面看,成本控制的主要任务是节约、提高效率,即如何将企业的每一个员工、每一个部门、每一层级进行有机的结合,围绕企业的整体目标进行有效的运作。目前我国油气开采企业管理存在着许多问题,如管理层级繁多且效率低下,使得成本控制在上下级之间的信息沟通存在问题;更有成本的定额标准不切实际,不能有效地进行成本控制;另外在成本控制的事后评价过程中,常常由于领导人员的推诿无法追踪到真正的责任人。

(3) 从行为层面看,成本控制的计划以及实施既是企业的行为也是人的行为。想要达到有效的成本控制效果,不仅要重视企业组织行为模式的分析、判断和利用,更重要的是重视企业人员的行为模式的分析、判断和利用,建立有效的赏罚制度。但从目前油气开采企业的成本管理控制现状来看,赏罚分明的激励制度执行力度不足,并没有充分调动管理者和广大职工的积极性。

(4) 从环境层面看,良好的成本控制需要企业内外部环境的充分协调与联系。但是,目前我国油气开采企业大都存在着市场导向性差的缺陷。虽然现在油气企业逐步使油气价格与国际接轨,并不断提高企业市场经营的意识,但在成本控制过程中,却不能及时地分析国际油气价格对油气企业成本控制和成本决策产生的影响,无法满足由市场主导的成本控制的定额标准的编制。另外,目前我国油气开采企业的内部软硬件环境尚存在一定的缺陷。

所以,无论从哪个角度看,我国油气开采企业在成本控制管理上仍存在许多问题,需

要进一步的完善。其中，部分原因及问题通过一定的方法在短时间内能够得到快速解决，有些原因和问题则由于我国油气开采行业整体技术水平受到限制而导致短时间内制约成本管理的因素不能得到有效解决。而且，面对国际油气开采整体水平，我国开采企业降低成本的要求又迫在眉睫。这就需要我国油气开采企业能够找到自身成本管理存在的误区，找寻控制成本的突破点，真正地降低企业的油气开采成本，增强我国油气行业的整体竞争力。现结合成本动因理论及某油气开采企业实际成本管理情况，对我国油气开采企业的成本驱动因素进行深入剖析。

## 二、以成本动因为基础的标准成本管理模式的构建

成本标准化虽然只是成本控制中的一项定额标准，但它与企业的生产业务以及各种资金支出都有着密不可分的关系。这就决定了要想最大限度地降低成本、控制成本，成本控制必须要和企业的生产经营进行紧密的结合。基于这点，我们在成本标准化研究过程中秉持贯彻全面性、系统性和动态性的设计思路，首先协调企业内部的产量、成本、收益之间的矛盾，将成本控制与企业的生产经营进行有效的结合。通过对油气开采企业成本动因的深入分析，建立一套定额标准方法先进、管理体系完备、信息资源丰富且管理控制可操作性强的标准成本管理模式框架。油气开采企业基于成本动因分析的标准成本管理模式框架如图5-1所示，主要内容概括为以下几点：

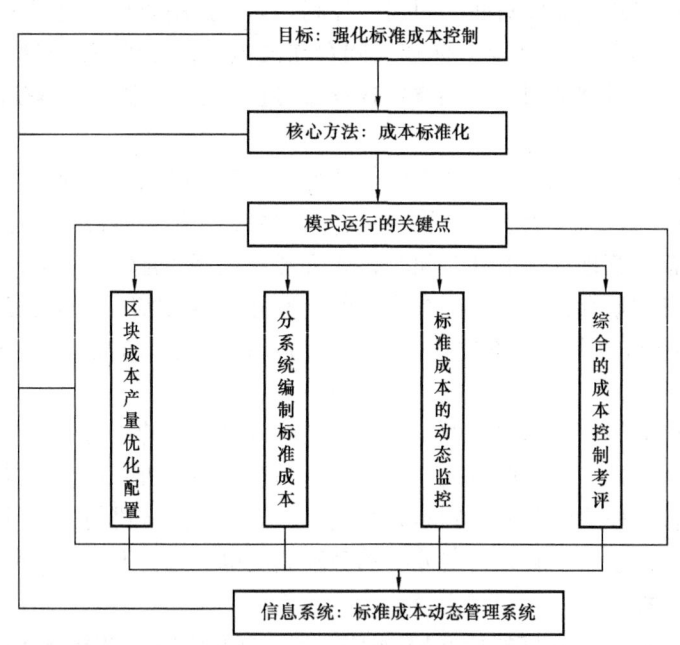

图5-1 油气开采企业新型标准成本管理模式框架

（1）模式的基本目标是支持和保障油气开采企业以低成本健康发展。

标准成本定额管理作为一项专门的管理活动，其实就是为保障企业的低成本发展服务。油气资源作为一次性不可再生资源，在油气的开采过程中，由于受到自然递减规律的影响，包括地层压力逐步下降、油层含量逐步减少、产量逐步降低，直至油气资源枯竭，为使油气开采维持一定的产量水平，就必须新建井以扩大生产规模，或者针对老井进行措

施作业以提高产能。这样就使油田的投资、成本、产量和利润之间存在矛盾。并且随着油田经营环境的变化，这个矛盾会日渐突出，慢慢发展成为阻碍企业成本标准化有效实施的重要原因。为了更有效地控制企业成本，就需要加强现行成本控制方法——成本标准化的运用。新型的标准成本定额管理模式正是围绕着这个目标逐步展开的。

（2）优化配置各油藏区块的油气产量，即编制合理的定额标准成本是标准成本管理的起点。

科学的决策是成本控制重要的前馈性措施。对于油田而言，产量是引起投资行为和成本发生的基本动因。如果在预算管理的开始阶段就能牢牢抓住这些基本的动因，成本控制就一定能够取得一定的效果。为此，在新型的标准成本管理模式框架中，从预算管理的逻辑起点出发，设计了以经济产量为主要参数的油藏区块配产决策模型和油气开采企业综合的投入产出决策分析体系。油藏区块的配产决策模型引入了最优理论及方法，主要解决在一定的产量要求下，对于给定的成本投入和投资规模，各个油藏区块究竟如何安排产量才能产生最大效益的问题。在油气开采企业的层面上应用该模型，可以在初步确定的产量和资金投入框架下，统筹安排各个油藏区块的开发和建设，既可以保证产量任务的完成，又可以节约资本，从而实现既定的利润目标。

（3）"成本标准化体系"的应用使成本控制落实到具体的成本动因层面上。

油气开采企业成本控制最常用的是"水平法"，在以往成本相对宽松的状态下，被认为是一种简便有效的成本控制方法。但通过多年的实践，该方法已经不能真实地体现企业的成本水平，甚至会造成成本紧张的局面。首先，"水平法"成本控制指标与生产业务量、油气产量和实物生产运行数量之间缺乏相应的合理的联系。其次，"水平法"主要依据历史成本来分解和确定定额标准，但历史成本在很大程度上与各单位的管理水平密切相关。因此，这种编制方法具有一定的不合理性。

"成本标准化体系"实质上是将成本动因分析理论和成本定额管理相结合。成本标准化体系的构建是通过建立成本动因数量模型、制订成本价格定额并建立成本动因基础数据库，并给成本动因和成本动因系数这些抽象的概念赋予真实的数据，将企业成本从定性控制发展为定量控制。在成本标准化体系制订过程中，充分考虑市场环境以及企业内外部资源等因素对企业经营造成的影响，合理安排企业现有的人力、物力和财力，使企业资源得到有效的利用。另外，成本标准化体系管理模式的具体实施，不仅会给企业提供大量价值量管理所需的财务成本信息，还能为企业提供许多与生产运行管理密切相关的中间业务量信息，能够为企业进一步探索精细化管理提供新的思路。

（4）成本动因基础数据库的建立为标准成本定额提供重要的信息资源保障。

成本动因基础数据库的基本信息是成本价格定额，而编制成本价格定额应该是油气开采企业标准成本管理模式改进的关键性基础工作之一。在深入地分析我国油气开采企业标准成本现状后，可以发现，没有科学合理的成本消耗作为定额标准成本编制的依据是传统标准成本的一个难点。国内外许多企业的实践经验表明，标准成本定额的编制能有效对企业的成本进行控制，成本价格定额不仅可以应用于企业的成本控制，而且还可以用于企业成本预算的编制。我国油气开采企业在以前成本控制过程中，也曾对一些成本项目制订过成本定额，但这些成本定额不能涵盖企业的主要成本内容。而且不同企业受到地质条件、环境、管理的不同，制订的成本定额参差不齐，不能在整个油田内进行推广使用。因此，在改进的标准成本管理模式中，应该通过科学的方法，编制出一套具有广泛使用性的成本价格定额。

（5）分专业系统标准成本编制格式设计和应用成为模式创新的一个载体。

油气开采企业以往的标准是根据职能划分的责任中心编制的。其基本思想是以预算单位的历史数据为基础，根据编制年度的生产状况和物价水平等因素的变化，按照费用要素的分类编制直接材料、直接人工、燃料和动力、折旧等标准成本。标准成本不能明确反映成本消耗与生产作业环节各种具体业务量之间的逻辑关系，标准成本报告本身只是一些汇总后的结果，这在一定程度上降低了标准成本的控制效果。

新型的标准成本管理模式则是针对具体的生产行业系统按照成本项目来确定标准成本水平，这样有利于将产品成本日常核算和年终报告分项对比，以充分反映核算执行情况，为成本控制提供依据。另外，新型的标准成本管理模式遵循着生产工艺流程提供给各作业系统的成本预算及执行情况报告。这样做可以使各级管理者在预算编制和具体执行的过程中，及时发现各系统成本投入与生产业务量之间的矛盾以及存在的问题，尽早采取协商和调整措施，减少日常管理的盲目性和不确定性。

（6）动态的标准成本监控机制整合了各种为提高效益而采取的管理和控制措施。

对标准成本管理模式实施过程的控制一直是标准成本控制的难点。在新型标准成本管理模式中，设计了事前预警控制、事中过程控制和事后反馈控制三阶段的动态成本监控体系。其中预警控制是指通过随机抽取油气开采企业生产经营状况的特征信息，运用一系列专门的预警方法，对标准成本的执行情况进行评价和分析预测未来发展趋势，并将结果进行实时的展示，及时发出预警控制信息。过程控制就是在标准成本管理模式实施过程中，对影响成本变动的各种成本动因进行控制，尽可能地消除无效和不增值业务，降低成本和减少盲目投资。而反馈控制是指将油气开采企业的标准化成本执行情况按照年、季、月或旬进行划分，从中发现标准成本执行的问题，寻找并分析原因，再针对差异产生的原因对标准成本进行完善。预警控制、过程控制和反馈控制的综合运用，构成了油气开采企业动态的标准成本监控机制。

（7）综合的标准成本考评可解决激励约束方面的问题。

就成本控制而言，成本发生过后的分析和评价，与事前的投资决策和预算编制以及事中的动态监控一样，都是成本控制过程必不可少的环节。任何形式的标准成本，如果没有考评，就会流于形式而失去控制力。油气开采企业传统的标准成本管理的业绩考评，只是就成本论成本，没有起到充分的约束和激励作用。在成本标准化体系管理模式下，对于成本标准化的实施效果评价，不仅仅局限于成本指标，更需要对充分体现企业综合收益的指标进行分析，全面总结经营期间各因素对企业成本的影响，促进企业更好地控制成本。

## 三、标准成本管理模式的管理应用思路和步骤

根据"标准成本法"的基本原理，结合油气开采企业生产运行和成本管理的实际，设计了"标准成本管理法"在油气开采企业中的具体应用思路，如图5-2所示。标准成本法在油气开采企业中的具体实施可以分为以下3个阶段：

（1）成本动因分析阶段。这一阶段主要分析企业成本发生的原因，建立成本基础数据

库,是"标准成本法"建立的关键。这一阶段主要解决的问题是油田开采作业链的细分、生产作业系统的建立和油气开采过程的成本动因分析等。

(2)成本动因基础数据库的建立阶段。成本动因基础数据库的建立是标准成本法的重要内容。这一阶段不仅要建立油气开采企业的成本动因数量模型,还要实现其成本价格定额的标准化,制订出既能控制企业成本又能满足企业成本预算的成本价格定额。此外,还要对成本数据库的基本框架进行详细的规划设计。

(3)具体的标准成本管理应用阶段,包括成本标准化的编制、控制和分析。这一阶段主要是关于改进后的标准成本管理模式如何更好地进行应用,主要内容是设计新的成本标准化格式和运行的保障机制。

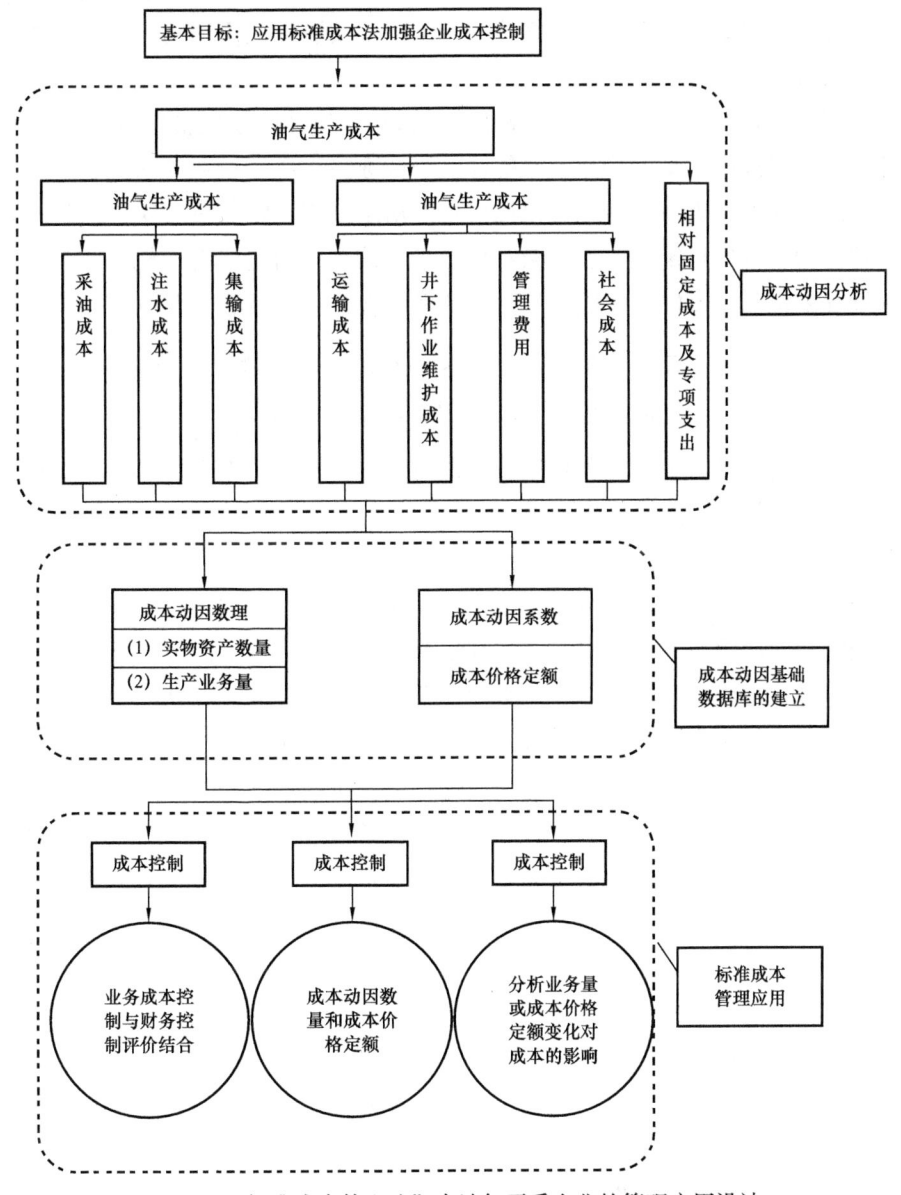

图5-2 "标准成本管理法"在油气开采企业的管理应用设计

上述有关油气开采企业"标准成本管理法"3个阶段的管理应用,大致可以分为以下6个步骤来完成:

(1)根据油气企业生产经营的特点解析油气开采企业成本构成。

跟据油气企业成本发生的根源,可以把油气企业成本分为三部分,即基本生产运行成本、生产保障成本、相对固定性成本及专项支出。

(2)分析油气开采企业的成本动因类型及系数,并建立成本计算模型。

成本动因理论认为,成本应该是成本动因量与其成本动因系数的乘积。成本动因一般可分为两大类:作业性成本动因和资源性成本动因。相应的成本动因系数可以理解为单位作业动因和单位资源动因引起的成本变动。以此为依据,在第一步实现油气生产成本按生产系统进行划分和根据生产系统进行细分的基础上,就可以确定油气生产的具体成本动因和成本动因系数。

对于油气开采企业来说,作业成本动因是指为生产油气而发生的提液量、注水量以及油气处理量等;资源成本动因是指油井等油气资源数量、厂房设备等固定资产数量以及职工人员数等。而成本动因系数最终可以用成本价格定额来反映。按照这个思路,油气生产成本可以转化为成本价格定额与实物量和作业量的乘积,由此建立油气开采企业成本计算模型。油气开采企业可以根据此成本计算模型来编制企业的标准成本:

$$油气生产成本 = 实物资产成本价格定额 \times 实物资产数量 + 业务成本量价格定额 \times 生产业务量$$

其中,实物资产量和生产业务量反映的是成本动因数量,而实物资产数量价格定额和业务量成本价格定额反映的是成本动因系数。

(3)确定成本动因系数,即编制成本价格定额。

油气开采企业的生产工艺流程十分复杂,其成本的发生受到多方面因素的影响,从而使相同类型的成本动因系数反映出显著的数量差异。这样,成本动因的分析结果就不能满足油气开采企业日常成本控制的需要,必须谋求以确定的价值信息来反映油气开采企业成本动因的途径。这一过程的实现应该首先满足油气企业的简单再生产的需要,选取具有普遍代表性的油田成本项目进行分析,建立油气开采企业成本动因的数量分析模型,并利用工程技术测定和统计分析等学科方法合理准确地判断各种因素对成本的影响程度,最终编制出油气开采企业的成本价格定额。编制油气开采企业的成本价格定额需要生产管理、财务、技术等各方面的专业人才共同参与,并且还要针对不同的生产系统分别采用科学的方法进行测算。

油气生产成本的成本价格定额一经确定,就可以作为常量代入成本计算模型,这就使标准成本编制的思路更为清晰。只要能够合理地确定编制年度的业务量水平,就能编制出合理的标准成本。表5-1显示了应用成本动因数量分析模型确定的成本动因系数,即成本价格定额。

(4)建立成本动因基础数据库。

在"成本标准化体系"中,决定油气生产成本水平的因素除了成本动因系数外,另一个基本要素就是成本动因数量。针对油气开采企业来说，成本动因数量就是对实物量指标的概括。它既包含各种实物资产的数量指标，也包括油气生产的各种生产业务量指标。油田的实物资产种类和型号繁多，如油井、水井、计量站等；油气生产的业务量指标包括提液量、注水量等。虽然这些实物指标的数量会随着企业生产经营战略的调整而不断发生变化，但其基本类型及驱动成本发生的方式则呈现出相对稳定的特性，由此设立油气开采企业成本动因基础数据库。成本动因基础数据库中的数据主要包括两方面内容：实物量指标数据和成本价格定额。

表 5-1　油气开采企业采油系统成本动因分析简表

| 作业划分 | | 成本库 | 成本动因 | | 成本动因系数 | |
| --- | --- | --- | --- | --- | --- | --- |
| | | | 类型 | 数量 | 单位 | 定额 |
| 油井维护 | 抽油机井维护 | 油井维护支出 | 实物资产 | 油井数 | 元/口 | |
| 井站维护 | 计量站维护 | 井站日常维护支出 | 实物资产 | 计量站数 | 元/座 | |
| | 注气井口维护 | 热采井维护支出 | 业务量指标 | 注气井次 | 元/井次 | |
| 管线维护 | 集输非金属管线补漏 | 集输管线维护支出 | 实物资产 | 管线长度 | 元/米 | |
| 有杆泵井提液 | 螺杆泵提液 | 油井提液耗电支出 | 实物资产 | 电泵井数 | 万千瓦·时/口 | |
| 三次采油 | 注聚药剂调配 | 三采用水支出 | 业务量指标 | 注聚量 | 元/吨聚 | |
| 稠油井降黏 | | 稠油热采支出 | 实物资产 | 稠油井数 | 元/口 | |
| 集油加热炉维修 | | 加热炉维修费用 | 实物资产 | 加热炉数 | 元/台 | |

（5）设计分系统的标准成本编制思路及格式以控制成本。

在成本标准化编制格式中，各个生产作业单位均按照自己的成本动因列示自己的成本项目，改进以往成本控制存在的缺陷。依据新的标准成本编制思路及格式，油气开采企业就可以按照生产业务标准、相对固定性成本标准和专项支出标准的重要性排队，优化资源配置。

（6）分析改进后的标准成本法运行保障机制和对策。

为了保障"标准成本管理法"在企业中能够得到良好的运行，保证其充分发挥管理控制作用，仍需要对标准成本法的实施制订进一步的保障机制。这部分保障机制主要包括成本标准化编制组织的调整、标准成本管理制度的设计、标准成本实施过程中成本控制方法和激励机制的完善以及考评策略和方法等。

## 四、成本定额的编制思路和方法

制订成本价格定额是实现"标准成本管理法"和应用"标准成本管理法"的关键性基础工作。国内外许多企业的实践经验表明，成本标准化是控制企业成本的一个重要途径，成本标准化不仅可以不控制企业的成本，还可用于成本预算的编制。

1. 成本价格定额编制的原则和要求

在油气开采企业成本价格定额的具体编制过程中，为了贯彻"标准成本法"的基本思路，同时也为了提高成本价格定额应用的可操作性，其具体的编制过程主要体现了以下原则和要求：

（1）成本价格定额的编制主要为满足三方面的管理需求。

①是企业成本控制和成本预算编制的基础；

②是油气开采企业内部结算的标准；

③是有效评价各层次管理业绩的依据。

（2）成本价格定额制订仅考虑了维持企业简单再生产的正常需要。对于历史欠账、社会环境成本等未考虑在成本价格定额编制中。

（3）定额的编制尽可能地细化到生产经营的各个成本节点，以保证定额的合理性和可应用性。

（4）在定额的确定方法上尽可能地采用技术测定法。由于油田生产涉及的地下因素多、流程复杂，而且在区块之间以及单位之间的情况各不相同，有些定额很难采用技术测定法制订，只能通过对历史数据进行统计分析来制订。

（5）定额制订以维持油气资产和地面设备正常运转为出发点，没有考虑到地下因素的影响，即假定实际在用的生产设备均与地下情况基本匹配。

2. 定额编制的方法和步骤

根据成本价格定额的编制思路和原则，将定额成本按照生产系统分为采油系统、注水系统、集输系统、运输系统、井下作业系统及管理费用和社会环境成本的定额制订。定额编制的基本工作步骤如下：

（1）广泛深入油气生产第一线，了解成本投入和生产经营过程之间的关系，寻找并确定各环节的成本驱动因素。

（2）分系统按照成本项目和费用要素分别调研以搜集有关数据，初步建立实物量指标及成本数据库。

（3）具体应用以下两种方法编制有关定额，以反映成本发生与其驱动因素之间的关系。

①技术测定法。利用设备的成新率、工作效率及设计标准等技术指标，结合油田生产的实际来估算电费、维修费等成本价格定额。

②统计分析法。利用近三年的历史资料，并结合管理要求，分析测算材料、人工、管理费等成本价格定额。

（4）将初步定额与对应的实物量指标数据相乘，汇总计算有关油气开采企业的成本预算总额，与实际总成本相比较，分析差异原因并进一步修正定额。经过多次修正后，最终形成油气开采企业的成本价格定额及其编制说明。

## 第二节　采出工艺成本节点及动因分析

### 一、油气采出工艺成本分析

油气开采作业中心主要指基层采油单位利用各种开采手段（抽油机、电泵等）将油气水混合物提升到地面，经过计量站输送至联合站外的过程中所需的各项作业的集合。油气开采作业中心的消耗在成本中主要体现为"直接材料"。

在我国油气开采企业实际业务生产过程中，采油、注水及集输过程均包含了各种各样的成本费用，在确定实际成本动因量时也会受到各种因素的影响，容易导致有些成本动因量的分析不够合理准确。目前，我国油气开采企业在开采过程中涉及的成本预算及核算主要以"方水"或"吨油"操作成本为依据，即将注水量或产量作为成本的驱动因素进行计量。然而，在实际情况中，并不能够进行一概而论，应根据各生产流程的具体实际情况进行具体分析，对相应的成本驱动因素进行更加精准的分析。

### 二、油气采出工艺成本节点及动因分析

1. 提液作业

提高油气产量是油气开采企业开采过程中的核心内容，也是整个油气开采过程的一个核心环节。在油气开采行业发展后期，提高油气产量的方法主要是指运用抽油机、抽油杆、水力活塞泵、螺杆泵、电潜泵等设备采取机械开采方式，将尽可能多的油、气、水混合物采出来，最终达到提高油气产量的目的。

通常情况下，对于运用抽油机、螺杆泵及电潜泵等机械设备进行机械开采时，对于提升油气产量的动因也会有所不同。但主要的成本动因主要包括机械开采过程中对能源消耗的影响因素、相关的成本动因基础因素、以及油气集输成本消耗动因。机械开采，即指采用抽油机、螺杆泵及电潜泵等机械开采方式，将油、气和水混合物从油气井井底举升到地面的过程，是油气开采过程中重要的能源消耗过程。通常情况下，单井深度与油、气、水混合物被举升高度成正相关关系。也就是说，在采用机械开采的情况下，单井深度与油气开采过程中将气液举升过程中的机械能源消耗量呈正相关关系。

但是，在进行具体分析时，提取的气液量通过抽油机的工作时间来进行体现。对于影响气液举升过程中能源消耗量的因素主要考虑以下三方面：

（1）气液举升过程中能源消耗量与油气井泵挂深度、动液面等呈正相关关系。即油气层深度和地层压力影响油气井泵挂深度、动液面。油气层深度越深，则油气井泵挂深度越深；在同等深度条件下，地层压力越小，油气井动液面越深。所以，泵挂深度越深、动液面越深，则将油、气、水混合物从井下举升到地面所消耗的能源就越多。

（2）油气井含水率也是油气采出过程中影响能源消耗量的一个重要影响因素。其中，油气井的含水率越高，采出油、气、水混合物量中所包含的水就较多。如果我们把举升水所做的功称为无用功，举升油、气所做的功叫作有用功，那么，油气井含水率越高，油气开采效率就会越低，即开采固定油气量所消耗的能源就越多。

（3）地面油气集输管线长度也是影响油气采出过程中能源消耗的一个重要影响因素。井口到油气处理站的距离越远，需要的集输管线就越长，输送相应的油气需要的能源就会越多。此外，油气物性（原油黏度等）、集输管线运行压力等对油气开采过程中的能源消耗量也存在着一定的影响。即原油黏度越大、集输管线压力越高，在油气输送过程中消耗的能源越多。

根据上述成本动因的具体分析，可以确定，提取作业的核心成本是抽油作业时间、泵挂深度和原油物性，可以通过式（5-1）和式（5-2）对相关成本动因进行数量描述：

$$C_{提液} = C_{s提液} \times T_{提液} \times \gamma_{提液} \quad (5-1)$$

$$\gamma_{提液} = 1 + \alpha_{提液1} \times m_{提液1} + \alpha_{提液2} \times m_{提液2} \quad (5-2)$$

式中　$C_{提液}$——某类型油井提液作业消耗；

　　　$C_{s提液}$——标准井单位作业时间提液消耗；

　　　$T_{提液}$——油井的提液工作时间；

　　　$\gamma_{提液}$——成本动因综合调整系数；

　　　$\alpha_{提液1}$——泵挂深度调整系数；

　　　$m_{提液1}$——泵挂深度的差异量；

　　　$\alpha_{提液2}$——原油物性调整系数；

　　　$m_{提液2}$——原油物性的差异量。

2. 井口工艺

井口工艺包括注采井工艺、监测井工艺和污水回注工艺。

井口工艺成本节点见表5-2。

表5-2　井口工艺成本节点

| 一级分类 | 二级分类 | 三级分类 | 明细控制节点 |
| --- | --- | --- | --- |
| 井口工艺 | 注采井工艺 | 工艺设备类 | 采气树保养 |
| | | | 保温 |
| | | | 临时注醇橇 |
| | | | 工艺管线、阀门 |
| | | | 工艺改造 |
| | | | 其他 |
| | | 自动化类 | RTU维护 |
| | | | 井下安全阀系统 |
| | | | 紧急切断阀 |
| | | | 传感器（温度变送器、压力变送器） |
| | | | 其他 |

续表

| 一级分类 | 二级分类 | 三级分类 | 明细控制节点 |
|---|---|---|---|
| 井口工艺 | 注采井工艺 | 安保工艺类 | 微波发生器 |
| | | | 井场摄像头 |
| | | | 光缆等 |
| | | | 围栏 |
| | | 保温系统 | 保温设备 |
| | | 通信系统 | 通信设备 |
| | | 恒温系统 | 空调 |
| | | 基础设施 | 道路 |
| | | | 井口铁皮房 |
| | | | 变压器 |
| | | | 管线支架 |
| | | | 井场照明灯 |
| | | | 电缆 |
| | | | 其他 |
| | | 物耗 | 液压油 |
| | | | 备品备件 |
| | | | 防冻剂 |
| | | | 安全阀 |
| | | | 其他 |
| | 监测井工艺 | 压力监测工艺 | 压力变动器 |
| | | | 电池 |
| | | | 井下压力剂 |
| | | 地震监测工艺 | |
| | 污水回注井工艺 | | |

3. 注气工艺

注气工艺成本节点见表5-3。

表 5-3 注气工艺成本节点

| 一级分类 | 二级分类 | 明细控制节点 |
|---|---|---|
| 注气工艺 | 集输工艺 | 双向输气管线 |
| | | 收发球 |
| | 分离过滤净化工艺 | 旋流分离器 |
| | | 过滤分离器 |
| | 增压工艺 | 注气压缩机系统 |
| | 仪表自动化系统 | 安全阀 |
| | | 工艺阀 |
| | | 传感器 |
| | | 盲版切换 |
| | | 保温 |
| | | 紧急切断阀 |
| | | 其他 |
| | 基础设施 | 厂房 |
| | | 指吊 |
| | | 仪表 |
| | | 通风系统 |

**4. 采气各工艺成本计算**

查阅相关文献得到各个排水采气工艺每生产 $1m^3$ 天然气所消耗的工艺成本、非工艺成本和总成本分析计算如下：

（1）优选管柱成本计算。

优选管柱排水采气与自喷采气生产相同，不存在工艺运行损耗，则：

$$E_g = C_g + D_g + S_g \qquad (5-3)$$

式中 $E_g$——采用优选管柱排水采气工艺的工艺成本，元 $/m^3$；

$C_g$——采用优选管柱工艺地层水处理成本，为生产 $1m^3$ 气的地层水处理费用，元 $/m^3$；

$D_g$——采用优选管柱排水采气工艺作业成本，为生产 $1m^3$ 气的井下作业费用，元 $/m^3$；

$S_g$——固定资产折旧成本，为生产 $1m^3$ 气的固定资产折旧费用，元 $/m^3$。

其中

$$C_g = C_{g1} \frac{q_{wg}}{q_{gg}} \qquad (5-4)$$

$$D_g = \frac{D_{g1}}{(n-m)q_{gg}} \qquad (5-5)$$

$$S_{g} = \frac{nS_{g1}}{365N(n-m)q_{gg}} \tag{5-6}$$

式中　$q_{wg}$——实施优选管柱工艺的日产水量，$m^3/d$；

　　　$C_{g1}$——处理 $1m^3$ 地层水的成本，元 $/m^3$；

　　　$q_{gg}$——气井实施优选管柱工艺的日产气量，$m^3/d$；

　　　$D_{g1}$——建立优选管柱工艺作业费用，元；

　　　$S_{g1}$——建立优选管柱的一次性投资，元；

　　　$n$——检阀作业周期，d；

　　　$m$——平均一次作业及其他原因停产所占用的时间，d；

　　　$n-m$——免修生产期，d；

　　　$(n-m)/n$——时间修正系数，运行天数 = 日历天数 ×（$n-m$）/$n$；

　　　$N$——固定资产折旧（指一定时期内为弥补固定资产损耗按照规定的固定资产折旧率提取的固定资产折旧，或按国民经济核算统一规定的折旧率虚拟计算的固定资产折旧）时间。

将式（5-4）、式（5-5）、式（5-6）代入式（5-3）整理后得到优选管柱排水采气工艺的工艺成本 $E_g$：

$$E_{g} = \left[ C_{g1}q_{wg} + \frac{D_{g1}}{n-m} + \frac{nS_{g1}}{365N(n-m)} \right] \Big/ q_{gg} \tag{5-7}$$

假设 $A$ 为产水气井进行排水采气的非工艺费用，可得到优选管柱排水采气工艺总成本 $E_{g总}$：

$$E_{g总} = A + \left[ B_{q1}q_{z} + C_{q1}q_{wg} + \frac{D_{q1}}{n-m} + \frac{nS_{q1}}{365N(n-m)} \right] \Big/ q_{gq} \tag{5-8}$$

（2）气举排水采气工艺成本。

$$E_{q} = B_{q} + C_{q} + D_{q} + S_{q} \tag{5-9}$$

式中　$E_q$——气举工艺天然气生产成本，元 $/m^3$；

　　　$B_q$——气举工艺高压注气成本，元 $/m^3$；

　　　$C_q$——气举工艺地层水处理成本，元 $/m^3$；

　　　$D_q$——气举工艺作业成本，元 $/m^3$；

　　　$S_q$——气举工艺固定资产折旧成本，元 $/m^3$。

其中

$$B_{q} = B_{q1}\frac{q_{z}}{q_{gq}} \tag{5-10}$$

$$C_{q} = C_{q1}\frac{q_{wq}}{q_{gq}} \tag{5-11}$$

$$D_{q} = \frac{D_{q1}}{(n-m)q_{gg}} \tag{5-12}$$

$$S_{q} = \frac{nS_{q1}}{365N(n-m)q_{gq}} \tag{5-13}$$

式中 $B_{q1}$——压缩机站处理输出 $1m^3$ 气举高压气之费用，元 $/m^3$；

$q_{gq}$——气井实施气举工艺的日产气量，$m^3/d$；

$q_z$——气举平均日注气量，$m^3/d$；

$q_z/q_{gq}$——注采比（每采出 $1m^3$ 气所需的注入气量），$m^3/m^3$；

$C_{q1}$——地层水处理成本，为生产 $1m^3$ 气的地层水处理费用，元 $/m^3$；

$q_{wq}/q_{gq}$——井的产出水气比，$m^3/m^3$；

$q_{wg}$——实施气举工艺的日产水量，$m^3/d$；

$D_{q1}$——建立井的气举工艺结构作业或检阀作业的一次作业费用，元；

$S_{q1}$——固定资产投资（包括实施气举工艺增加的一切配套建设投资，如气举管线、调配气站、地层水处理系统等建设投资）。

将式（5-10）、式（5-11）、式（5-12）、式（5-13）代入式（5-9）整理得到气举排水采气工艺的工艺成本 $E_q$：

$$E_{q} = \left[ B_{q1}q_{z} + C_{q1}q_{wg} + \frac{D_{q1}}{n-m} + \frac{nS_{q1}}{365N(n-m)} \right] \bigg/ q_{gq} \tag{5-14}$$

依然以 $A$ 代表排水采气非工艺成本，则气举排水采气工艺总成本 $E_{q总}$ 为：

$$E_{q总} = A + \left[ B_{q1}q_{z} + C_{q1}q_{wg} + \frac{D_{q1}}{n-m} + \frac{nS_{q1}}{365N(n-m)} \right] \bigg/ q_{gq} \tag{5-15}$$

（3）泡沫排水采气工艺成本。

$$E_{p} = B_{p} + C_{p} \tag{5-16}$$

式中 $E_q$——泡沫排水采气工艺生产 $1m^3$ 天然气的成本，元 $/m^3$；

$B_p$——泡排剂成本，元 $/m^3$；

$C_p$——泡排注入成本，元 $/m^3$。

其中

$$B_{p} = \frac{B_{p1} \times V_{g}}{q_{gp}} \tag{5-17}$$

$$C_{p} = \left[ \frac{S_{p1}}{330}\left(\frac{1}{N}\right) + S_{p2} \right] \bigg/ q_{gp} \tag{5-18}$$

式中 $B_{p1}$——泡排药剂单价，元 $/kg$；

$V_g$——药剂用量，$kg/d$；

$q_{gp}$——气井实施泡沫排水采气工艺的日产气量，$m^3/d$；

$S_{p1}$——注入装置建设投资费用，元；

$S_{p2}$——注入运行费用（日常车辆使用、维修等），元。

将式（5-17）、式（5-18）代入式（5-16）可以得到泡沫排水采气工艺的工艺成本 $E_p$：

$$E_p = \left[ B_{p1}V_g + \frac{S_{p1}}{330}\left(\frac{1}{N}\right) + S_{p2} \right] \Big/ q_{gp} \tag{5-19}$$

以 $A$ 代表排水采气非工艺成本，则泡沫排水采气工艺的总成本 $E_{p总}$ 为：

$$E_p = A + \left[ B_{p1}V_g + \frac{S_{p1}}{330}\left(\frac{1}{N}\right) + S_{p2} \right] \Big/ q_{gp} \tag{5-20}$$

（4）机抽排水采气工艺成本。

$$E_j = B_j + C_j + D_j + S_j \tag{5-21}$$

式中 $E_j$——机抽排水采气工艺生产 $1m^3$ 气的工艺成本，元 $/m^3$；
$B_j$——运行的动力及其他消耗成本，元 $/m^3$；
$C_j$——为生产 $1m^3$ 气的地层水处理费用，元 $/m^3$；
$D_j$——采用机抽排水采气工艺作业成本，为生产 $1m^3$ 气的井下作业费用，元 $/m^3$；
$S_j$——机抽排水采气工艺固定资产折旧成本，为生产 $1m^3$ 气的固定资产折旧费用，元 $/m^3$。

其中

$$B_j = \frac{WG}{\eta q_{gj}} = \frac{24 \times \frac{9.80665\gamma_w H q_{wj}}{86400} G}{\eta q_{gj}} = \frac{0.002724\gamma_w H q_{wj} G}{\eta q_{gj}} \tag{5-22}$$

$$C_j = C_{j1} \frac{q_{wj}}{q_{gj}} \tag{5-23}$$

$$D_j = \frac{D_{j1}}{(n-m)q_{gj}} \tag{5-24}$$

$$S_j = \frac{nS_{j1}}{365N(n-m)q_{gj}} \tag{5-25}$$

$$H = 动液面深度 - \frac{套压}{0.0098q_{wj}} + \frac{地面泵输水扬程}{\gamma_{wj}} \tag{5-26}$$

式中 $q_{wj}$——实施机抽工艺的日产水量，$m^3/d$；
$\gamma_w$——地层水相对密度；
$H$——举升高度，m；
$G$——每度电的价格，元；
$\eta$——总能耗效率；
$C_{j1}$——处理 $1m^3$ 地层水的成本，元 $/m^3$；
$D_{j1}$——建立机抽工艺作业费用，元；
$S_{j1}$——建立机抽工艺的一次性投资，元。

将式（5-22）、式（5-23）、式（5-24）、式（5-25）代入式（5-21）整理得到机抽排

水采气工艺的工艺成本 $E_j$：

$$E_j = \left[ \frac{0.002724\gamma_w H q_{wj} G}{\eta} + C_{j1}q_{wj} + \frac{D_{j1}}{(n-m)} + \frac{nS_{j1}}{365N(n-m)} \right] \Big/ q_{gj} \quad (5-27)$$

由于式（5-27）中与工艺直接有关的参数是工艺目标参数 $q_g$，$q_w$，$H$，$\eta$，公式与工艺的具体形式无关，所以该公式也同样适用于电潜泵、水力泵等泵抽类型的排水采气工艺。只是不同的工艺，所取的参数有所不同。

以 $A$ 代表机抽、电潜泵的非工艺成本，因此它们的总成本 $E_{j总}$ 为：

$$E_{j总} = A + \left[ \frac{0.002724\gamma_w H q_{wj} G}{\eta} + C_{j1}q_{wj} + \frac{D_{j1}}{(n-m)} + \frac{nS_{j1}}{365N(n-m)} \right] \Big/ q_{gj} \quad (5-28)$$

采气工艺主要内容见表 5-4。

表 5-4 采气工艺小结

| 工艺名称 | | 工作原理 | 适用条件 | 成本计算模型 |
| --- | --- | --- | --- | --- |
| 优选管柱 | | 充分利用气井自身能量，在气井压力变低时，适当更换或下入较小直径油管，使气流排速增大，达到排水采气目的 | 气井进入间歇生产期 | $E_g = C_g + D_g + S_g$ |
| 气举排液 | 连续气举 | 使用高压气体压缩机向井内打入高压气体，用高压气体置换井筒内液体，从而大幅降低井底回压，使地层中的流体流入井筒 | 气井出现弱喷、间歇自喷和水淹等现象 | $E_q = B_q + C_q + D_q + S_q$ |
| | 间歇气举 | | 气井间喷周期较短，或出现高气液比、高压低渗等情况 | |
| 泡沫排液 | | 将化学发泡药剂通过不同方式投入井内，以减少气、油、水三相在垂直管动中的滑脱损失，提高气流的垂直举液能力 | 气井自喷能力不足，气流速度低于临界流速 | $E_p = B_p + C_p$ |
| 机油排液采气 | | 从油管排水，井筒内液面逐渐降低，使得井筒中液体对气体的回压降低。产层气则向油套管环形空间聚积、升压，当套压超过输压一定值后，就实现了油套环空排气 | 具有深井泵、抽油机、抽油杆等机抽设备的气井 | $E_j = B_j + C_j + D_j$ |
| 柱塞排液 | | 柱塞在油管内的卡定器和防喷管之间做周期性运动，从而起到清蜡、防蜡和除垢的作用 | 适用于进行常规连续气举或间歇气举效率不高的生产井 | |
| 超声波旋流雾化 | | 将一套超声波雾化装置，利用钢丝作业下入并卡定在井内油管的设计深度，借助天然气流动能量，将大液滴打碎，雾化，从而降低气井携液临界流速，提高排液效率 | 深层、低渗、凝析气藏，有一定能量，但产量量少，不足以将井内的液体完全带出地面的气井 | |
| 电潜泵 | | 将水淹气井中的积液从油管中迅速排除，降低对井底的回压，形成一定的"复产压差"，使水淹气井复产 | 产水量大、井温较高、地层压力低、剩余储量多的水淹井 | |

### 三、油气采出工艺成本动因分析

油气采出工艺过程中主要的成本动因包括人工费用、井下作业费、燃料费、维护及修理费、运输费、非生产性费用、折旧折耗费、材料费、动力费及其他费用等。成本管理的对象主要是油气井、计量站及管线等。其中，油气井根据所安装的抽油机类型及功耗不同分摊不同的成本，管线根据管线的长度及材质的不同分摊不同的成本。具体的采出工艺成本节点及动因分析详见表5-5。

表5-5 油气采出工艺节点及成本动因分析表

| 序号 | 费用名称 | | 成本动因 |
|---|---|---|---|
| 1 | 人员费用 | | 用工人数 |
| 2 | 井下作业费 | 维护性井下作业费 | 开井数 |
| | | 措施性井下作业费 | 措施增油气量 |
| | | 其他费用 | 油气产量 |
| 3 | 燃料 | | 油气产量 |
| 4 | 维护及修理费 | 单井 | 开井数 |
| | | 场站 | 计量站数 |
| | | 管线 | 管线长度 |
| 5 | 运输费 | | 油气产量 |
| 6 | 非生产费用 | | 用工人数 |
| 7 | 折旧折耗费 | | 油气产量 |
| 8 | 材料费 | | 油气产量 |
| 9 | 动力费 | | 抽油机及相关设备开机功率 |

## 第三节 集输工艺成本节点及动因分析

### 一、集输工艺

油气集输工艺是油气生产过程非常重要的一个环节，即油气经采出后进行的集中、计量、加工、分离、外送等一系列后续作业。它对应着产品的最终归集和形成，并达到商品油、气的标准形成商品。油气集输即将从油气井采出的油、气、水的混合物通过出油管线输送到计量站，进行最初级的油、气、水的分离加工，分别计量采出的油、气、水的日产量；再经输油管线混输至转油站，经过油、气、水三项分离和必要的净化、加工处理，达到一定的标准后运向油气库。

从油气井采出的油、气、水混合物，经过上述集输过程后，原油转化为商品油，能够对外销售或出口；天然气则通过加压输送到气体处理厂进行进一步的加工处理，成为商品天然气对外进行销售。原油净化脱出来的含油污水会被送往含油污水处理站进行处理，处理合格后再通过加压回注至油田地下。

集输工艺主要包括油、气、水（油井产物）的收集，油、气、水的处理，得到合格的油气商品以及油气的外输和含油污水的回注。集输作业中，主要资源的成本动因是天然气的处理量和原油的处理量。油气集输工作流程图如图 5-3 所示。

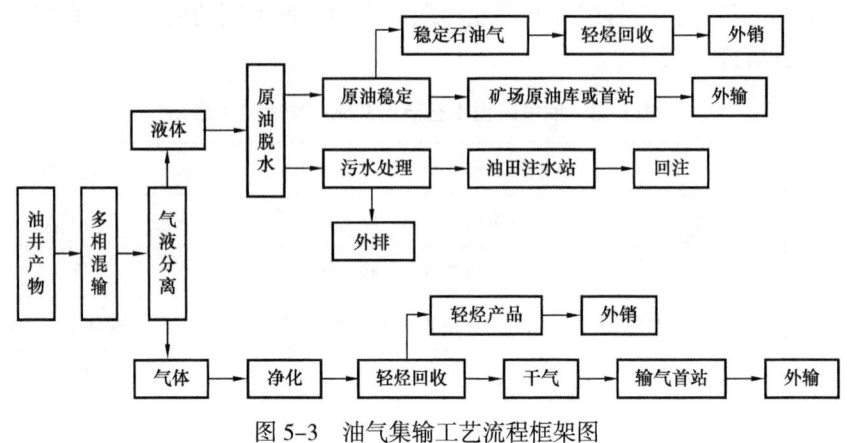

图 5-3　油气集输工艺流程框架图

## 二、油气集输系统成本节点及动因分析

1. 油气集输系统资源成本节点及动因

一般情况下，油气集输是在联合站中进行的。该系统涉及的成本费用主要包括材料费、电费、药剂费和水费。

油气集输系统材料费用主要包括日常材料费、机泵配件材料费和材劳保材料费三部分内容。处理量是日常材料的成本动因，机泵台数是机泵配件的成本动因，人数是劳保材料成本动因。

泵和脱水器是油气集输系统电费的主要发生点。其中，泵按照配套电动机的功率大小进行分类，得到泵台数是泵的成本动因，脱水器台数是脱水器的成本动因。

修理维护费是油气集输系统成本的主要内容，可划分为 13 个成本节点，分别为原油储罐、滤罐、污水罐、加热炉、分离器、压缩机、机泵、锅炉、电脱水器、配电系统、自控仪表系统、清砂和厂区工程维修等。罐数、脱水器台数和机泵台数等设备数量是集输系统修理维护费的成本动因。

处理液量被统一确定为油气集输系统药剂费的成本动因。其中，原油处理量是原油处理药剂的成本动因，污水处理量是污水处理综合药剂的成本动因。

水套加热炉和锅炉是油气集输系统水费控制的两个关键节点。其中，加热炉的总功率是水套加热炉用水的成本动因，锅炉总蒸发量是锅炉用水的成本动因，加药量是加药用水的成本动因，人数是零星用水的成本动因。

2. 油气集输系统的作业成本节点及动因

该作业中心是指通过联合站，将油气输送到油气开采厂与集输公司的油气交接点的过程的所有作业的集合。该作业中心主要包括以下几项具体作业：油气水处理作业、原油稳定及轻烃回收作业、污水处理作业以及相关设备及基础设施的维护维修作业。

1）油气水处理作业

实际处理气液量是油气水处理作业消耗的首要成本动因。成本动因基础因素有油气的含水率、油气的物理性质、设备的老化情况等。油气的含水率越高，所需要的脱水费用也就越高；原油的物理性质越复杂，所耗费的药剂量就越高；设备老化越严重，其处理的效率就越低，那么消耗也就会增加；对处理后原油含水率的最低要求不同消耗就不一样，含水率最低要求越高，消耗也就越多。

根据以上成本动因的分析，通过公式对相关成本动因进行数量描述，具体公式如下：

$$C_{油气水处理} = C_{s\,油气水处理} \times N_{油气水处理} \times \gamma_{油气水处理} \quad (5-29)$$

$$\gamma_{油气水处理} = 1 + \alpha_{油气水处理1} \times m_{油气水处理1} + \alpha_{油气水处理2} \times m_{油气水处理2} + \alpha_{油气水处理3} \times m_{油气水处理3} \quad (5-30)$$

式中　$C_{油气水处理}$——油气水处理作业消耗；

　　　$C_{s\,油气水处理}$——标准处理设备处理单位油气水的标准消耗；

　　　$N_{油气水处理}$——实际处理油气水的数量；

　　　$\gamma_{油气水处理}$——成本动因综合调整系数；

　　　$\alpha_{油气水处理1}$——原油含水率差异的调整系数；

　　　$m_{油气水处理1}$——原油含水率的差异量；

　　　$\alpha_{油气水处理2}$——处理设备成新率的调整系数；

　　　$m_{油气水处理2}$——处理设备成新率的差异量；

　　　$\alpha_{油气水处理3}$——原油物性调整系数；

　　　$m_{油气水处理3}$——原油物性的差异量。

2）轻烃回收作业

实际处理气液量及相关设备的使用状况是原油稳定及轻烃回收作业消耗的主要成本动因。实际处理气液量越多，其消耗也就越高；设备老化越严重，其处理的效率就越低，那么消耗也就会增加。

根据以上成本动因的分析，通过公式对相关成本动因进行数量描述，具体公式如下：

$$C_{轻烃回放} = C_{s\,轻烃回放} \times N_{轻烃回放} \times \gamma_{轻烃回放} \quad (5-31)$$

$$\gamma_{轻烃回放} = 1 + \alpha_{轻烃回放} \times m_{轻烃回放} \quad (5-32)$$

式中　$C_{轻烃回放}$——轻烃回收作业消耗；

　　　$C_{s\,轻烃回放}$——单位轻烃回收的标准消耗；

　　　$N_{轻烃回放}$——实际轻烃回收的数量；

　　　$\gamma_{轻烃回放}$——成本动因综合调整系数；

　　　$\alpha_{轻烃回放}$——轻烃回收设备成新率的调整系数；

　　　$m_{轻烃回放}$——轻烃回收设备成新率的差异量。

3）污水处理作业

污水实际处理量和污水的物性是污水处理作业消耗的主要成本动因。污水的物理性质是其相关的基础成本动因，污水的物理性质越复杂，处理到达合格水平消耗的药剂量就会越大。

$$C_{污水处理} = C_{s污水处理} \times N_{污水处理} \times \gamma_{污水处理} \quad (5-33)$$

$$\gamma_{污水处理} = 1 + \alpha_{污水处理} \times m_{污水处理} \quad (5-34)$$

式中　$C_{污水处理}$——污水处理作业消耗；

$C_{s污水处理}$——单位污水处理的标准消耗；

$N_{污水处理}$——实际处理污水的数量；

$\gamma_{污水处理}$——成本动因综合调整系数；

$\alpha_{污水处理}$——污水物性调整系数；

$m_{污水处理}$——污水物性的差异量。

4）相关设备及基础设施维护作业

集输系统需要运用到多种必要的生产设备以及储罐设备，其中原油储罐以及污水储罐是最为主要的两种设备。所有设备的维护次数，储罐设备储量的大小，储罐的老化情况及所储油气、污水的物理性质是修理维护费用的主要成本动因。

$$C_{储罐维护} = C_{s储罐维护} \times \gamma_{储罐维护} \quad (5-35)$$

$$\gamma_{储罐维护} = 1 + \alpha_{储罐维护1} \times m_{储罐维护1} + \alpha_{储罐维护2} \times m_{储罐维护2} + \alpha_{储罐维护3} \times m_{储罐维护3} \quad (5-36)$$

式中　$C_{储罐维护}$——储罐维护作业消耗；

$C_{s储罐维护}$——标准储罐维护作业消耗；

$\gamma_{储罐维护}$——成本动因综合调整系数；

$\alpha_{储罐维护1}$——储罐成新率调整系数；

$m_{储罐维护1}$——储罐成新率差异量；

$\alpha_{储罐维护2}$——储罐原油物性调整系数；

$m_{储罐维护2}$——储罐原油物性的差异量；

$\alpha_{储罐维护3}$——储罐储量的调整系数；

$m_{储罐维护3}$——储罐储量的差异量。

油气集输工艺过程中主要的成本动因包括材料费、维修费、电费、水费、折旧折耗费以及药剂费。油气集输系统的具体成本动因分析见表5-6。

表5-6　油气集输系统的成本动因分析表

| 序号 | 费用名称 | | 成本动因 |
|---|---|---|---|
| 1 | 材料费 | 泵配件 | 机泵台数，台 |
| | | 日常耗材 | 处理量，$m^3$ |
| | | 劳保耗材 | 人数，人 |
| 2 | 维修费 | 机泵维修 | 机泵台数，台 |
| | | 脱水器维修 | 脱水器服务，台 |
| | | 维修罐 | 罐数，座 |

续表

| 序号 | 费用名称 | | 成本动因 |
|---|---|---|---|
| 3 | 电费 | 电脱水器 | 脱水器服务，台 |
| | | 泵配套电视 | 泵台数，台 |
| 4 | 水费 | 加热炉用水 | 加热炉总功率 |
| | | 加药用水 | 加药量，t |
| | | 锅炉用水 | 锅炉总蒸发量，t |
| | | 零星用水 | 人数，人 |
| 5 | 折旧折耗费 | | 处理的液量、供水量，t |
| 6 | 药剂费 | | 处理量，t |

## 第四节　处理工艺成本节点及动因分析

### 一、处理工艺成本节点分析

地层油气被采出地面后，一般通过地面原油集输管线输送或罐车拉运等方式送至联合站进行处理。油气处理是油气生产过程的最后一个环节，油气处理通常都在联合站进行。经过联合站处理后的油气即结束油气生产环节，进入油气销售环节。

联合站是油气集中处理联合作业站的简称。主要包含油气的集中处理、油田注水、污水的处理以及供变电和辅助生产设施等部分，是油气田油气进行集输和处理的关键。

"油气处理费"是油气在联合站处理过程中折耗的主要成本费用的体现，主要体现为以下几个系统所发生的费用：

（1）油处理。

油处理即原油处理，是指将油井采出并输送至联合站的油、气、水混合物进行脱水、脱硫、脱盐，以及除气、除杂质和降蜡等处理，保证原油含水、含气，以及杂质含量等达到商品原油销售的要求。

原油处理过程耗用主要包括电费、化学药剂及其他材料等。原油处理的主要成本动因是实际处理量，与处理量相关的成本动因则包括以下4个：① 原油含水率。含水率直接影响原油脱水的成本，含水率越高，则脱水所需的能源消耗、设备占用时间、化学药剂的用量等都越高。② 原油成分、杂质含量对原油处理耗用的影响。如果原油这种混合物中含蜡高、含硫高，则对原油中所含的蜡、硫等进行处理会耗用更多的化学药剂。原油中所含的蜡、硫以及杂质等，也会在一定程度上影响原油处理设备的使用寿命，从而影响原油处理耗用。③ 原油脱水处理系统的使用状况对原油处理耗用的影响。随着设备使用时间的延长，设备会出现磨损、老化等现象，这会直接影响原油处理系统的效率，导致原油处理耗用的上升。④ 原油购买商对商品原油含水率、杂质含量等的要求，也会直接提高原油处理的难度、处理时间，同时对原油处理设备的要求也越高，这些因素都会直接提高原油处理过程的耗用。

（2）水处理。

原油脱水后产生的污水中包括含油污泥、含硫化物以及其他杂质等，如果直接排放，会对自然环境造成极大的污染。对于油田注水开发来说，经过处理的污水与油田地层有着较好的配伍性，与注清水相比，对地层的伤害会更小。因此，在原油生产企业，污水回注既能减少原油生产过程的污染排放，也能实现水资源循环利用，进而促进节能减排，达到降本增效的目的。

污水处理过程，主要耗用来自化学药剂及电力等能源消耗。污水处理作业消耗的直接成本动因是污水处理量，也可从联合站注水系统的供水量反映。污水中硫化物含量、油泥含量以及杂质含量等，都直接影响污水处理中化学药剂的用量，以及电力等能源的消耗。

（3）气处理。

联合站的气处理即天然气净化处理，是指对原油处理中脱离出来的伴生气进行处理，主要包括脱水、脱油及轻烃回收等。对净化处理后的天然气进行增压，达到输气管道要求的压力后外输销售。

天然气净化处理的成本动因主要是原油伴生气量，而与实际获得的稳定轻烃、液化气及天然气等无直接关系。

## 二、处理工艺成本节点及动因分析

处理系统涉及的成本费用主要包括人员费用、燃料费、维护及修理费、非生产性费用、电费、材料费（包括药剂费）、折旧折耗费等，具体见表5-7。

表5-7 处理系统成本动因分析表

| 序号 | 费用名称 | 成本动因 |
| --- | --- | --- |
| 1 | 人员费用 | 用工人数 |
| 2 | 燃料 | 处理的液量、供水量 |
| 3 | 维护及修理费 | 处理的液量、供水量 |
| 4 | 非生产费用 | 用工人数 |
| 5 | 电费 | 处理的液量、供水量 |
| 6 | 材料费 | 处理的液量、供水量 |
| 7 | 折旧折耗费 | 处理的液量、供水量 |
| 8 | 其他费用 | 处理的液量、供水量 |

天然气处理工艺涉及的天然气处理工艺、凝液处理工艺、辅助工艺的。具体工艺成本节点及动因分析分别见表5-8、表5-9、表5-10。

表 5-8 天然气处理工艺

| 工艺名称 | | 原理 | 成本因素 |
|---|---|---|---|
| 脱水工艺 | 低温分离 | 通过将天然气冷却,使其中大部分水蒸气冷凝出来 | 设备维护 |
| | 固体吸附 | 利用固体干燥剂对水蒸气的吸附能力,将天然气中的水蒸气吸附下来 | 设备维护 |
| | 溶剂吸收 | 利用溶剂或溶液对水蒸气的吸收能力,将天然气中的水蒸气吸收下来 | 设备维护 |
| 制冷工艺 | 膨胀冷却 | 利用天然气本身压力节流膨胀而降温,使部分水蒸气冷却凝析出来。膨胀降温时为防止冻结,应在节流降温前注入乙二醇或二甘醇 | 设备维护 |
| | 加压后冷却 | 将天然气(一般指压力较低的天然气)加压后再冷却。由于天然气的含水量随压力的升高而降低,随温度降低而降低,经加压、冷却后,天然气中的水蒸气就凝结为液态水析出 | 设备维护 |
| | 冷剂制冷 | 利用冷剂膨胀吸热的原理降低天然气温度。冷却后,天然气中的水蒸气就凝结为液态水析出 | 设备维护 |
| 防冻工艺 | 乙二醇防冻 | 乙二醇无毒,沸点比甲醇高得多,蒸发损失量小,一般也可以重复使用,适合于天然气处理量大的场站 | 设备维护,乙二醇损耗 |

表 5-9 凝液处理工艺

| 工艺名称 | | 原理 | 成本因素 |
|---|---|---|---|
| 凝液回收 | 低温分离 | 利用原料气中各组分冷凝温度不同的特点,在逐步降温过程中,将沸点较高的烃类冷凝分离出来 | 设备维护 |
| | 吸附工艺 | 所谓吸附分离法,是利用某种团体吸附剂,如活性氧化铝或活性炭,选择性地吸附气体混合物中的某个组分(吸附质),随后再使之从吸附剂上脱附,从而达到分离的目的 | 设备维护 |
| | 冷油吸收 | 低温油吸收法是将处理的气体和吸收油冷冻至0~40℃,以回收更多的包括乙烷在内的烃类 | 设备维护 |
| 凝液处理 | 闪蒸分离分馏稳定技术 | 利用凝析油中轻、重组分挥发度不同的原理,使轻组分率先挥发 | 设备维护 |

表 5-10 辅助工艺

| 工艺名称 | 原理 | 成本因素 |
|---|---|---|
| 污水处理 | 污水处理工艺主要采用微生物处理及植物修复技术,均是利用生物的新陈代谢降解水中的污染物,目前均处于实验研究阶段 | 设备投入 |
| 防腐工艺 | 地面腐蚀监测主要采用挂片失重、电阻探针和超声波测厚法,防护主要采用阴极保护、涂层及耐蚀材料防腐 | 设备投入 材料消耗 |
| 保温工艺 | 目前各气田使用的保温材料种类较多,没有形成统一的工艺保温模式。通过对比分析,建议采气管线使用聚氨酯泡沫,保冷设备管线采用橡塑海绵,并应规范电热带的使用,保证安全生产的同时降低生产能耗 | 材料消耗 |

## 第五节 基本运行维护保障成本节点及动因分析

### 一、工艺流程成本节点及动因分析

目前采气厂地面工程在正常运行过程中发生的费用主要是地面检修工程费用支出，其次则包括日常气田保驾维修。地面检修项目主要包括工艺设备、电气、仪表、基础设施。在该工艺流程中，成本主要为进行项目检修的费用。

1. 工艺设备检修

工艺设备类检修主要包括加热炉、压力容器、乙二醇再生装置、工艺管线改造等检修项目。

1）压力容器清洗检修

压力容器检修主要包括段塞流捕集器、生产分离器、闪蒸分离器、换热器、富液罐、贫液罐、出口分离器及入口分析器等压力容器，其成本节点动因分析见表5-11。

表5-11 压力容器成本节点动因分析表

| 序号 | 产生的成本项目 | 计算公式 | 动因 | 依据 |
|---|---|---|---|---|
| 1 | 段塞流捕集器 | 工程量 × 单位定额 | 材料资源库 | 《压力容器定期检验规则》与《天然气开发管理纲要》 |
| 2 | 生产分离器 | 工程量 × 单位定额 | | |
| 3 | 一级闪蒸分离器 | 工程量 × 单位定额 | | |
| 4 | 二级闪蒸分离器 | | | |
| 5 | 低温分离器 | | | |
| 6 | 换热器 | 工程量 × 单位定额 | | |
| 7 | 富液罐 | | | |
| 8 | 贫液罐 | 工程量 × 单位定额 | | |
| 9 | 液烃醇分离器 | 工程量 × 单位定额 | | |
| 10 | 出口分离器 | 工程量 × 单位定额 | | |
| 11 | 入口分析器 | （1）工程量 × 单位定额<br>（2）工程量 = 人数 × 系数 | | |
| 12 | 三相分离器 | | | |
| 13 | 重沸器 | | | |

2）乙二醇再生装置压力容器

乙二醇再生装置压力容器成本动因节点分析见表5-12和表5-13。

表 5-12 乙二醇再生装置检修明细

| 序号 | 产生的成本项目 | 单位 | 计算公式 | 动因 | 依据 | 备注 |
|---|---|---|---|---|---|---|
| 1 | 再生塔（DN200）整体拆除 | 座 | 工程量 × 单位定额 | 材料资源库 | 《压力容器定期检验规则》与《天然气开发管理纲要》 | 此表连接检修节点调查表 |
| 2 | 再生塔（DN200）封头拆除 | 座 | 工程量 × 单位定额 | | | |
| 3 | 再生塔（DN200）场（内外）拉运 | 座 | 工程量 × 单位定额 | | | |
| 4 | 再生塔（DN200）填料拆除 | m³ | 工程量 × 单位定额 | | | |
| 5 | 再生塔（DN200）塔盘拆除清理 | 座 | 工程量 × 单位定额 | | | |
| 6 | 再生塔（DN200）塔内壁清理 | 座 | 工程量 × 单位定额 | | | |
| 7 | 再生塔（DN200）填料安装 | m³ | 工程量 × 单位定额 | | | |
| 8 | 再生塔（DN200）塔盘安装 | 座 | 工程量 × 单位定额 | | | |
| 9 | 再生塔（DN200）封头安装 | 座 | 工程量 × 单位定额 | | | |
| 10 | 再生塔（DN200）整体安装 | 座 | 工程量 × 单位定额 | | | |
| 11 | 2011 年油田公司零工 | 个 | | | | |

表 5-13 更换注醇泵

| 序号 | 产生的成本项目 | 单位 | 计算公式 | 动因 | 依据 | 备注 |
|---|---|---|---|---|---|---|
| 1 | 单级离心泵及离心式耐腐蚀泵安装，设备重量为 0.5t | 台 | 工程量 × 单位定额 | | | |
| 2 | 高压管道法兰阀门拆除，DN25 | 个 | 工程量 × 单位定额 | | | |
| 3 | 低压阀门安装，法兰阀门，DN25 以内 | 个 | 工程量 × 单位定额 | | | |
| 4 | 高压法兰安装，碳钢对焊法兰（电弧焊），DN25 以内 | 付 | 工程量 × 单位定额 | | | |
| 5 | 管线动火联头，DN100 以内 | 处 | 工程量 × 单位定额 | | | |
| 6 | 户外接地母线敷设，200mm² 以内 | 10m | 工程量 × 单位定额 | | | |
| 7 | 裸铜编织线 TZX-16-19×7×1/0.68 | t | 工程量 × 单位定额 | | | |

3）加热炉

加热炉检修项目一般包括加装测试孔和炉窑整改。详细检修明细见表 5-14、表 5-15。

表5-14 加热炉加装测试孔

| 序号 | 产生的成本项目 | 单位 | 计算公式 | 动因 | 依据 | 备注 |
|---|---|---|---|---|---|---|
| 1 | 低压管道安装，碳钢管（电弧焊），DN80以内 | 10m | 工程量×单位定额 | 材料资源库 | 油田定额系统 | 此表连接检修节点调查表 |
| 2 | 无缝钢管，83×4～133×25 | t | 工程量×单位定额 | | | |
| 3 | 低压法兰安装，碳钢平焊法兰（电弧焊），DN80以内 | 付 | 工程量×单位定额 | | | |
| 4 | 平焊法兰，PN2.5MPa，DN80 | 片 | 工程量×单位定额 | | | |
| 5 | 法兰盖，PN2.5MPa，DN80 | 片 | 工程量×单位定额 | | | |
| 6 | 精制六角头螺栓综合 | kg | 工程量×单位定额 | | | |
| 7 | 六角螺母综合 | kg | 工程量×单位定额 | | | |
| 8 | 聚四氟乙烯垫片，80×3 | 只 | 工程量×单位定额 | | | |
| 9 | 管道保温层拆除，DN400以内 | m³ | 工程量×单位定额 | | | |
| 10 | 铁皮、保温钉拆除 拆除铁皮 | 10m² | 工程量×单位定额 | | | |
| 11 | 动力工具除锈，金属面，轻锈 | 10m² | 工程量×单位定额 | | | |
| 12 | 管道刷油，防锈漆，第一遍 | 10m² | 工程量×单位定额 | | | |
| 13 | 管道刷油，防锈漆，第二遍 | 10m² | 工程量×单位定额 | | | |
| 14 | 管道刷油，银粉漆，第一遍 | 10m² | 工程量×单位定额 | | | |
| 15 | 毡类制品安装，管道，$\phi$426mm以下 | m³ | 工程量×单位定额 | | | |
| 16 | 岩棉毡 | m³ | 工程量×单位定额 | | | |
| 17 | 金属保温盒、托盘、钉钩制安，金属薄板钉口安装，管道 | 10m² | 工程量×单位定额 | | | |
| 18 | 镀锌薄钢板，0.5～2 | t | 工程量×单位定额 | | | |

表5-15 加热炉炉窑整改

| 序号 | 产生的成本项目 | 单位 | 计算公式 | 动因 | 依据 | 备注 |
|---|---|---|---|---|---|---|
| 1 | 白色硅酸盐水泥 | t | 工程量×单位定额 | 材料资源库 | 油田定额系统 | 此表连接检修节点调查表 |
| 2 | 的士头客货车 | 元/(车·小时) | 工程量×单位定额 | | | |
| 3 | 2011年油田公司零工 | 个 | 工程量=人数×系数 | | | |

4）工艺管线改造及标识

单井工艺管线改造产生成本的项目基本相同，本课题依据DX1824井工艺管线改造所产生成本的项目，做出单井工艺管线改造及管线标识成本明细及动因分析表，见表5-16、表5-17。

### 表 5–16　DX1824 井工艺管线改造

| 序号 | 产生的成本项目 | 单位 | 动因 | 依据 | 备注 |
|---|---|---|---|---|---|
| 1 | 人工开挖沟槽，沟槽为一、二类土，深度为 2m 以内 | 100m³ | | | |
| 2 | 土方回填，打夯、平整场地，回填土，松填 | 100m³ | | | |
| 3 | 不锈钢工艺管道拆除（高压），DN50 以内 | 10m | | | |
| 4 | 高压管道安装，不锈钢管（氩电联焊），DN50 以内 | 10m | | | |
| 5 | 管道支架制作安装，一般管架为 20kg 以内 | 100kg | | | |
| 6 | 无缝钢管，52×3～76×12 | t | | | |
| 7 | 无缝钢管，83×4～133×25 | t | | | |
| 8 | 法兰换垫，DN65 | 付 | | | |
| 9 | 轮式装载机，3m³ | 台班 | 材料资源库 | 油田定额系统 | 此表连接检修节点调查表 |
| 10 | 管道支架制作安装，一般管架 100kg 以内 | 100kg | | | |
| 11 | 中厚钢板，6～7 | t | | | |
| 12 | 小圆钢，10～14 | t | | | |
| 13 | 网门合页 | 付 | | | |
| 14 | 手工除锈，钢结构轻锈 | 100kg | | | |
| 15 | 钢结构，防锈漆第一遍 | 100kg | | | |
| 16 | 钢结构，防锈漆第二遍 | 100kg | | | |
| 17 | 钢结构，调合漆第一遍 | 100kg | | | |
| 18 | 钢结构，调合漆第二遍 | 100kg | | | |
| 19 | 人工挖土方，深度为 1.5m 以内一、二类土 | 100m³ | | | |
| 20 | 人工运土方，运距为 50m 以内 | 100m³ | | | |
| 21 | 人工运土方，500m 内每增加 50m | 100m³ | | | |
| 22 | 人工装土 | 100m³ | | | |

### 表 5–17　管线标识

| 序号 | 产生的成本项目 | 单位 | 计算公式 | 动因 | 依据 | 备注 |
|---|---|---|---|---|---|---|
| 1 | 零工 | 个 | （1）工程量 × 单位定额<br>（2）工程量 = 人数 × 系数 | 材料资源库 | 油田定额系统 | 此表连接检修节点调查表 |
| 2 | 电焊工程车 | 台班 | 工程量 × 单位定额 | | | |

2. 电气检修

1）低压配电柜检修

低压配电柜检修成本动因分析表见表5-18。

表5-18 低压配电柜检修

| 序号 | 产生的成本项目 | 单位 | 计算公式 | 动因 | 依据 | 备注 |
|---|---|---|---|---|---|---|
| 1 | 配电屏低压开关柜安装 | 台 | 工程量×单位定额 | 材料资源库 | 油田定额系统 | 此表连接检修节点调查表 |
| 2 | 控制开关安装，空气开关电动 | 个 | 工程量×单位定额 | | | |
| 3 | 控制开关安装，接触器、磁力启动器 | 个 | 工程量×单位定额 | | | |
| 4 | 控制开关安装，空气开关手动 | 个 | 工程量×单位定额 | | | |
| 5 | 互感器安装，电流互感器（1kV以下） | 台 | 工程量×单位定额 | | | |
| 6 | 母线调试，1kV以下 | 段（组） | 工程量×单位定额 | | | |
| 7 | 电容器调试，1kV以下 | 组（系统） | 工程量×单位定额 | | | |
| 8 | 电缆试验，泄漏电流（根次） | 点（根，次） | 工程量×单位定额 | | | |
| 9 | 电气仪表安装，测量表计 | 个 | 工程量×单位定额 | | | |
| 10 | 电气仪表安装，测量表计 | 个 | 工程量×单位定额 | | | |
| 11 | 送配电设备系统调试，交流系统（1kV以下） | 系统 | 工程量×单位定额 | | | |
| 12 | 接地系统，接地装置测试 | 组 | 工程量×单位定额 | | | |

2）电热带检修

电热带检修成本动因分析见表5-19。

表5-19 电热带检修

| 产生的成本项目 | 单位 | 计算公式 | 动因 | 依据 | 备注 |
|---|---|---|---|---|---|
| 仪表设备与管路拌热，电拌热带拌热电缆 | 20m | 工程量×单位定额 | 材料资源库 | 油田定额系统 | 此表连接检修节点调查表 |

3）电缆检修

电缆检修成本动因分析见表5-20。

表 5-20 电缆检修

| 序号 | 产生的成本项目 | 单位 | 计算公式 | 动因 | 依据 | 备注 |
|---|---|---|---|---|---|---|
| 1 | 电缆试验，故障点测试 | 点（根，次） | 工程量 × 单位定额 | 材料资源库 | 油田定额系统 | 此表连接检修节点调查表 |
| 2 | 电缆拆除（不分电压等级），电缆截面为 35mm² 以内 | 100m | 工程量 × 单位定额 | | | |
| 3 | 铜芯电缆水平敷设，截面为 35mm² 以内 | 100m | 工程量 × 单位定额 | | | |
| 4 | 交联电力电缆，YJV22-3×6+1×4-0.6/1kV | km | 工程量 × 单位定额 | | | |
| 5 | 户外干包式电缆头制作安装，1kV 以下，截面为 35mm² | 个 | 工程量 × 单位定额 | | | |
| 6 | 钢管敷设，砖、混凝土结构明配，钢管 DN32 | 100m | 工程量 × 单位定额 | | | |
| 7 | 低压流体输送用镀锌焊接钢管，42.4×3.0～42.4×4.0 | t | 工程量 × 单位定额 | | | |
| 8 | 接线盒安装，明装，防爆接线盒 | 10个 | 工程量 × 单位定额 | | | |
| 9 | 防爆隔离密封盒，MBG-32LF1 | 只 | 工程量 × 单位定额 | | | |
| 10 | 防爆接线盒，AH-3/32F1B | 个 | 工程量 × 单位定额 | | | |
| 11 | 尾端 ET | 只 | 工程量 × 单位定额 | | | |
| 12 | 电缆试验，泄漏电流 | 点（根，次） | 工程量 × 单位定额 | | | |

4）装车鹤管检修

装车鹤管检修成本动因分析见表 5-21。

表 5-21 装车鹤管检修

| 序号 | 产生的成本项目 | 单位 | 计算公式 | 动因 | 依据 | 备注 |
|---|---|---|---|---|---|---|
| 1 | 分析柜、室及附件安装，分析柜安装 | 台 | 工程量 × 单位定额 | 材料资源库 | 油田定额系统 | 此表连接检修节点调查表 |
| 2 | 电磁阀调试，双向 | 台 | 工程量 × 单位定额 | | | |
| 3 | 小规模（PLC）调试，过程控制 I/O 点在 24 点以下 | 套 | 工程量 × 单位定额 | | | |
| 4 | 小型交流异步电动机检查接线，功率为 3kW 以下 | 台 | 工程量 × 单位定额 | | | |
| 5 | 信号报警装置安装，智能闪光报警装置（1 回路或 1 点以下） | 套 | 工程量 × 单位定额 | | | |
| 6 | 电动单元组合仪表安装，变送单元，插入式安装液位变送器 | 台 | 工程量 × 单位定额 | | | |

5）其他电气检修

其他电气检修成本动因分析见表5-22。

表5-22 其他电气检修

| 序号 | 产生的成本项目 | 单位 | 计算公式 | 动因 | 依据 | 备注 |
|---|---|---|---|---|---|---|
| 1 | 接线盒安装，明装防爆接线盒，例如拆除检查首尾端 | 10个 | 工程量×单位定额 | 材料资源库 | 油田定额系统 | 此表连接检修节点调查表 |
| 2 | 接线盒安装，明装防爆接线盒，例如恢复安装首尾端 | 10个 | 工程量×单位定额 | | | |
| 3 | 接线盒安装，明装防爆接线盒，例如站区接线盒封口 | 10个 | 工程量×单位定额 | | | |
| 4 | 安全监视与控制装置安装，火焰监视器，例如检修测试 | 套 | 工程量×单位定额 | | | |
| 5 | 自动点火装置安装，例如检修测试 | 套 | 工程量×单位定额 | | | |
| 6 | 导线架设，钢芯铝导线，截面为95$mm^2$以内 | 1000m/单 | 工程量×单位定额 | | | |
| 7 | 电杆组立，混凝土电杆相距11m以内 | 根 | 工程量×单位定额 | | | |
| 8 | 横担安装，10kV铁横担，单杆 | 组 | 工程量×单位定额 | | | |
| 9 | 横担安装，10kV铁横担，双杆 | 组 | 工程量×单位定额 | | | |
| 10 | 绝缘子安装，10kV，户外支持绝缘子，1孔 | 10个 | 工程量×单位定额 | | | |
| 11 | 绝缘子安装，10kV，户外支持绝缘子，1孔 | 10个 | 工程量×单位定额 | | | |
| 12 | 绝缘子安装，10kV以下，悬式绝缘子（串） | 10个 | 工程量×单位定额 | | | |

3. 仪表检修

1）单井仪表检修

单井仪表检修成本动因分析见表5-23。

表5-23 单井仪表检修

| 序号 | 产生的成本项目 | 单位 | 计算公式 | 动因 | 依据 | 备注 |
|---|---|---|---|---|---|---|
| 1 | 免维护铅酸蓄电池安装，蓄电池电压/容量120V/100A·h | 组/件 | 工程量×单位定额 | 材料资源库 | 油田定额系统 | 此表连接检修节点调查表 |
| 2 | 免维护铅酸蓄电池安装，蓄电池电压/容量120V/100A·h | 组/件 | 工程量×单位定额 | | | |

续表

| 序号 | 产生的成本项目 | 单位 | 计算公式 | 动因 | 依据 | 备注 |
|---|---|---|---|---|---|---|
| 3 | 蓄电池充放电，220V以下蓄电池组，容量为100A·h以下 | 组 | 工程量×单位定额 | 材料资源库 | 油田定额系统 | 此表连接检修节点调查表 |
| 4 | 分析柜、分析室及附件安装 | 台 | 工程量×单位定额 | | | |
| 5 | 仪表供电系统安装测试，不间断电源调试，10kV·A | 套 | 工程量×单位定额 | | | |
| 6 | 电缆试验，故障点测试 | 点（根，次） | 工程量×单位定额 | | | |

2）其他仪表检修

其他仪表检修成本动因分析见表5-24、表5-25。

表5-24 其他仪表检修（一）

| 序号 | 产生的成本项目 | 单位 | 计算公式 | 动因 | 依据 | 备注 |
|---|---|---|---|---|---|---|
| 1 | 智能涡街流量计安装/拆除 | 台 | 工程量×单位定额 | 材料资源库 | 油田定额系统 | 此表连接检修节点调查表 |
| 2 | 智能涡街流量计安装 | 台 | 工程量×单位定额 | | | |
| 3 | 变送单元安装，浓度变送器 | 台 | 工程量×单位定额 | | | |
| 4 | 中规模（DCS）调试，控制单元（32回路以下） | 套 | 工程量×单位定额 | | | |
| 5 | 集散系统中规模（DCS）调试，基本操作站 | 套 | 工程量×单位定额 | | | |
| 6 | 中规模（DCS）调试，复合多功能操作站 | 套 | 工程量×单位定额 | | | |
| 7 | 集散系统中规模（DCS）调试，32个数据采集/监控单元 | 套 | 工程量×单位定额 | | | |
| 8 | 操作站及数据通信网络调试，数据通道为高速 | 套 | 工程量×单位定额 | | | |
| 9 | 直接数字控制系统（DDC）调试，控制回路为64回路以下 | 套 | 工程量×单位定额 | | | |
| 10 | 集散系统中规模（DCS）调试，基本操作站 | 套 | 工程量×单位定额 | | | |
| 11 | 集散系统中规模（DCS）调试，复合多功能操作站 | 套 | 工程量×单位定额 | | | |
| 12 | 过程I/O组件调试，摸拟量 | 点 | 工程量×单位定额 | | | |
| 13 | 过程I/O组件调试，数字量 | 8点 | 工程量×单位定额 | | | |

表 5-25 其他仪表检修（二）

| 序号 | 产生的成本项目 | 单位 | 动因 | 依据 | 备注 |
|---|---|---|---|---|---|
| 1 | 物位检测仪表安装，磁浮子液位标尺（测量范围）为 6M 以下，定额号为 3-1239 换 B×0.0 | 台 | 材料资源库 | 油田公司定额系统 | 单位定额数据近三年稳定 |
| 2 | 物位检测仪表安装，磁浮子液位标尺（测量范围）为 6M 以下，定额号为 3-1239 | 台 | | | |
| 3 | 物位检测仪表安装，可编程雷达/超声波物位计 | 台 | | | |
| 4 | 物位检测仪表安装，智能多功能储罐液位计，定额号为 3-1245 换 B×0.0 | 台 | | | |
| 5 | 物位检测仪表安装，智能多功能储罐液位计，定额号为 3-1245 | 台 | | | |
| 6 | 执行仪表安装，安装智能调节阀 | 台 | | | |
| 7 | 执行仪表安装，安装工艺电磁阀 | 台 | | | |
| 8 | 电动单元组合仪表安装，变送单元智能差压变送器，定额号为 3-1290 换 B×0.0 | 台 | | | |
| 9 | 电动单元组合仪表安装，变送单元智能差压变送器，定额号为 3-1290 | 台 | | | |
| 10 | 电动单元组合仪表安装，变送单元，插入式安装液位变送器，定额号为 3-1287 换 B×0.0 | 台 | | | |
| 11 | 电动单元组合仪表安装，变送单元，插入式安装液位变送器，定额号为 3-1287 | 台 | | | |
| 12 | 电动单元组合仪表安装，辅助单元，电/气阀门定位器 | 台 | | | |
| 13 | 电动单元组合仪表安装，变动单元，一体化温差变送器，定额号为 3-1281 换 B×0.0 | 台 | | | |
| 14 | 电动单元组合仪表安装，变动单元，一体化温差变送器，定额号为 3-1281 | 台 | | | |

4. 保温

保温检修成本动因分析见表 5-26。

表 5-26 保温检修

| 序号 | 产生的成本项目 | 单位 | 计算公式 | 动因 | 依据 | 备注 |
|---|---|---|---|---|---|---|
| 1 | 铁皮、保温钉拆除 拆除铁皮 | 10m² | 工程量×单位定额 | 材料资源库 | 油田定额系统 | 此表连接检修节点调查表 |
| 2 | 旧罐壁保温层、防腐层拆除 保温层 | m³ | 工程量×单位定额 | | | |
| 3 | 焊缝打磨，除漆打磨 | m | 工程量×单位定额 | | | |

续表

| 序号 | 产生的成本项目 | 单位 | 计算公式 | 动因 | 依据 | 备注 |
|---|---|---|---|---|---|---|
| 4 | 设备与矩形管刷油，防锈漆，第一遍 | 10m² | 工程量×单位定额 | 材料资源库 | 油田定额系统 | 此表连接检修节点调查表 |
| 5 | 设备与矩形管刷油，防锈漆，第二遍 | 10m² | 工程量×单位定额 | | | |
| 6 | 毡类制品安装，设备，卧式 | m³ | 工程量×单位定额 | | | |
| 7 | 憎水型弹性复合硅酸盐毡 | m³ | 工程量×单位定额 | | | |
| 8 | 金属保温盒、托盘、钉钩制安，金属薄板钉口安装，设备 | 10m² | 工程量×单位定额 | | | |
| 9 | 镀锌薄钢板，0.5～2 | t | 工程量×单位定额 | | | |
| 10 | 管道保温层拆除，DN100以内 | m³ | 工程量×单位定额 | | | |
| 11 | 管道保温层拆除，DN200以内 | m³ | 工程量×单位定额 | | | |
| 12 | 管道保温层拆除，DN300以内 | m³ | 工程量×单位定额 | | | |
| 13 | 管道保温层拆除，DN500以内 | m³ | 工程量×单位定额 | | | |
| 14 | 管道刷油，防锈漆，第一遍 | 10m² | 工程量×单位定额 | | | |
| 15 | 管道刷油，防锈漆，第二遍 | 10m² | 工程量×单位定额 | | | |
| 16 | 毡类制品安装，管道，$\phi$57mm以下 | m³ | 工程量×单位定额 | | | |
| 17 | 毡类制品安装，管道，$\phi$133mm以下 | m³ | 工程量×单位定额 | | | |
| 18 | 毡类制品安装，管道，$\phi$426mm以下 | m³ | 工程量×单位定额 | | | |
| 19 | 毡类制品安装，管道，$\phi$426mm以上 | m³ | 工程量×单位定额 | | | |
| 20 | 憎水型弹性复合硅酸盐毡 | m³ | 工程量×单位定额 | | | |
| 21 | 金属保温盒、托盘、钉钩制作安装，金属薄板钉口安装，管道 | 10m² | 工程量×单位定额 | | | |
| 22 | 人工开挖沟槽，沟槽为一、二类土，深度为2m以内 | 100m³ | 工程量×单位定额 | | | |
| 23 | 土方回填，打夯、平整场地、回填土，松填 | 100m³ | 工程量×单位定额 | | | |
| 24 | 气喷涂漆酚硅、环氧酚醛重防腐漆、无机硅酸富锌漆，设备内壁底漆一遍，$\delta=35\mu m$ | 10m² | 工程量×单位定额 | | | |
| 25 | 环氧富锌底漆，H06-4 | 公斤 | 工程量×单位定额 | | | |
| 26 | 固化剂 | 公斤 | 工程量×单位定额 | | | |
| 27 | 稀释剂 | 公斤 | 工程量×单位定额 | | | |
| 28 | 硬质聚氨脂泡沫塑料绝热层补口补伤，聚乙烯热收缩套保护层，无缝钢管（单根），外径为89mm | 1000m | 工程量×单位定额 | | | |
| 29 | 热收缩套，$\phi$89mm+30mm | 只 | 工程量×单位定额 | | | |
| 30 | 盘、箱、柜安装，保护（温）箱安装 | 台 | 工程量×单位定额 | | | |
| 31 | 盘、箱、柜安装，保护（温）箱安装 | 台 | 工程量×单位定额 | | | |

5. 土建

土建主要包括园井改造、大门、平整场地、防沙护栏和围墙 5 个部分。

1）园井改造

园井改造成本动因分析见表 5-27。

表 5-27　园井改造

| 序号 | 产生的成本项目 | 单位 | 计算公式 | 动因 | 依据 | 备注 |
|---|---|---|---|---|---|---|
| 1 | M7.5 水泥砂浆砖砌检查井，矩形 | 10m³ | 工程量 × 单位定额 | 材料资源库 | | 此表连接检修节点调查表 |
| 2 | 墙面、墙裙抹水泥砂浆，14mm + 6mm，砖墙 | 100m² | 工程量 × 单位定额 | | | |
| 3 | 聚氨酯涂膜防水屋面 | 100m² | 工程量 × 单位定额 | | | |
| 4 | 爬式钢梯子 | t | 工程量 × 单位定额 | | | |
| 5 | 踏步式扶梯 | t | 工程量 × 单位定额 | | | |
| 6 | 其他钢结构制作安装 | t | 工程量 × 单位定额 | | | |
| 7 | 红丹防锈漆，一遍 | t | 工程量 × 单位定额 | | | |
| 8 | 调和漆，二遍，金属面 | t | 工程量 × 单位定额 | | | |
| 9 | 回填土，夯填 | 100m³ | 工程量 × 单位定额 | | | |
| 10 | 人工运土方，运距为 20m 以内 | 100m³ | 工程量 × 单位定额 | | | |
| 11 | 人工运土方，200m 以内每增加 20m | 100m³ | 工程量 × 单位定额 | | | |
| 12 | 现浇砼模板，混凝土基础垫层，木模板 | 100m² | 工程量 × 单位定额 | | | |
| 13 | C15 混凝土垫层 | 10m³ | 工程量 × 单位定额 | | | |
| 14 | 水泥砂浆，加浆抹光随捣随抹，5mm | 100m² | 工程量 × 单位定额 | | | |
| 15 | M5.0 水泥砂浆砖基础 | 10m³ | 工程量 × 单位定额 | | | |
| 16 | 抹水泥砂浆，6mm + 14mm，零星项目 | 100m² | 工程量 × 单位定额 | | | |
| 17 | 芦苇固沙，1m × 1m | m² | 工程量 × 单位定额 | | | |

2）大门

大门成本动因分析见表 5-28。

表 5-28　大门

| 序号 | 产生的成本项目 | 单位 | 计算公式 | 动因 | 依据 | 备注 |
|---|---|---|---|---|---|---|
| 1 | 挖一、二类土，深度为 1.5m 以内 | 100m³ | 工程量 × 单位定额 | 材料资源库 | | 此表连接检修节点调查表 |
| 2 | 人工装自卸汽车运土方，1km | 100m³ | 工程量 × 单位定额 | | | |
| 3 | 人工装自卸汽车运土方，每增 1km | 100m³ | 工程量 × 单位定额 | | | |
| 4 | 回填土，夯填 | 100m³ | 工程量 × 单位定额 | | | |
| 5 | 灌水沉砂 | m² | 工程量 × 单位定额 | | | |
| 6 | 现浇砼模板，独立基础，组合钢模板，木支撑 | 100m² | 工程量 × 单位定额 | | | |
| 7 | $C_{20}$（砾石粒径为 20mm）现浇砼，独立基础，混凝土 | 10m³ | 工程量 × 单位定额 | | | |
| 8 | 刷 30:70 冷底子油，第一遍 | 100m² | 工程量 × 单位定额 | | | |
| 9 | 刷 30:70 冷底子油，第二遍 | 100m² | 工程量 × 单位定额 | | | |
| 10 | 沥青胶泥，8mm | 100m² | 工程量 × 单位定额 | | | |
| 11 | M5.0 水泥砂浆方砖柱，混水，周长在 1.8m 以内 | 10m³ | 工程量 × 单位定额 | | | |
| 12 | 外脚手架，钢管架，10m 以内，双排 | 100m² | 工程量 × 单位定额 | | | |
| 13 | 独立柱面，抹水泥砂浆，矩形砖柱 | 100m² | 工程量 × 单位定额 | | | |
| 14 | 喷（刷）刮涂料，外墙为 JH801 涂料，抹灰面 | m² | 工程量 × 单位定额 | | | |
| 15 | 铁栅门，带花饰 | t | 工程量 × 单位定额 | | | |
| 16 | 铁栅门安装 | 100m² | 工程量 × 单位定额 | | | |
| 17 | 调和漆，二遍，金属面 | t | 工程量 × 单位定额 | | | |
| 18 | 红丹防锈漆，一遍 | t | 工程量 × 单位定额 | | | |
| 19 | 大门五金配件，平开钢大门 | 樘 | 工程量 × 单位定额 | | | |

3）平整场地

平整场地成本动因分析见表 5-29。

表 5-29　平整场地

| 序号 | 产生的成本项目 | 单位 | 计算公式 | 动因 | 依据 | 备注 |
|---|---|---|---|---|---|---|
| 1 | M5.0水泥砂浆，砾（碎）石灌浆垫层 | 10m³ | 工程量×单位定额 | 材料资源库 | 油田定额系统 | 此表连接检修节点调查表 |
| 2 | 水泥花砖，楼地面 | m² | 工程量×单位定额 | | | |

4）彩钢板防沙护栏

彩钢板防沙护栏成本动因分析见表 5-30。

表 5-30　彩钢板防沙护栏

| 序号 | 产生的成本项目 | 单位 | 计算公式 | 动因 | 依据 | 备注 |
|---|---|---|---|---|---|---|
| 1 | 钢墙架 | t | 工程量×单位定额 | 材料资源库 | 油田定额系统 | 此表连接检修节点调查表 |
| 2 | 彩钢瓦楞板 | m² | 工程量×单位定额 | | | |

5）围墙

围墙成本动因分析见表 5-31。

表 5-31　围墙

| 序号 | 产生的成本项目 | 单位 | 计算公式 | 动因 | 依据 | 备注 |
|---|---|---|---|---|---|---|
| 1 | 挖一、二类土，深度为1.5m以内 | 100m³ | 工程量×单位定额 | 材料资源库 | 油田定额系统 | 此表连接检修节点调查表 |
| 2 | 人工装自卸汽车运土方，1km | 100m³ | 工程量×单位定额 | | | |
| 3 | 人工装自卸汽车运土方，每增1km | 100m³ | 工程量×单位定额 | | | |
| 4 | 回填土，夯填 | 100m³ | 工程量×单位定额 | | | |
| 5 | 灌水沉沙 | m² | 工程量×单位定额 | | | |
| 6 | 现浇砼模板，杯型基础 组合钢模板，木支撑 | 100m² | 工程量×单位定额 | | | |
| 7 | $C_{20}$现浇砼，杯型基础 | 10m³ | 工程量×单位定额 | | | |
| 8 | 刷30∶70冷底子油，第一遍 | 100m² | 工程量×单位定额 | | | |
| 9 | 刷30∶70冷底子油，第二遍 | 100m² | 工程量×单位定额 | | | |
| 10 | 沥青胶泥，8mm | 100m² | 工程量×单位定额 | | | |
| 11 | 预制砼模板，围墙柱，木模板 | 10m³ | 工程量×单位定额 | | | |
| 12 | $C_{25}$预制砼，矩形柱 | 10m³ | 工程量×单位定额 | | | |
| 13 | $C_{25}$构件接头灌缝，柱体积为3m³以内 | 10m³ | 工程量×单位定额 | | | |
| 14 | 柱安装，每根构件体积为10m³以内，轮胎式起重机 | 10m³ | 工程量×单位定额 | | | |
| 15 | 3类预制混凝土构件，运输，运距为5km以内 | 10m³ | 工程量×单位定额 | | | |

续表

| 序号 | 产生的成本项目 | 单位 | 计算公式 | 动因 | 依据 | 备注 |
|---|---|---|---|---|---|---|
| 16 | 预制构件，热扎光圆钢筋，$\phi$12mm，绑扎 | t | 工程量×单位定额 | 材料资源库 | 油田定额系统 | 此表连接检修节点调查表 |
| 17 | 箍筋，$\phi$6.5mm | t | 工程量×单位定额 | | | |
| 18 | 型钢铁栅栏围墙 | t | 工程量×单位定额 | | | |
| 19 | 红丹防锈漆，一遍 | t | 工程量×单位定额 | | | |
| 20 | 调和漆，二遍，金属面 | t | 工程量×单位定额 | | | |

## 二、生产管理成本节点及动因分析

从采气厂发生成本的角度考虑，生产管理成本主要包括人员薪酬类、生产运行类、生产技术类、安全环保类及办公类等费用。

### 1. 生产运行类

生产运行类主要包括一般维修费、气田维修保驾费、气田应急费、暖气费、运费、计量检测费、化验分析费、通信费等，具体调研明细见表5-32。

表5-32 生产运行类成本表

| 产生的成本项目 | 成本明细 | 依据 | 备注 |
|---|---|---|---|
| 一般修理费 | 变频、软启动器维护 | 合同 | 固定费用 |
| | 厂部电气维护 | 合同 | 按实际量算 |
| | 厂部基础设施维护 | | |
| | 空调及小家电维修 | 合同 | |
| | 暖气维护保驾 | | 固定费用 |
| | 单井直流供电系统维护 | | 固定费用 |
| | 玛河、盆5高压预防性试验 | | |
| 气田维修保驾 | 盆5燃气电站保驾 | | 固定费用 |
| | 公寓动力站保驾 | | 固定费用 |
| | 气田保驾（电气部分） | | |
| 气田应急费用 | 应急抢险费 | 每年固定额 | 固定费用 |
| 暖气费 | 暖气费 | | 单价×实际用热面积×实际用热时间 |
| 运费 | 运输费用 | 乙方公司 | 见运输定额单 |
| 计量检测费 | | | 监督站负责 |
| 化验分析费 | | | |
| 通信费 | 通信费 | 根据级别定额 | |

## 2. 生产技术类

生产技术类成本主要包括科研试验费、外部加工费及设备维修报驾费等,具体费用明细见表5-33。

表5-33 生产技术类

| 产生的成本项目 | 成本动因 | 成本明细 | 依据 |
| --- | --- | --- | --- |
| 外部加工费 |  | 油气田生产零配件加工及维修 | 行业标准 |
| 设备维修保驾费 |  | 抽油机维护 | 《抽油机的使用与维护规程》《游梁式抽油机操作规程》《抽油机安装、保养与维修管理细则》《抽油机安装、维修保养监督管理条例》 |
|  | 设备、系统及网络的正常高效运行以及定期检查、故障诊断、性能优化、网络及系统的安全管理 | 计算机、外设及网络等设备设施维护 | 管理规定 |
|  | 保障油田设施正常运行 | 发电机维护 | 发供电行业标准、规范;燃气发电机组《运行及维护保养手册》《技术服务手册》,柴油发电机组《操作及维护手册》《往复式内燃机驱动的交流发电机组》 |
|  |  | 电动机大修 | 《电气预防性试验规程》(DL/T 596—1996)、《高、低压电机检修技术规范》 |
|  |  | UPS,EPS维修 | 管理规定 |
|  |  | 气田设备保驾 | 保养规程 |
|  |  | 行吊维护 | 《电动单梁起重机》(JB/T 1306—2008) |
|  |  | 车辆维修 | 行业标准 |
|  |  | 视频维护 |  |

## 3. 安全环保类

安全环保费主要包括防暑降温费、绿化费、财产保险费、安全设备检测费等,具体明细见表5-34。

表5-34 安全环保类

| 序号 | 产生的成本项目 | 成本明细 |
| --- | --- | --- |
| 1 | 防暑降温费 | 夏季清凉饮料 |
|  |  | 茶叶 |
|  |  | 防暑降温药 |
|  |  | 桶装饮用纯净水 |

续表

| 序号 | 产生的成本项目 | 成本明细 |
|---|---|---|
| 2 | 绿化费 | 绿化费 |
| 3 | 财产保险费 | 企业财产保险 |
| | | 机器损坏保险 |
| | | 机动车辆保险 |
| 4 | HSE 外审 | 外审费 |
| 5 | 安全设备检测费 | 可燃气体 |
| | | CO |
| | | $H_2S$ |
| | | $O_2$ |
| | | 接地电阻检测仪器 |

# 第六章　标准化工期及费用管理体系

## 第一节　标准化工期及费用概述

### 一、标准化工期概述

1. 标准化工期相关概念

工期,是反映工程项目实施进展情况的指标,一般情况下指建设一个工程或一个项目所经历的时间,包括从正式开工开始到全部建成结束。此外,为了完成工程项目实施中的各项任务,需消耗的劳动力、时间、材料和成本等也包含在工期当中。项目的实施进展情况应该以各项任务的完成情况来反映,主要以项目中的可交付成果的数量来表示。然而,作为一个特殊的对象,工程项目具有系统性和复杂性,要选定一个合理的、统一的指标整体全面地表示工程项目的工期具有较高的难度。项目工期管理生命周期痛苦曲线如图6-1所示。可以从痛苦曲线中看到,虽然做好详细且可行的进度计划令人痛苦,但会减少实施过程的痛苦。相反,如果没有合理制订进度计划,会在项目实施的过程中带来更多未预料到的困难,带来更多的痛苦,甚至可能项目不能进行下去。

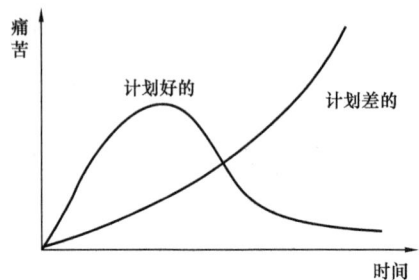

图 6-1　项目工期管理生命周期曲线

由于工期的长短直接影响着采油和运行工程项目的经济效益,并关系着项目部生产业务能力、年度计划的完成情况和总体经济效益的发挥,因此应对油气开采企业的项目进行标准化工期管理,把项目中的各项任务、实物工程的数量、工程项目成本、项目的劳动和材料消耗以及项目的各项资源等进行整合并有机地结合起来,形成一个在类似条件和环境下能反映项目实施状况的工期指标。油气开采企业标准化工期管理主要通过工期定额来实现。所谓工期定额,是指在社会正常条件和一定的经济水平、生产技术和自然条件下,实施并完成某一具体的工程项目所需要的平均天数,通常是国家或企业评价全优工程或工程建设速度的依据,也是编制施工计划和签订承包合同需主要考虑的因素。依据国家颁布的工程工期首先按照式(6-1)确定劳动定额和机械台班数量:

$$P = Q / S \qquad (6-1)$$

或

$$P = Q \times H \qquad (6-2)$$

式中　$P$——劳动量和机械台班的数量;

$Q$——完成某施工过程的工程量；
$S$——某施工过程所采用的产量定额；
$H$——某施工过程完成的时间定额。

再求出工期：

$$T = \frac{P}{R \times N} \tag{6-3}$$

式中　$R$——每班安排在某分部分项工程上施工机械台班或劳动人数；
　　　$N$——每天工作班次。

在按照工期定额确立项目工期的时候，应考虑项目的具体情况，并结合当时当地的情形。例如，当定额不一样时可以选取平均定额；而面对同一性质不同类型的分项工程，当工程量不同时，可以采用加权平均作为平均定额。

工期定额包括两个层次：建设工期定额和施工工期定额。

建设工期是指工程项目从开工建设算起到全部建成交付使用时停止所经历的时间，但因为决策失误而停止或者暂缓建设所延误的时间除外，一般以月数或天数表示。因不可抗力因素，如重大的自然灾害或者对项目进行重大设计变更造成的停工，经过一定的程序后可顺延工期。而施工工期包含在建设工期内，指的是正式开工到完成全部施工内容并且国家验收通过所经历的时间，一般用天数表示。

2. 标准化工期的确定的意义和要求

企业的最终目的是盈利，因此都希望在保证质量的基础上，用较低的成本和较短的建设工期完成工程项目，油气开采企业也不例外。在施工的时候尽可能提高施工速度，缩短工期，不仅有利于面对市场竞争，企业也会获得更大的经济效益。

标准化工期的确定必须要合理可行，进度计划的实现需要有效的投入和标准的管理。如何确定标准化工期，是企业的一个复杂工程。企业应根据自身的实际情况，依靠科技手段，比如计算机信息手段等，实现工期的标准化。标准化工期的确定要遵循两个基本要求：

（1）质量要求。很多项目为了缩短工期，一味地加快施工速度，而忽略了质量。因此，标准化工期的确定一定要确保质量符合国家标准。要始终记住"质量第一"。

（2）安全要求。安全管理是项目施工过程中非常重要的事情。在进行进度计划时，要充分考虑到作业人员的疲惫程度和安全措施的保障。

## 二、标准化费用含义

标准化费用是把生产过程的前、中、后期所对应的事前计划、事中控制和事后计算分析进行有机结合后，采油和运行工程项目施工和管理过程中所耗费的生产资料和劳动者所创造的价值的货币形式，综合地反映了工程项目中的全部费用。标准化费用包括了人工、材料等直接费用，也包括施工管理等间接费用，具体内容如图6-2所示。

标准化费用可以用于控制成本。正常和即期的标准化费用应当制订得合理、恰当。如果费用标准过高，员工难以实现，那么会在一定程度上打击员工的积极性；相反，如果费用标准过低会导致低效率和浪费，以及员工的懈怠，对总体的经济效益会产生不良的影响。因此，标准化费用需要反映相同和类似条件下采油和运行工程项目应达到的成本水平，并作为衡量成本的尺度，以提高决策的科学性和有效性。

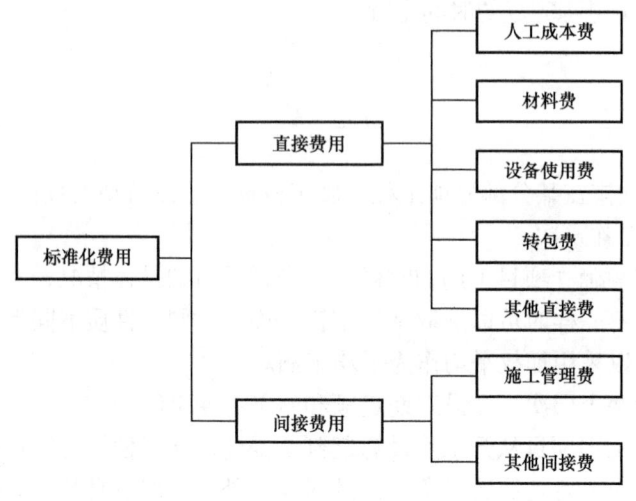

图6-2　标准化费用构成

## 第二节　标准化工期及费用的影响因素

### 一、标准化工期的影响因素

采油和运行工程项目具有规模大、运行复杂和周期长等特点，因此在工程项目的实施过程中，影响工期的因素也较多，主要有以下几种：

（1）主观因素。

① 标准化的设计。

标准化的设计是标准化工期的重要影响因素。在采油和运行工程的施工过程中，若是原图纸有误、不合理、或者之前没有考虑到异常的地质环境情况，此时必须经由设计方重新加以更改，有时可能增加或减少某些部分的设计，工期必然会受到影响。因此，想要达成标准化的工期管理，必然要先做好标准化的设计工作。

② 标准化资源配置。

标准化的人力、物力、材料、设备等资源配置和供应是影响标准化工期的又一重要因素。采油和运行工程施工过程中的建材、机械设备，如果不能及时供应并按期抵达现场，或者机械设备等的技术指标达不到设定的标准，那么肯定会在一定程度上影响进度，拖累工期。

③ 标准化工序、施工工艺。

施工工序和工艺的标准化可以为标准化工期提供保障。如果事先没有考虑某些技术和工艺的困难，以及低估了解决困难的需要，既定的工期计划必然会受到影响，进而阻碍标准化工期的进行。

④ 标准化费用定额。

当前的项目管理过程中，因资金不到位而影响工程项目质量和进度的现象普遍存在。在采油和运行工程项目的进展过程中，标准化的费用定额也是项目顺利进行的必要保障。

如果是施工方不按照计划开工而导致资金短缺，监理工程师可以命令其停止施工或不签署相关的付款凭证。

（2）客观因素。

① 自然灾害。

如果发生不可预料的自然灾害，施工的进度必然会受到影响。在这种情况下，有两种解决方案：第一，做好灾害后的补救工作，暂缓施工，工期顺延；第二，终止合同。

② 地质条件。

在施工过程中如果遇到在地质勘探时没有发现的流砂、断层等特异地质情况，应立即同相关人员进行讨论，包括设计人员、地质勘探和其他相关的专家等，尽快找到问题的解决方案，减少对工期的影响。

③ 社会原因。

与当地社区冲突、工人罢工、政治事件、战争等。

### 二、标准化费用的影响因素

（1）标准化项目质量。

为了保证和提高采油和运行工程项目的质量，对项目进行标准化的质量控制和检测需要采取一系列相关措施，因此耗费的开支属于质量保证之本。

（2）标准化工期。

标准化工期制订的长短，对采油和运行工程项目施工过程中的人工费、设备折旧费、材料费、管理费等系列费用有着直接影响。盲目的缩短工期，会导致资源的大量投入，同时增加不必要的成本。

（3）标准化资源配置。

人力费用、材料费用、设备费用等资源配置的变动和超出预测的难以掌握的部分费用，应在合同条款中做出必要规定。通过固定费用与变动费用的结合，如图6-3所示，才能保证标准化费用定额的成功实现。

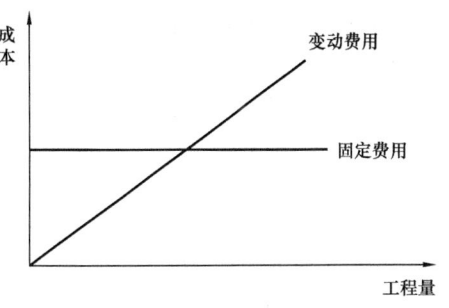

图6-3 固定费用与变动费用示意图

（4）标准化的管理水平。

标准化的管理水平既包括项目部对采油和运行工程项目的管理水平，又包括建设单位的管理水平。若是标准化管理水平不到位，工期拖延、组织混乱、材料人工和设备等资源的浪费，都将成为影响标准化费用的因素。

## 第三节 标准化工期的制订及控制方法

### 一、工序工时定额法

该方法是按照项目工序的逻辑关系，以以往相同或相似类型工程的管理经验为基础，把项目的资源投入，施工的技术、工艺和流水等综合起来进行考量，确定每一道工序所用的标准时间,并通过累计加总,得出总体的项目工期定额。

工序工时定额法估计出的标准时间构成如图6-4所示。

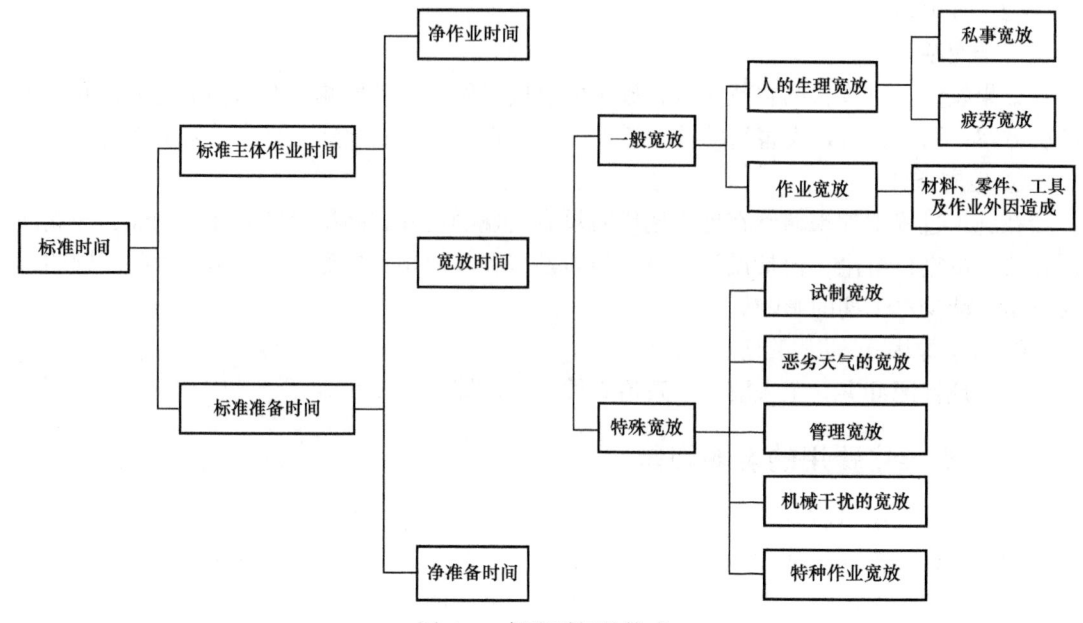

图6-4 标准时间的构成

在进行工序工时定额时,首先将采油和运行工程项目分解成若干道工序,注意每一个流水段所经过的工序都是相同的。然后把每道工序在不同流水段上的施工时间记录下来,在类似作业环境下,得出工序的作业时间。并以此为依据,估算出标准的作业工期。

工序工时定额法适用于作业环境相仿、作业步骤类似的工程项目。若是地质条件、社区环境、现场状况不一致,工序工时必然受到影响,标准化工期的管理和操作也将受到影响。

## 二、历史经验法

历史经验判断法的主要依据为施工单位相关管理人员和工程技术人员的经验。这种经验不仅包括相关人员的直觉判断,还包括以前所取得的相关数据。因此这种方法是建立在定性分析和定量分析的基础上的一种预测方法。如果没有足够的历史资料的条件下,只有依靠相关工程人员的直觉判断来进行预测。这种情况下对相关工程人员的要求较高,他们针对现场实际情况进行判断的水平直接决定了工期的合理性和准确性。

历史经验法首先是统计项目所在地区其他已完工项目的工期的相关资料。这些统计资料充分考虑了地区差异、气候等对工期的影响,然后用数理统计的方法计算出已完工期平均值。依据给出的合理的工期置信度,得到最终的经验工期范围。同时,可以由统计资料的抽样数计算出标准差等,工期置信度的确立要充分考虑相关利益者的风险偏好。求出经验工期范围后,最后根据影响工期的相关因素进行调整。

这种预测方法的特点是:

(1)方法简单。历史经验法容易理解,具体操作简单方便,可行性较高。

（2）可靠性较大。这种预测是建立在多层次、多因素和多方面的人员综合分析的基础上的，其得出的工程工期风险较少。

（3）适用范围广。无论是大型还是中、小型工程项目，都可以运用历史经验法进行工期预测。

### 三、横道图法

横道图又名条形图，是用来监控工程项目的进度的一种工具。它是由美国的亨利·甘特在1917年设计的一种可以反映每项活动所需时间的一种系统的条形图，因此又被称为甘特图。横道图主要是以日历的形式列出项目开始日期和结束日期，以及该项目的持续时间，是一种较为标准的表示项目进度的格式。横道图的时间单位不是固定的，它可以根据项目进度计划进行划分，由计划的详细程度分别细化到年、月、日甚至是小时。在横道图中，可以清晰地看出每项活动持续的时间。横道线直接明了地展示了各项活动的开始和结束时间，而其长短则代表了每项活动时间的长短。值得注意的是，横道图中的各项活动不是任意划分的，需与工作分解结构中的活动保持一致。

横道图具有以下特点：

（1）横道图的最大优点就是其直观性和形象化，简单明了，并且容易编制。它被称为一种可以表示项目进度的标准格式，可以提供计划进度与实际进度的相关信息。

（2）横道图虽然比较原始，但在其发展的过程中已经逐步结合了网络图的一些优点，比如可以清晰反映项目的开始及结束日期、持续时间、每项活动之间的时差及关系等。因此，横道图法成为了比较受欢迎的小型项目的进度管理工具。

（3）横道图可以用于工作分解结构的任何一个层次，时间单位可以从年到小时。

基于以上的特点，横道图除了可以用于制作进度计划外，也是大型项目的管理层了解全局、进行进度安排和控制进度的主要选择。

横道图一种较好的传达项目状况包括进度等的优秀工具，其作用主要体现在以下3个方面：

（1）通过时间坐标轴上的点和跨度来直接形象地反映工作包相关的时间参数，比如通过不同图形特征，如实线和虚线等来表示时差或者进度等；通过带箭头的线来表示工作包之间的逻辑关系等。

（2）横道图可以用于控制环节之中进行进度控制。其原理是将实际进度在进度计划横道图中表示出来，这样管理者可以清晰明了地看出实际进度与计划进度的偏差，进而通过对偏差进行分析，追究责任人，并以分析结果作为调整进度计划的依据。

（3）横道图还可以用于资源优化，是企业编制资源及费用计划的重要依据。

横道图法的具体示例如图6-5所示。将实际进度信息进行整理，用横道线实线来表示。虚线表示的是计划的进度。从横道图中可以直观地看出计划与实际的差异。

由于工程项目施工过程中不同工作任务完成的速度不尽相同，并且进度的控制要求和各项工作提供的进度信息也有所差异，因此按照不同的速度特点分别采用不同的方法。

（1）匀速施工横道图比较法。

匀速施工时，项目中分解的各项工作的施工速度相同，呈现匀速的一种状况，即在一个时间单位内完成的工作任务量相等，合计完成的任务量与时间呈直线变化。所谓的横道图比较法,是把相关的实际进度的信息进行收集整理后,直接用横道图法编制施工进度计划,也可以用于指导施工的实施。

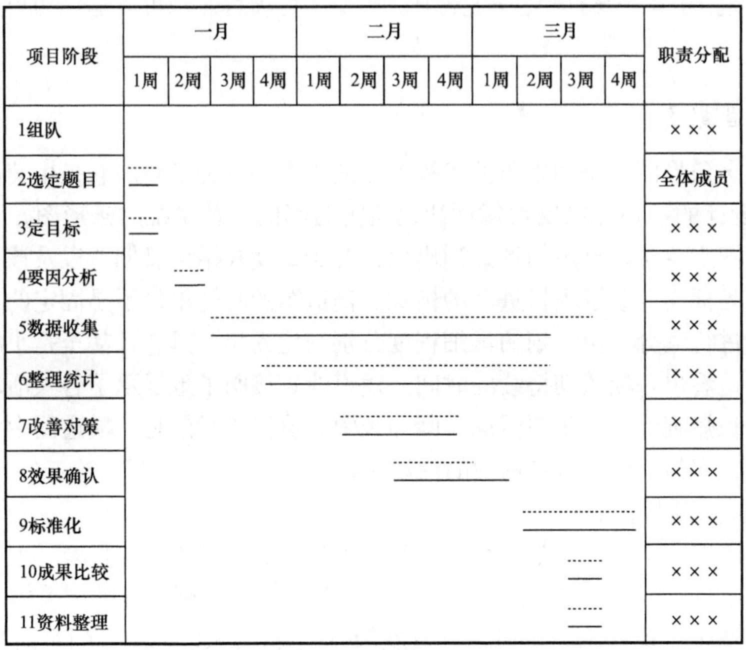

| 项目阶段 | 一月 | | | | 二月 | | | | 三月 | | | | 职责分配 |
|---|---|---|---|---|---|---|---|---|---|---|---|---|---|
| | 1周 | 2周 | 3周 | 4周 | 1周 | 2周 | 3周 | 4周 | 1周 | 2周 | 3周 | 4周 | |
| 1组队 | | | | | | | | | | | | | ××× |
| 2选定题目 | | | | | | | | | | | | | 全体成员 |
| 3定目标 | | | | | | | | | | | | | ××× |
| 4要因分析 | | | | | | | | | | | | | ××× |
| 5数据收集 | | | | | | | | | | | | | ××× |
| 6整理统计 | | | | | | | | | | | | | ××× |
| 7改善对策 | | | | | | | | | | | | | ××× |
| 8效果确认 | | | | | | | | | | | | | ××× |
| 9标准化 | | | | | | | | | | | | | ××× |
| 10成果比较 | | | | | | | | | | | | | ××× |
| 11资料整理 | | | | | | | | | | | | | ××× |

图 6-5　横道图法示例

（2）非匀速进展横道图比较法。

当各项工作施工速度不同时,即在单位时间里完成的工作任务量有差异时,采用非匀速进展横道图比较法比较合适。这种方法与匀速施工的区别主要在于其不仅要表示出实际工作进度,还要标记出在某时刻完成任务占总任务的累计百分比。通过将实际累计百分比与计划的累计百分比进行比较,得到实际进度与计划进度之间的差异。

（3）双比例单侧横道图比较法。

当工作的进度按照变速进展的情况下,可以采用双比例单侧横道图比较法。采用这种方法不仅能进行检查日期进度的比较,还能提供特定日期实际进度与计划进度的相关信息,但前提是实施部门要按时记录进度情况。该方法是在表示实际进度的同时,标记出完成任务的累计百分比,并与计划相比较,从而判断实际进度与计划进度的关系。

（4）双比例双侧横道图比较法。

双比例双侧横道图比较法是单侧比较法的改进方法。它将表示实际进度的粗线,按检查的区间和完成任务的累计百分比交替地绘制在计划横道线的上下两面,其长度表示该时间内完成的任务量。这种方法在双比例单侧横道图的基础上,还能表示在相应的检查期间内的实际工作进度,可以比较各阶段的任务的具体完成情况。但是,它的绘制方法相比单侧比较法要复杂和困难。

## 四、网络图法

网络图法起源于美国,是项目计划和工期管理的重要方法。作为项目计划与控制的常用的一种核心技术,网络图是关于生产组织和管理的书序方法。网络图法主要是制作网络计划图，并计算出计划的最优方案，如最短工期等，依据最优方案来进行组织和控制，从而达到期初设定的目标。其模型如图6-6所示。

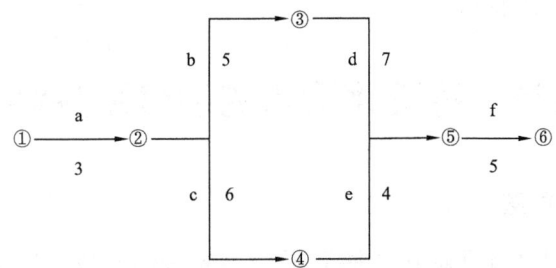

①，②，③—作业序号；a，b，c—活动序号；3，4，5—活动所需时间

图6-6 计划网络图示例

网络计划图的作用有以下8点：

（1）网络计划图首先把项目过程中的各项工作进行分解，按照每项工作开展的顺序和各工作之间的关系表示在计划网络图中，从而把这些工作有机地再次结合为一个整体，进而清晰明了地反映各项目的顺序及制约或依赖关系；

（2）能计算出各类时间参数；

（3）项目管理者可以依据网络计划图找到的关键路线，集中力量去做主要的工作，减少不必要的作业；

（4）参加项目的各单位和人员可以依据网络图明了他们的工作及其作用；

（5）能从错综复杂的方案中较容易地选出最优方案；

（6）在计划的执行过程中，某一工作未按照计划执行时，可以知道它对计划的影响并根据变化快速调整，从而实现有效的控制；

（7）网络计划图可以反映每项工作的时间要求，项目管理者可以调动各项资源来减少成本费用；

（8）网络计划图的出现带动了电子计算机在计划管理的运用。

网络图法主要包括关键路径法、计划评审法和灰色线路关键法。关键路径法主要是把工程项目进行逐步细化分解，完整的工程项目就成了分部工程和分项工程，接着用单代号或双代号来体现分项工程之间的关系。通过各种方法计算出需要的时间参数，从而可以确定关键线路。计划评审法是指首先假定关键线路中的工序的时间参数都是常数，进而进行网络时差计算。这种假设与实际条件并不完全相符。因为各分项工程的工作完成时间是一个常数，但它会受到各方面因素的影响，如人员、设备和资源等。又比如，不同的人完成同样的工作的效率是不同的，即使受到过培训，也会受到施工环境等的影响。考虑到以上因素，有学者提出利用加权平均方法，把最乐观和最悲观的完成工作的时间以及最可能的时间综合考虑，求出平均值作为工作时间，也就是三时估计法。这种加权平均的方法在整个参数计算中得到的结果会有不确定因素。根据中心极限定理，将相互独立的随机变量视为正态变量，因此只要计算出完成工作的时间的平均值和方差，就能估计出工程计划是否按期完成的概率。网络图法在不断的发展中延伸出灰色关键线路法，这一理论是在1982年由邓聚龙教授提出的，目前在农业生产已经得到广泛运用。用灰色理论分析网络计划方法时，这种情况下的编制方法与关键线路的编制大致相同，区别在于工序时间参数的确定。学者们都认为精确确定时间参数存在较大难度,在实际中有些工序时间是灰色数。关于怎样求解灰色关键路线法以及关键线路工期的方法原则主要有动态原则、风险系数原则、权重系数原则和经验原则。

## 第四节　标准化费用的制订及控制方法

### 一、成本分析表法

成本分析,顾名思义就是对成本进行分析,主要是依据成本核算结果及其他资料,通过分析成本的构成及其变动情况,找出成本变动的根本原因,从而提出减少成本费用支出的一种方法。成本分析作为成本管理的重要手段之一,其作用主要体现在4个方面:揭示成本变动原因;评价企业成本计划的执行情况;是编制成本计划的重要依据;为经营者的相关决策提供参考。成本分析表法属于成本分析手段中的一种,是利用表格的形式分析和研究项目成本的方法。成本分析表主要包括日报表、周报表、月成本分析表和成本预测报告表等。

1. 成本日报表或周报表

成本日报表或周报表就是工程实施过程中每日、每周的成本分析,其作用是向管理人员提供每日、每周的进度以及成本等。管理人员凭借成本日报表和周报表能迅速发现存在的问题,并及时提出解决问题的措施。因此,每日、每周的成本分析显得尤为重要。成本日报表和周报表通常只记录人工费、机器周转费和工程的完成量等。这类表必须做到及时和准确,一般与工程日进度表一起送达给管理人员。

2. 月成本分析表

月成本分析表要对工程期限、成本费用项目、数量、成本和单价等进行说明。而成本费用项目的分类需与成本计划相同,利于分析对比出高于预算的项目,有针对性的采取有效措施,减少成本。月成本分析表又分为直接成本分析表和间接成本分析表。

(1) 月度直接成本分析表。

月度直接成本分析表主要反映各分部工程完成的工程量与成本的对应情况、与预算成本的实际偏差以及与计划成本的目标偏差,为分析偏差产生原因提供了依据。

(2) 月度间接成本分析表。

月度间接成本分析表与月度直接成本分析的主要区别在于其对象为间接成本,主要反映间接成本与相关成本的偏差及其变动情况。同时,需要计算间接成本占产值的比例,从而分析间接成本的作用水平。

3. 成本预测报表

成本预测报表是一种预测报表,在已完成进度、产值和成本的基础上,结合未完成的进度、产值和预计的支出对最终成本进行预测,从而检验达到成本目标的可能性,并提出相应的成本控制要求。这种预测表的进行时间取决于工期的长短,按照工期的长短按季度或半年进行一次。

## 二、成本偏差控制法

成本偏差控制法是指在原有的计划成本的基础上,找出实际成本与计划成本的偏差,分析造成偏差的原因及其趋势,采取有效的措施,减少甚至消除不利的偏差从而实现目标成本,如图6-7所示。项目施工过程中进行成本控制的偏差有三种,它们的计算公式如下:

$$实际偏差 = 实际成本 - 预算成本 \quad (6-4)$$
$$计划偏差 = 预算成本 - 计划成本 \quad (6-5)$$
$$目标偏差 = 实际成本 - 计划成本 \quad (6-6)$$

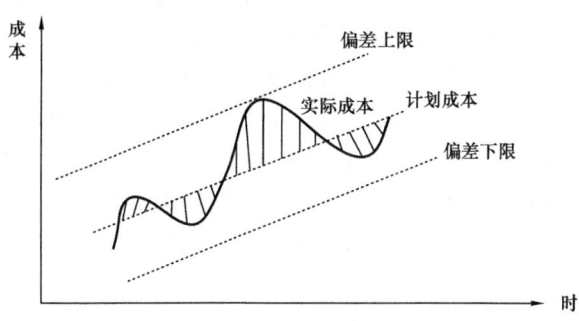

图6-7 成本偏差示意图

此外,成本偏差的分析必须要考虑下面三组成本偏差参数:

(1)局部偏差和累计偏差。

局部偏差一方面是指在整个项目中,分部分项工程发生的成本偏差;另一方面是从项目实施的时间周期角度来说,在每一控制周期内的成本偏差。累计偏差不是一个静态的概念,它具有动态性,因为它的数值与时间有关。第一个累计偏差等于局部偏差的数值,而最终的累计偏差就是项目的成本偏差。有了局部偏差这一概念,项目的成本管理相关人员能比较清晰地知道偏差所在的具体分项工程、发生的准确时间,也为偏差分析提供了依据。累计偏差的形成原因较复杂,并且涉及项目的多个分部工程,因此很难直接对累计偏差进行分析。对累计偏差的分析一般都建立在局部分析的基础上,因此分析的结果具有较强的代表性,在一定程度上对成本控制有指导作用。

(2)绝对偏差和相对偏差。

绝对偏差的数值等于实际发生的成本值与计划值的绝对数,其结果很直观明了地表示了项目成本发生偏差的绝对数。成本管理人员可以根据绝对偏差采取一些有效的措施,对相关的计划进行调整,如资金筹集计划和成本支付计划等。但是,绝对偏差具有较大的局限性,其不能表示偏差所占总成本的比例,偏差的严重性不能很好地体现。很明显,1万元的偏差对于10万元和1000万元的项目所造成的影响是不一样的。因此,还需要相对偏差对绝对偏差进行补充说明。相对偏差可以为正,也可以是负,其符号与绝对偏差一致,正数表示超支,负数表示节约。与上一组偏差参数不同的是,绝对偏差和相对偏差不涉及项目层次,即分部、分项工程等,也不涉及项目实施时间,只需要成本的计划值与实际值。因此,这组偏差参数的适用范围较广,可以应用于各种成本的比较。

（3）偏差程度。

偏差程度指成本实际值对计划值的偏离程度。偏差程度可分为局部偏差程度和累计偏差程度。但是，累计偏差程度不是简单地把局部偏差程度进行相加汇总。应确定一个控制周期，把偏差程度与进度结合，因此又有了进度偏差程度。

上述三组偏差参数是成本比较的重要内容。成本比较得越详细，下一步的偏差分析则越准确越可靠。

项目的实际成本一般不会高于预算成本，但特殊情况下除外，其总是在计划成本的上下浮动。运用控制偏差的步骤如下：

（1）找出偏差。在工程项目的实施过程中，要按照一定的周期进行偏差的计算，并对偏差进行控制。一般大工程是以周为一周期，而小工程为了保证偏差控制的时效性，则按每天进行计算。根据偏差值的大小，确定实际发生的成本费用超出或节省的数值。在计算偏差时，要按照分段比较。分段，就是项目管理人员按照规模大小，自行划分的分部分项工程。分段有利于成本比较，得出局部偏差，从而为下一步的偏差分析做好准备。

（2）偏差分析。成本控制的中心任务就是减少类似超支偏差发生的可能性。因此在找出偏差后，需要对结果进行分析，找出产生偏差的原因，提出对应的措施。进行原因分析时，常见的方法是把所有的可能导致偏差的原因全部列示出来，一条一条地进行详细分析。

（3）纠偏。当项目实施过程实际的成本费用超支时，应在偏差分析的基础上纠正偏差，有针对性的采取合理有效的措施，从而实现成本控制。

（4）检查。检查也是偏差控制中较重要的一个步骤。在进行了前面3个步骤后，需对纠偏措施的执行情况及其效果进行检查，对纠偏措施实施后产生的新问题要及时解决，以免导致更严重的后果。

## 三、净现值法

净现值法是指投资所带来现金流与投资成本之间的关系，因为现金流是发生在未来期间，因此要进行折现得到现值，再与投资成本相减得到的差值就是净现值。净现值法从现金流量的角度把项目净收益以货币形式展示出来，并且考虑了资金的时间价值，很好地体现了投资额与资金成本的关系。净现值的具体计算为按照基准收益率把项目计算期内的每年现金净流量折现到期初并累计求和。它是一种较科学的投资决策的方法。净现值的计算公式如下：

$$\text{NPV} = \sum_{t=0}^{n} (CI - CO)_t (1 + i_c)^{-t} \qquad (6-7)$$

式中　NPV——净现值；

　　　$CI$——现金流入；

　　　$CO$——现金流出；

　　　$t$——时间；

　　　$i_c$——基准折现率；

　　　$n$——投资项目的寿命周期。

净现值法是多方案比选的方法之一，其分别计算每个方案的净现值，根据大小来进行决策。净现值法的基本步骤如下：

（1）先计算各备选方案的净现值，检验方案的可行性。当方案的 NPV 小于 0 的时候，方案不可行，应将其从备选方案里剔除，留下可行方案进入下一步骤。

（2）对所有 NPV≥0 的方案比较其净现值。

（3）当成本的 NPV 值最小，或效益的 NPV 值最大时的方案为最佳投资方案。

关于以上提到的成本控制和制订方法，企业可以根据其项目的实际情况选用适合的方法。如果盲目采用，不仅达不到控制的效果，反而费时费力。相反，如果选择对了方法，则会达到事半功倍的效果。同时，还应注意与其他部门进行配和，以达到资源的最大化利用。例如在计划管理工作时，充分与业务管理配和，利用其取得的相关资料进行成本控制，不仅可以节省大量的时间和劳力，还有利于业务管理部门把成本落实到各分部，实现双赢。

## 第五节　标准化的工期费用联合控制技术

在油气开采企业中，将工程成本分为直接费用和间接费用。因为直接费用和间接费用与工期的关系不一致，将其分类可以更好地表示费用与工期的关系。直接费用是直接用于工程的人工费、材料费和机械设备费用，以及在特殊施工所增加的费用，如雨季施工、加班施工等。间接费主要指的是施工管理费、临时发生的一些费用和施工队伍派遣费等。工程成本会随着工期的长短而变化。一方面，直接费用是与工期呈相反方向变动的。即当对工期进行压缩时，直接费用会增加。而工期不能无限缩短，当到达极限值时，此时的直接费用达到最大值。另一方面，间接费用随着工期的减少而降低，工期越短又有利于降低间接费用。因此，工期与成本的关系就是两种关系的叠加，如图 6-8 所示。在压缩工期的过程中，直接费用随之上升而间接费用下降，因此会存在一个点，这个点就是最佳工期和最低成本的点。

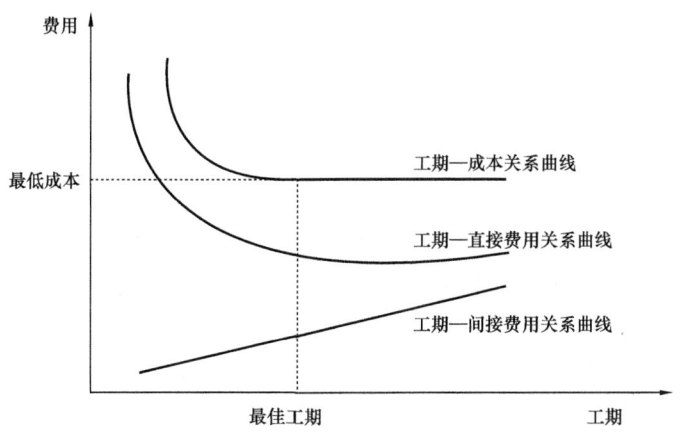

图 6-8　工期—费用关系曲线

以此为依据，对采油和运行工程项目标准化的工期费用进行联合控制，推荐挣值管理法和工期—成本网络技术。

## 一、挣值管理法

挣得值也称为"赢得值",它的首次确立是基于美国国防部的项目——工期控制系统规范。它是一项重要的偏差分析技术,因此,挣值法也叫偏差分析法。它反映了项目的实际成本费用和进度情况,是评价项目绩效的一种方法。该方法经过不断的发展,已经形成了"挣值管理系统",并成为一种新的规范。挣值法需要计算3个有效的数据,即计划的预算价格、已完成工作的实际价格和预算价格。通过三项数据的比较计算得到进度和费用的偏差值,并对偏差值进行分析来评价成本和进度的执行情况。它也被视为是费用和工期的联合控制工具。

挣值管理法的核心是关键性的变量——已完成工作的预算成本(挣值)。通过与计划工作预算成本、已完成工作的实际成本的偏差值来分析项目成本、进度的实际执行情况同计划内容的偏差程度,并采取相应的纠偏措施,从而帮助项目管理者达到控制项目成本、控制进度的目的。

挣得值的主要内容包括曲线图、偏差分析和应用挣值法的基本流程三项。

1. 曲线图

挣得值原理可以结合其曲线进行说明,同时可以依据其曲线预测完工时间和完工费用。挣得值曲线图如图6-9所示。

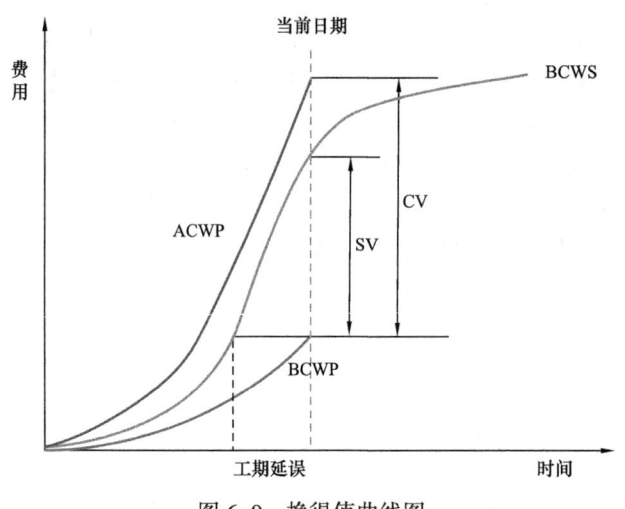

图6-9 挣得值曲线图

曲线图中的横坐标为时间,包括有几个特殊的时间点:评估点、总计划时间和完工日期。而纵坐标则为项目实施过程中发生的费用支出等,在项目中通常可以用人工时或者工程量来表示项目的消耗,但在做曲线图时要全部转化为费用。

第一条曲线(ACWP)称为计划工作量的预算值曲线,简称计划值曲线。计划值曲线的含义将项目的预算在计划的周期内按月进行分配,包括人工时、原材料和其他费用等,然后逐月累加,就形成了计划值曲线。它充分结合了进度计划和预算费用这两个方面,在项目开始之初根据批准的控制建立,是项目控制的基准曲线。第二条曲线(BCWS)称为已完成工作量的预算值曲线,简称挣得值曲线。挣得值曲线是根据统计的每月已完工量,与预算单价相乘,再逐月累加形成挣得值。也可以按照已完工作的加权分数与预算值相乘得到。由挣得值的含义可知,它不涉及实际消耗的费用,仅仅是用预算的单价来计算已完成工作量的进展值。因此,挣得值是衡量实际进展的效绩的指标。第三条曲线(BCWP)称为已完成工作量的实际费用消耗曲线,简称实耗值曲线。实耗值曲线的含义是把已完成工作量实际消耗的费用逐项记录并逐月累加。要对费用—工期进行联合控制,计划值和实耗值要至少每月检测和报告一次。

挣得值基本参数见表6-1。

表6-1 挣得值基本参数表

| 序号 | 名称 | 代码 | 概念 | 公式 |
|---|---|---|---|---|
| 1 | 已完成工作预算费用 | BCWP | 以预先认可的预算标准预测已完工作所需要的资金总额 | 已完成工作预算费用 = 已完成工作量 × 预算单价 |
| 2 | 计划工作预算费用 | BCWS | 根据进度计划在某个时刻计划完成的工作按已认可的预算标准预估所需的资金总额 | 计划工作预算费用 = 计划工作量 × 预算单价 |
| 3 | 已完成工作实际费用 | ACWP | 已完成工作所花费的实际总金额 | 已完成工作实际费用 = 已完成工作量 × 实际单价 |

2. 偏差分析

使用挣得值法进行工期—费用联合控制,需定期检测和控制以上3个参数。即项目开始前,项目管理者就应该做出整个项目的进度计划和成本费用预算,为项目的实施做好基础准备工作。项目开始后,监督实际施工过程的成本和工程量以保证工期和费用都能达到预期目标。具体步骤如下:

(1)项目预算和计划。

项目的预算制订是非常重要的步骤,也是后面进行分析的基础。项目预算要制订得越详细越好,这样有利于把预算分解到每个工序,以此建立各工序的总预算成本,简称"TBC"。接着,再把TBC按照工序的工期进行分配。每期的费用预算在每个工序的工作量进度计划的基础上确立。只要根据各工序的工程量分配到的工期的各个区间,就能明确地知道在什么时候需要多少预算。这一数字就是截止到某一时点的过去各期预算成本累计之和,即累计计划预算成本CBC(cumulative budgeted cost)或BCWS。累计计划预算成本计算公式如下:

$$CBC = \sum_{i=1}^{n}\sum_{t=1}^{n} Qbi(t) \times Qsi(t) \qquad (6-8)$$

式中 $Qb$——预算单价;
$Qs$——计划工程量;
$i$——某一预算项;
$n$——预算项数;
$t$——时段。

CBC反映了到某一时点为止按计划进度完成的工程预算值。它是项目成本—进度绩效的基准。

（2）收集实际成本。

项目在实施过程中，会把各工序的工作委托给各分部工程或相关的承包商。对于承包商，一般是通过合同的形式进行。合同工程量和价格清单就形成了应付款项。而承包商完成相应的工程量后，按照合同的条款进行支付。累计实际成本CAC（cumulative actual cost）或ACWS就是通过对每期发生的成本累计求和所得到的，也就是已完成工作量与单价的乘积。累计实际成本计算公式如下：

$$CAC = \sum_{i=1}^{n}\sum_{t=1}^{n} Qci(t) \times Qpi(t) \qquad (6-9)$$

式中　$Qc$——合同单价；

　　　$Qp$——已完成工程量；

　　　$i$——某一合同报价单项；

　　　$n$——合同报价单项数；

　　　$t$——时段。

CAC反映了工程的实际成本花费。

为记录项目的实际成本，必须建立及时和定期收集资金实际支出数据的制度，包括收集数据的步骤、报表规范，建立合同执行（成本支出）台账。

（3）计算挣得值（earned value）。

前面两个参数虽然能大概了解项目的状况，但用它们进行项目估计还存在一些问题，准确性不能得到保证，有些时候甚至会使管理人员得出错误的结论，做出不当的决策。因此要引入另一重要参数——挣得值。

挣得值是整个项目期间必须确定的重要参数。对项目每期已完工程量与预算单价之积进行累计，即可确定累计挣得值CEV（cumulativeearned value,）或BCWP：

$$CEV = \sum_{i=1}^{n}\sum_{t=1}^{n} Qbi(t) \times Qpi(t) \qquad (6-10)$$

式中　$Qb$——预算单价；

　　　$Qp$—已完成工程量；

　　　$i$——某一合同报价单项；

　　　$n$——合同报价单项数；

　　　$t$——时段。

CEV反映了工程实际绩效的价值。

（4）成本—进度绩效。

利用以上3个指标即可以比较分析项目的成本—进度绩效和状况。成本—进度分析表见表6-2。

表 6-2 成本—进度分析表

| 指标名称 | 计算公式 | 指标偏差分析 |
|---|---|---|
| 费用偏差 | CV = CAV− CEV | CV 为负值时，表示项目实际值超出预算费用，必须采取措施纠偏；CV 为正值时，项目实际值没有超出预算；CV 为 0 时，与预算相等。 |
| 进度偏差 | SV=CEV− CBC | SV 为负值时，表示项目实际进度落后于计划进度，应调整进度计划；SV 为正值时，表示实际进度快于计划进度；SV 为 0 时，与预算相等。 |
| 费用绩效指数 | CPI = CEV/CAC | CPI 小于 1 时，表示项目实际费用超出预算费用，预算超支；CPI 大于 1 时，项目实际费用低于预算费用，预算节支。 |
| 进度绩效指数 | SPI = CEV/CBC | SPI 小于 1 时，表示项目实际进度比计划进度拖后，工期延误；SPI 大于 1 时，表示项目实际进度比计划进度快，即工期提前。 |

3. 应用挣值法的基本流程

应用挣值法进行进度成本控制的基本流程图如图 6-10 所示。

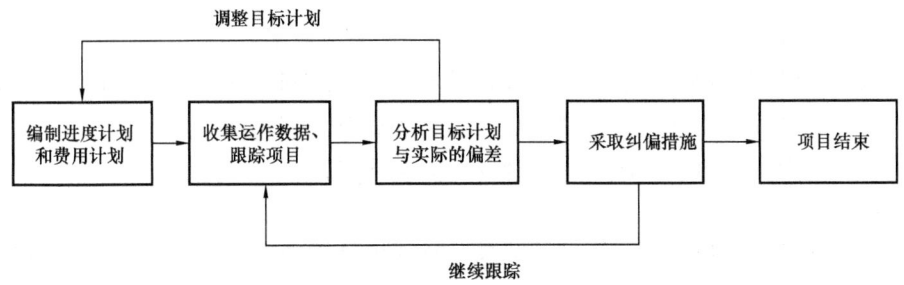

图 6-10 应用挣得值法的基本流程

以挣值法为核心进行工期—费用联合控制的具体有如下几个步骤：

（1）对项目进行详细的了解，收集相关信息，明确任务要求；

（2）在有限的资源投入里，把项目的工作结构和组织结构分解，进行合理的分工，编制项目的进度计划并对成本进行估算；

（3）确定合理的观测时间点，建立基准曲线；

（4）记录并根据所记录的进度和成本，计算挣得值；

（5）对绩效指标进行分析，对关键指标进行预测，完成工期—费用的初步考评；

（6）工期—费用差异分析并对其趋势进行预测，如果在偏差范围内，则继续进行；反之，则对施工方法等进行变动调整或者在对项目进行重新计划后再继续进行。

## 二、工期—成本网络技术

世界较发达国家在 20 世纪 50 年代时期开始实施网络计划技术，而我国在 60 年代也逐渐开始推广使用。作为一种比较科学的计划管理技术，网络技术逐步应用于工期—成本的优化，目前已经成为工期—成本优化中非常重要的一种方法。在工程项目中，人们都在追求高质量、低成本和短工期。但是工期和成本不是独立的，它们相互制约，相互联系。而工期—成本网络技术就是来寻求这个问题的最佳答案，即在规定的期限内，找出最佳工期和最优成本。

1. 方法介绍

工期—成本网络技术是一种较科学的生产和计划管理的方法。它以网络计划技术为基础，利用网络图表示项目内各工序发生的先后顺序和其制约和依存的关系，从而进行工期、费用和资源分析，对网络计划进行完善，提出工期与成本的优化方案。优化后的网络计划图有利于更好地实现预期的计划目标。油气开采企业运用此方法进行工期费用联合管理，是应用网络计划方法从工序的工时与成本的关系中，找出其中的关键工序，即压缩工期。该工序增加的直接费用最少。对关键工序进行工期的缩短，接着从间接费用的角度进行考虑。因为间接费用随着工期的减少而降低，将各工期的直接费用与间接费用叠加，从而求出在给定的工期条件下成本费用最低和成本最低时的工期，这是一种定量分析。

2. 编制步骤

（1）任务分解。

首先要把计划任务进行分解细化，根据实际需要分解为若干个作业。接着确定各作业实施的时间顺序，并进行排列。在任务分解完成，且已经把各项作业的各种关系理清后，将全部作业的明细用表列示。

（2）确定作业时间。

确定各项作业时间的方法有单一时间估计法和三值时间估计法。单一时间估计法指的是首先对单项作业所需时间进行估计，然后结合现有资源和条件，依据原有的一些经验和资料，确定作业时间。这个方法主要适合规模实施的项目。

（3）绘制网络图。

前面的两个步骤完成后，各作业的关系及时间也已经确立，接下来就是绘制网络图。网络图是一种表示整个计划中各道工序（或工作）的先后次序，相互逻辑关系和所需时间的网状矢线图。能够反映出各工序的施工顺序，相互关系。

（4）计算网络时间，确定关键线路。

在这一步骤中，关于结点的"两个时间"、各项作业的"四个时间"以及时差的计算非常重要。这三个计算形成了网络时间计算。结点的两个时间分别为结点最早开始时间和结点最迟完成时间。各结点的最早开始时间等于箭尾结点的最早开始时间加上结点之间作业所需的时间。如果有几条箭线进入，取和数中最大值。计算各结点最迟完成时间等于结点的最迟完成时间减去两结点间作业所需的时间之差。如果从结点引出的箭线不止一条时，则取差数中的最小值。各项作业的"四个时间"包括作业的最早开始时间、最早完成时间、最迟开始时间和最迟完成时间。网络图中的结点、作业和线路都存在着时差。结点时差是指某结点的最迟完成时间减去该结点最早开始时间的值，时差为零的结点为关键结点。把所有关键结点连起来的线路则为关键线路，其特点是它的延续时间是所有线路中最长的，并且它决定了计划项目的总工期。要缩短工期，应从关键线路上下手，缩短关键线路的延续时间。

（5）进行网络优化，选择最佳计划方案。

经过前面四个步骤的进行，初始的网络计划方案已经形成，关键线路和计划的总工期已经确定。然而，这只是初始网络计划方案，并不等于最佳方案。要根据资源的限制和计划工期的目标，对其进行优化调整，找到一个工期较短、成本较低的最佳方案。

# 第六节　标准化工期、费用管理

## 一、标准化工期管理

标准化工期管理的可以从以下四方面进行：组织、管理、经济和技术。

1. 项目施工工期控制的组织措施

组织决定目标能否实现，因此组织措施被视为是最重要的措施。为了实现标准化工期目标，充分发挥组织的作用，应对项目工期管理的组织体系进行完善，把责任落实到各基层单位，甚至是个人。在项目的管理组织体系中，要设置工期管理部门和部门负责人对工期进行管理。工期管理部门主要的工作内容应包括制订进度目标并对其进行论证，制订进度计划并检查计划的落实情况，针对偏差采取措施并及时对进度计划进行调整。这些工作任务必须进行合理分工，并编制相关的分工表以明确任务，落实责任。在进度管理的过程中会有大量的组织和协调工作，可以利用会议这种较有效的手段进行组织和协调。

2. 施工工期控制的管理措施

在管理方面主要包括思想、方法、手段、承发包模式、合同等。首先，分析进度计划中相应的逻辑关系，充分利用网络进度计划来进行进度优化。其次，要保证进度计划的实现，不能仅仅只进行进度控制，还要有进度风险分析，针对风险采取措施，从而更好地实现目标。最后，要重视信息技术。信息技术是一种科学的管理手段，能有效提高信息的处理效率。将其应用在进度管理中，能提高进度管理信息公开性，同时促进各部门的协调工作。

3. 施工工期管理的经济措施

项目所需要的资金能否及时到位对工期有较大的影响，并且为了加快进度所采取的经济激励也属于经济方面的内容。

一方面，为了实现进度目标，应该编制资源、资金和其他保证资金的需求计划，并与进度计划相匹配。通过这些计划的编制，可以清晰地看出在对应的进度计划下，项目实施过程中各阶段所需的资源和资金。再根据所需的各项资源与实际的资源相比较，就能发现所编制的进度计划存在的缺陷。因为实际工作的时候，资源不能及时供应，会对进度产生影响，此时就要考虑对进度计划进行修改和调整，以适应实际的情况。另一方面，在对工程的成本预算进行编制时，也涉及工期管理的激励费用。当需要加快进度时，需要额外的资金给予支持。

4. 施工工期管理的技术措施。

施工工期管理的技术措施主要是指设计和施工技术的采用，从而更好地实现进度计划。

不同的设计路线和设计方案会对工期产生非常大的影响。当进度计划不能很好地实施时，应当对原有的设计理念进行分析，考虑其是不是进度计划受阻的原因。如果是，可以对设计技术等进行变更。而施工方案的影响则更加直接，施工方案是否合理可行很大程度上会决定进度计划能否很好地推进。在选择施工方案时，应该分析技术的先进性，还应考虑经济的合理性，以及进度实施性等。

## 二、标准化费用管理

### 1. 建立标准的成本控制规范

企业所处的行业不同，标准成本也就不同。但最终目的都是一样的，即实现利润的最大化。衡量公司的成本效率的经济指标很多，如投资回报率等。但这些指标的测算必须保证生产技术水平相当，从而通过有效的运行来测定出准确的成本。标准成本制度的建设很重要，应根据标准成本的相关指标进行设计，比如计划目标和技术规范等，最终形成一个包含成本费用事前控制和事后控制的完整的成本控制管理系统，并与会计职能相结合。目前，国际上很多的优秀企业都在实行标准成本管理系统这一成本管理模式。标准成本管理制度可以把企业的成本预算、成本控制和成本分析完美结合，不断地优化产品的成本，并提高企业预算目标的准确和合理性，有利于企业经济效益的提高和对成本的管理。大庆石油管理局建立标准成本管理系统，提出了一个"分阶段、步步为营、明确分工、试点先行、稳步发展"的总体部署。标准成本的核心思想为把企业的生产成本划分为两部分——固定成本和变动成本。而非生产性成本则依据冗余成本、后勤成本等划分。建立一定的数学模型，把成本分解到业务相关的部门，分别制订标准价格和数量。

### 2. 建立项目成本控制流程

建立成本控制流程的目的是为企业的标准成本费用体系服务，分析实际成本与标准成本的差距，提出有效措施，并对各项费用支出等进行考核。标准成本与实际成本之间的差异有有利差异和不利差异之分，也有数量差异和价格差异的区别。因此，在实际的工作过程中，要及时准确地对差异进行分析。对于国家的宏观政策和不可控因素，需分析标准的合理性并及时进行修订。当由于企业自身存在的问题导致差异时，要找出原因，加强管理，提高企业的经济利益。此外，企业应对工作流程进行梳理，合理制订高效率的业务处理流程，把"结果控制"转变为"过程控制"。

# 第七章 矿产资源开发生态补偿模式与机制

## 第一节 矿产资源开发生态补偿相关概念

### 一、生态补偿的概念

国际上没有"生态补偿"这一提法，比较通用的概念是"生态/环境服务付费"（Payment for Eco-logical/Environmental Services，简称 PES）、生态环境服务市场（Market for Ecological/Environmental Services）、生态环境服务补偿（Compensation for Ecologi-cal/Environmental Services）。上述概念中使用最广泛，而且与目前阶段的"生态补偿"比较接近的概念是"生态/环境服务付费"。

早期的"生态补偿"源于生态学中的自然生态补偿（Natural Ecological Compensation）概念。《环境科学大辞典》中有关"自然生态补偿"的概念被定义为"生物有机体、种群、群落或者生态系统受到干扰时，所表现出来的缓和干扰、调节自身状态使生存得以维持的能力，或者可以看作生态负荷的还原能力"。所以自然生态补偿可以理解为自然生态系统对干扰的自我调节和自我恢复能力，这其中并不需要人类活动的参与。从20世纪80年代中后期开始，人们逐渐开始从经济学角度研究生态补偿。大部分人认为生态补偿是激励人民保护资源和环境的一种经济手段。

关于生态补偿的内涵，法学、经济学、环境科学以及实务界的学者因研究角度不同，对生态补偿的定义不同，至今尚无统一的定义。比较公认的定义是，生态补偿是指"通过对损害（或保护）资源环境的行为进行收费（或补偿），提高该行为的成本（或收益），从而激励损害（或保护）行为的主体减少（或增加）因其行为带来的外部不经济性（或外部经济性），达到保护资源的目的"。

### 二、矿产资源开发生态补偿机制概念

1. *矿产资源开发生态补偿机制的内涵*

矿产资源开发生态补偿是指因矿产资源开发，给矿区（矿业城市）的自然生态环境造成污染、破坏，环境生态功能下降而进行的治理、恢复、校正所给予的资金补偿，对矿区居民、丧失可持续发展能力矿业城市所给予的资金扶持、技术和实物帮助、税收减免、政策优惠等一系列活动的总称。

矿产资源开发生态补偿机制是指以节约矿产资源、保护生态环境、维持矿区可持续发展能力为目的，规范约束矿业开发行为，以及防范、恢复、补偿矿产开发中受损或可能受损的经济主体利益的相关制度设计。

2. *建立矿产资源开发生态补偿机制的具体内容*

矿产资源开发生态补偿的具体内容包括：

（1）因矿产资源开采而给周围环境造成污染、破坏的恢复治理，由矿产资源开发者和矿产资源利用受益者进行补偿；

（2）因矿产资源开采而给周围环境造成的污染、破坏导致矿区居民丧失发展机会，由矿产资源开发者和矿产资源利用受益者给予的补偿；

（3）因矿产资源的不合理定价而给矿业城市造成生态环境成本投入的损失，由其他受益城市对矿业城市作出补偿。

## 第二节 矿产资源开发生态补偿标准模式

### 一、模式确定的原则

1. 中央与地方的关系

矿产资源的开发有效促进了经济社会的发展，也有效地保障了国内矿产资源供给，为发达地区的工业产业提供了物质保障。应将矿产资源开发生态补偿作为中央财政转移支付的重要领域，中央政府主导确定补偿模式，设计生态补偿机制并运行，完善法律基础，建立正确的政策导向。地方政府在中央政府的统筹下，负责补偿机制的监督管理和具体运行。

2. 政府与市场的关系

矿产资源开发生态补偿既具有项目补偿的性质，也具有区域补偿的性质，适宜采取政府与市场相结合的补偿模式。政府主导设计运行机制，通过市场方式进行具体操作，政府运用财政资金实施区域补偿。企业在政府管制与市场调控的双重作用下，完成生态补偿。

3. 生态补偿与扶贫的关系

矿产资源开发能够迅速提高当地群众的收入水平，一些地区的小型非金属矿，也确实具有扶贫项目的性质。但在模式选择以及机制设计上，不能将生态补偿与扶贫相混淆。对于区域发展来说，矿业开发属于"造血型"补偿，扶贫项目属于"输血型"补偿，目的是基层群众得到均等的收益。矿产资源开发项目的生态补偿是对群众生产生活环境受到相应影响的补偿，不带有扶贫性质。

4. 新账与旧账的关系

按照国内外矿产资源开发生态补偿的实践，生态补偿需区分"新账"与"旧账"，需采取不同的补偿模式。旧账主要针对已经灭失的矿业权，矿山环境恢复治理需要财政出资安排项目。新账针对处于有效期内的矿业权，"权、责、利"明确，需要政府引导，规范矿山企业开展恢复治理工作。

### 二、模式的类型

矿产资源生态补偿模式是依据补偿主体的行为责任做为划分依据（图7-1）。根据各补偿主体承担的责任义务，生态补偿分为政府主导补偿与企业自主补偿。政府主导补偿主要形式为财政资金的转移支付，具有区域性补偿的性质。企业自主补偿是出于可持续发展的目的，对社区、居民给予的补偿。对于生态环境脆弱、矿产资源丰富的地区，依靠政府的管制作用划定生态保护红线，依靠市场调价手段维持矿产资源开发活动的一定规模。

（1）政府补偿模式。政府主导开展的生态补偿，运用财政资金，设立生态环境治理项目，目的是保持区域生态环境良好，提升生态服务功能。边疆民族地区开发矿产资源为我国中东部地区经济发展提供资源保障，政府对其实施的生态补偿兼有区域补偿与产业补偿的性质。

（2）管制补偿模式。政府依靠强制力，规定生产经营者的活动，最大限度地减少污染物排放来保持生态环境质量。政府管制是市场调控模式发挥补偿作用的基础。政府的管制手段包括制定环境保护标准、强制企业履行义务、制定规章制度等。管理部门通过监控规章执行情况，对不遵守规章的行为加以制裁，对遵守规章的行为给予奖励。

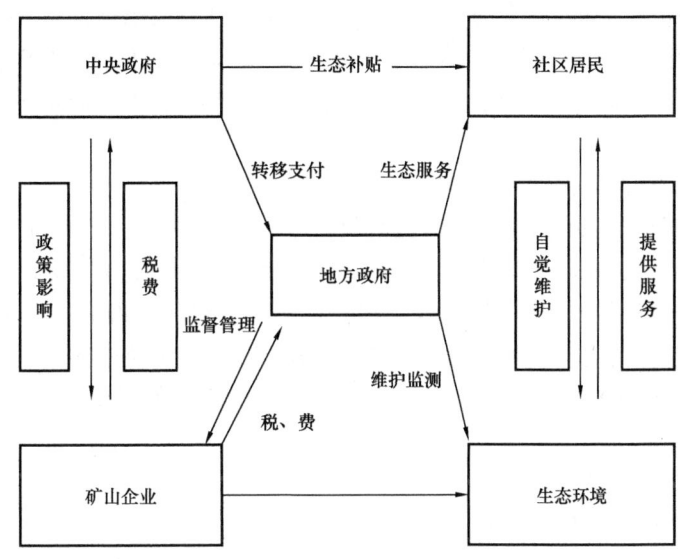

图 7-1　矿产资源开发生态补偿关系示意图

（3）市场调控模式。市场调控补偿通过经济手段把外部的矿产资源开发纳入企业内部，使企业的商品或服务价格包含或反映环境成本，促进资源的有效利用。通过在污染者之间有效地分配污染排放消减量，降低整体的污染控制费用。鼓励企业积极进行创新，减少污染物排放，将环境污染成本降到最低。市场调控的方式主要包括排污权交易、征收环保税费、实施恢复治理保证金制度等。通过向污染严重企业征收高额税费，可以逐渐将其淘汰，对区域生态环境破坏起到限制作用。

（4）企业补偿模式源自于企业自发的调节机制，前提是资源环境产权明确，根源是政府管制发挥作用，目的是企业获得更好的资源利用环境。补偿方式主要包括企业主导下进行的意愿调查或谈判，进而开展前期补偿。主动履行社会责任，实施矿区生态补偿、区域补偿与代际补偿。

## 三、矿产资源开发生态补偿标准的应用

矿产资源开发生态补偿标准的确定是对矿产资源开发造成的生态价值损益进行定量化

的评价。由于矿产资源开发活动导致的生态环境破坏复杂性，土地塌陷、土壤退化、地下水位下降、植被退化等生态环境损失难以进行定量评估。同时，生态环境破坏对社区群众的影响，尤其是健康损害和代际影响，同样难以进行定量化评价。因此，现有的生态补偿标准计算方法难以在矿产资源开发生态补偿活动中得到实际应用。

应用生态补偿标准计算模型，对矿产资源税的征收额度进行调整，体现矿产资源开发的生态环境补偿因素，在实际征收过程中起到督促企业开展生态环境恢复（保护）工作的目的。

生态补偿标准的定量评价包含以下4个方法：

（1）按直接投入和机会成本计算。

方法常用于单纯的生态环境保护工作，多为政府主导的生态保护行为。政府（企业）为维护区域生态环境服务质量，开展生态环境保护项目。项目的实施对于一定范围内的生态环境保护工作具有重大的影响，如自然保护区建设、水源地保护等。生态环境的受益者为保护恢复生态环境所投入的人力、物力、财力均应计入生态补偿范围。同时，为了保护、恢复生态环境，区域及群众放弃了发展机会产生的机会成本也应计入生态补偿范围。

（2）按生态受益者的获利计算。

该方法常用于区域补偿，实质是对提供生态产品者的经济补偿。产品包括优质的空气、水资源、绿色食品等。享受这些生态产品的个人或者企业应付出相应的费用，对提供者给予补偿，使生态保护工作的外部性内部化。生态补偿的标准通过市场交易价格体现，既可以通过监测进行量化，也可以通过协商进行确定。通过市场交易行为，确定生态补偿标准，具有更高的可操作性，同时有利于激励产品生产者降低对生态环境的破坏，改进生态环境保护工作质量。

（3）按恢复成本计算。

该方法常见于重大工程建设项目引起的生态补偿行为，企业为补偿主体。为实现区域的经济社会发展，必须开展的经济活动会造成植被破坏、水土流失、地下水环境破坏、水体污染等，自然环境的生态服务功能会受到影响，甚至永久性破坏。为保证活动正常运行，减少生态环境破坏，需采取相应的措施，进行恢复治理。生态补偿标准通过环境治理与生态恢复的工程成本进行核算。

（4）按生态系统服务的价值计算。

生态服务功能价值指生态环境对经济社会发展及人类服务功能的价值，服务功能包括水源涵养、气候调节、水土保持和景观美化等。生态系统服务的价值不易进行定量确定，价值的计算没有统一标准，生态补偿双方往往采取自愿协商的方式确定生态补偿标准。根据生态系统服务价值确定的生态补偿标准为理论上限值，与补偿主体的补偿能力存在一定差距。

## 四、生态补偿标准计算方法

生态补偿计算方法主要有市场价值法、机会成本法、修复费用法、影子工程法、资产价值法等。

1. 市场价值法

通过市场交换的方式，以区域生态环境或产品损益价值作为生态产品的价格，易被所有者和使用者接受，且易于政府对生态产品进行监督。但公共产品（空气、水等）的价格难以进行计算，通过交易双方确定的价格不一定反映真实的价值。

$$L = \sum_{i=1}^{n} P_i R_i \tag{7-1}$$

式中　$L_i$——区域生态环境或产品损益价值；
　　　$i$——损益产品；
　　　$R_i$——产品损益量；
　　　$P_i$——产品价格。

2. 机会成本法

为保护生态环境，政府或居民放弃发展而暂停某种经济活动时，需对其进行经济补偿。补偿标准按照放弃发展产业的产值进行计算。

$$L_i = W_i S_i \tag{7-2}$$

式中　$L_i$——资源 $i$ 的机会成本价值损益；
　　　$S_i$——资源 $i$ 的单位机会成本；
　　　$W_i$——资源损失量。

3. 修复费用法

修复费用法是生态补偿标准最为常用的计算方法。生产经营活动对于生态环境的破坏有些可以修复，有些不可以修复。可修复部分通过计算相应的工程成本和维护成本确定补偿标准，但不可修复部分的补偿标准难以判定。

$$W = x_1 + x_2 \tag{7-3}$$

式中　$W$——修复费用；
　　　$x_1$——可修复部分费用；
　　　$x_2$——不可修复部分费用。

4. 影子工程法

该方法建立在对生态环境服务价值简化评估的基础上，采取替代工程的方式补偿原生态系统的服务功能。但替代工程与原生态系统的服务功能存在异质性，导致评价存在偏差。

$$V = f(x_1, x_2, \cdots, x_n) \tag{7-4}$$

式中　$V$——需评估的环境资源价值；
　　　$x_1, x_2, x_3$——替代工程中各项目的建设费用。

5. 资产价值法

对比前后生态环境的动态变化程度，更加精确地反映生态环境价值变化，但生态环境质量水平难以定量进行评价。该方法体现了补偿主体的边际支付意愿,更加具有可操作性。

$$B = \sum_{i=1}^{n} a_i (Q_1 - Q_2) \qquad (7-5)$$

式中　$Q_1$,$Q_2$——项目建设前后生态环境质量水平;
　　　$a_i$——补偿主体的边际支付意愿;
　　　$B$——项目引起的资产价值变化。

## 第三节　矿产资源开发生态补偿机制研究

### 一、矿产资源开发生态补偿制度的现状

1. 矿产资源开发生态补偿制度的法律与政策

1)生态补偿立法的总体情况

《中华人民共和国宪法》第二十六条规定国家负有改善和保护生态环境的义务。1998年《中华人民共和国森林法》(以下简称为《森林法》)确立的生态效益补偿基金制度为后来生态补偿制度的广泛运用奠定了基础。2014年《中华人民共和国环境保护法》第三十一条明确要建立健全生态补偿制度,其中国家财政转移支付与地区间转移支付是生态补偿资金的重要来源。2016年12月25日通过的《中华人民共和国环境税法》(以下简称为《环境税法》)明确了矿产企业生产经营产生固体废物、噪声等有损于环境的物质时,就要缴纳一定标准的环境税,这有望解决目前生态补偿面临的资金困境。此外,《中华人民共和国水法》《中华人民共和国农业法》《中华人民共和国草原法》《中华人民共和国矿产资源法》(以下简称为《矿产资源法》)等法律对于生态补偿都有所规定,但基本上是原则性的规定,并无具体的条款,更无配套制度予以保障。

2016年4月28日,《国务院办公厅关于健全生态保护补偿机制的意见》生效,这是我国首部对生态补偿制度做出系统规定的行政法规。而后贵州省、山西省、辽宁省等地出台了相应的实施意见,对生态补偿实施的基本要求、原则、重点领域、保障机制等内容进行了规制,为矿产资源开发生态补偿制度的法律化提供了重要参考。

2)主要领域内的生态补偿立法

根据表7-1,2004—2017年,基本上每年都有与生态补偿相关的法规规章及其他规范性文件被颁布。2006—2010年共制定了68部,2011年至2015年共发布61部,2016—2018年已公布了46部。其中,2012年以来颁布的规范占比超过50%。主要是由于生态文明建设被"十八大"纳入社会主义事业总布局当中,生态补偿机制建设成为生态文明建设的重要任务。其次是水环境和流域生态补偿(54部),大部分是"十二五"期间颁布的(35部)。最后是总体性规定,"十三五"开局之年就颁布了16部,表明国家的战略决策对立法具有导向作用,建立健全生态补偿法律制度的力度逐渐加大。但是,矿产资源开发生态补偿方面的法律文件依然近乎为零,使得我国矿产资源开发秩序混乱,矿区生态环境

质量恶化，受益者与保护者之间利益冲突频发。

表 7-1 主要领域内的生态补偿立法情况

| 年份 | 总体规定 | 森林 | 水、流域 | 特定区域（重点区域、自然保护区、生活垃圾终端处理区域等） | 农业 | 空气质量 | 矿产资源 | 合计/部 |
|---|---|---|---|---|---|---|---|---|
| 2004 | | 3 | | | | | | 3 |
| 2005 | 2 | 10 | | | | | | 12 |
| 2006 | 5 | 3 | | | | | | 8 |
| 2007 | 2 | 8 | 2 | | | | | 12 |
| 2008 | 3 | 11 | 1 | 2 | | | | 17 |
| 2009 | 2 | 5 | 6 | 1 | | | | 14 |
| 2010 | 2 | 6 | 9 | | | | | 17 |
| 2011 | | 2 | 1 | | | | | 3 |
| 2012 | 1 | 3 | 5 | 1 | 1 | | | 11 |
| 2013 | 3 | | 3 | 1 | 1 | | 1 | 9 |
| 2014 | 1 | 5 | 7 | 1 | | | | 14 |
| 2015 | 2 | 4 | 10 | 3 | | 5 | | 24 |
| 2016 | 16 | 2 | 9 | 3 | | 10 | | 40 |
| 2017 | 5 | 0 | 1 | | | | | 6 |
| 合计 | 44 | 62 | 54 | 12 | 2 | 15 | 1 | 190 |

3）各省市的生态补偿立法

根据表 7-2 可知，全国各个省、自治区、直辖市都制定了相应的生态补偿法律文件，主要是用于规范本地区内水环境生态补偿和森林生态补偿的实施。整体而言，东部地区发布规范性文件多达 88 部，中部地区有 72 部，西部则仅 31 部，表明生态补偿制度的立法水平与经济发展是正向相关的。在经济较为落后的西部地区，经济发展至关重要。矿产资源的开发利用是经济增长的重要动力，但是生态环境过于脆弱使得经济发展与环境保护冲突明显。通过对比不同地区之间的数据可知，河南、山东、浙江、江苏、河北等地的生态补偿规范性文件较多，而其他地区较少，表明我国生态补偿制度立法存在地区差异，这主要是受经济发展方式与结构、社会文明程度、环境保护观念等因素的影响。基于矿产资源开发生态补偿的法律基数较少，各地区的相关立法也相对空白。

表 7-2 各省市生态补偿立法情况

| 地区 | 已发布 | 现行有效 | 地区 | 已发布 | 现行有效 |
|---|---|---|---|---|---|
| 北京市 | 5 | 5 | 陕西省 | 5 | 5 |
| 天津市 | 1 | 1 | 河南省 | 39 | 27 |
| 河北省 | 12 | 10 | 湖南省 | 7 | 7 |
| 山东省 | 21 | 18 | 湖北省 | 4 | 4 |
| 上海市 | 4 | 3 | 江西省 | 4 | 4 |
| 江苏省 | 12 | 11 | 安徽省 | 9 | 9 |
| 浙江省 | 15 | 13 | 四川省 | 1 | 1 |
| 海南省 | 6 | 5 | 贵州省 | 7 | 7 |
| 广东省 | 10 | 10 | 云南省 | 3 | 3 |
| 福建省 | 8 | 5 | 西藏自治区 | 2 | 2 |
| 广西壮族自治区 | 1 | 1 | 陕西省 | 2 | 2 |
| 辽宁省 | 8 | 6 | 甘肃省 | 6 | 6 |
| 吉林省 | 2 | 2 | 青海省 | 4 | 3 |
| 黑龙江省 | 5 | 4 | 宁夏回族自治区 | 1 | 1 |
| 内蒙古自治区 | 2 | 2 | 新疆维吾尔自治区 | 6 | 6 |

4）重要的政策性文件

根据表 7-3，2005 年以来，国家和政府高度重视生态补偿制度的建设，在每年召开的重要会议以及有关文件上都会强调要将其作为年度工作的要点。数据显示，这些重要政策中提及的生态补偿主要作用于矿产资源、水环境、自然保护区、生物多样性等领域，内容多为要求加快建立健全生态补偿制度。值得注意的是，官方文件中使用的名称有所不同，如生态环境恢复补偿机制和生态补偿，但二者在本质上是相同的。政策内容逐渐具体化，从最初的"口号式"规定变为后来的具体要求。如 2006 年"十一五"规划提出了生态补偿的原则，2011 年"十二五"规划明确了生态补偿制度建设的任务是解决生态补偿资金短缺问题和探索市场化补偿机制，2016 年"十三五"规划确定未来五年内生态补偿的建设重点是建立多元化的补偿机制和标准评估体系。政府开始重视生态价值和代际公平，人与自然之间、人与人之间的平等发展理念受到了关注。这些变化极大地丰富了生态补偿制度的内容，为具体立法和实践指明了方向。

矿产资源开发生态补偿制度作为生态补偿制度运用的一大领域，先后多次被官方政策文件提及。具体内容为：建立健全矿产资源有偿使用制度；形成资源性产品的定价机制；改革资源税费制度；推进矿山地质环境恢复治理和矿区土地复垦；完善矿山环境恢复治理保证金制度，建立矿产资源国家权益金制度。这不仅利于与国际接轨，而且能够有效弥补生态补偿资金的缺口。

表 7-3 主要的政策文件

| 时间 | 政策文件 | 提及内容 | 涉及领域 |
| --- | --- | --- | --- |
| 2005 年 | 2005 政府工作报告 | 建立资源开发利用补偿机制和生态环境恢复补偿机制 | 矿场资源 |
| 2006 年 | 2006 政府工作报告 中国国民经济和社会发展第十一个五年规划纲要 | 抓紧建立生态补偿机制健全环评体系。首次规定按照谁开发谁保护，谁收益谁补偿的原则，建立生态补偿机制；健全矿产资源有偿占用制度和矿山环境恢复补偿机制 | 自然保护区、生物多样性、矿产资源 |
| 2007 年 | 十七大报告 | 加快建立生态补偿机制 | 水环境、生物多样性 |
| | 2007 政府工作报告 | 加快建立生态环境恢复补偿机制 | 资源性产品、流域 |
| 2008 年 | 2008 政府工作报告 | 改革资源税费制度，完善资源有偿使用制度和生态环境补偿机制 | 欠发达地区、大气、流域 |
| | 深化经济体制改革工作意见的通知 | 建立健全资源有偿使用和生态环境补奖机制 | |
| | 关于 2009 年深化经济体制改革工作的意见 | 推进跨省流域生态补偿机制试点 | |
| 2009 年 | 2009 政府工作报告 | 加快建立健全矿产资源有偿使用制度和生态补偿机制 | 矿产资源 |
| 2010 年 | 关于 2010 年深化经济体制改革重点工作意见 | 出台资源税改革方案，研究开征环境税的方案 | 矿产资源 |
| 2011 年 | 中国国民经济和社会发展第十二个五年规划纲要 | 加快建立生态补偿机制，设立国家生态补偿专项资金，探索市场化生态补偿机制；推进矿山地质环境恢复治理和矿区土地复垦，完善矿山环境恢复治理保证金制度 | 土地、草原、矿产资源、生态保护地区 |
| 2012 年 | 关于 2012 年深化经济体制改革重点工作意见 | 建立健全生态补偿机制 | 矿产资源、水、环境 |
| | 十八大报告 | 建立体现生态价值和代际补偿的生态补偿制度 | |
| | 2012 政府工作报告 | 建立健全生态补偿机制，促进生态保护和修复 | |
| 2013 年 | 中共中央关于全面深化改革若干重大问题的决定 | 进一步确定要实行的生态补偿制度，推动地区间建立横向生态补偿制度，建立吸引社会资本投入生态环境保护的市场化机制 | 矿产资源 |
| | 2013 政府工作报告 | 健全资源性产品价格形成机制和生态补偿制度 | |
| 2014 年 | 中共中央关于全面深化改革若干重大问题的决定 | 制定完善生态补偿法律法规，促进生态文明建设 | |
| | 2014 政府工作报告 | 探索建立跨区域、跨流域生态补偿机制 | |
| 2016 年 | 中国国民经济和社会发展第十三个五年规划纲要 | 加快建立多元化生态补偿机制，完善财政支持与生态保护成效挂钩机制，建立生态价值评估制度；建立矿产资源国家权益金制度和健全矿产资源税费制度 | |
| 2017 年 | 2017 政府工作报告 | 完善生态补偿机制，建立资源环境监测预警机制 | |

**2. 矿山环境恢复治理保证金制度的现状**

我国政策文件中多次提出要建立健全矿产资源开发生态补偿制度，但专门性的法律、法规、规章及其他规范性文件则很少提及。目前，我国虽然没有法律就矿产资源开发生态补偿制度做出具体规定，但是作为其重要内容的矿山环境修复治理保证金制度已在全国范围内建立起来，为保护和改善矿区生态环境提供了制度保障。

为了保护矿区生态环境，2006年，财政部等部门联合印发的《关于逐步建立矿山环境治理和生态恢复责任机制的指导意见》（财建〔2006〕215号）提出要逐步按照"企业所有、政府监管、专款专用"的规则建立矿山环境恢复治理保证金制度。这一规定引起了矿山环境恢复治理保证金制度的建设热潮。2011年实施的《中华人民共和国煤炭法》第二十条和三十二条规定采矿者要对遭到破坏的土地进行复垦和恢复，明确了采矿者履行责任的方式。2013年颁布的《矿山地质环境恢复治理专项资金管理办法》将设立矿山地质环境专项资金作为主要目标，其中矿山环境恢复治理保证金是专项资金的来源之一。目前，我国已有30多个省（市、区）建立了与矿山地质环境恢复方案、采矿权审批、年检挂钩的矿山环境恢复治理保证金制度，对各矿区生态环境质量的改善起到了重要作用，促进了矿产资源开发生态补偿制度的建立健全。

**3. 矿产资源开发生态补偿税费制度的现状**

矿山企业需要缴纳的税费名目较多，但具有生态补偿功能的主要包括矿产资源税、矿业权价款及使用费等税费。1993年颁布的《中华人民共和国资源税暂行条例》、1996年颁布的《中华人民共和国矿产资源法》、1998年国务院发布的"三办法"、1999年颁布的《探矿权采矿权使用费和价款管理办法》等法律法规确立了矿业权有偿取得制度，规定矿产资源开采者须缴纳资源税、矿业权使用费及价款。资源税是国家作为矿产资源所有权人的合法财产权益，具备"税"之平衡财政收支的基本功能。矿业权使用费及其价款是为补充资源勘探的不足和收回前期的勘探成本。可见，这些矿产资源税费并不具备生态补偿的性质，但有关文件却明确提出矿产资源补偿费、矿业权使用费及价款是中央恢复治理矿区环境专项资金的主要来源，为其赋予了一定的生态补偿功能。此外，排污费、水土保持补偿费等费用也是矿产资源开发生态补偿资金的重要来源。

1）矿产资源税、矿业权使用费及其价款

2016年7月1日以来，我国矿产资源税实行全面改革，按价计征方式成为主要的征收方式，税收所得全部纳入地方财政支配。一方面，将资源税与矿产品的市场价格挂钩，能够有效体现矿产资源的稀缺程度，增强其生态调节功能；另一方面，资源税全部纳入地税范围，符合公平正义的要求，有利于推动地方经济建设。但是，资源税的主要功能是平衡收支，除去这部分支出，能够返还于资源禀赋地的并不多，一定程度上影响了矿区"资源优势"与矿区经济发展动力之间的转变。再者，矿业权使用费及其价款的标准较低，对矿业权人的约束力偏低，生态补偿能力严重不足，其具体内容见表7-4。

2）排污费、水土保持补偿费和森林植被恢复费

很多学者将排污费、水土保持费等费用排除在生态补偿制度内容之外。但它们不仅具备生态补偿功能，而且其性质与生态补偿的相关性较大，是治理矿区生态环境问题专项资金的有机组成部分。我国于2003年开征排污费和森林植被恢复费，2014年开始征收水土

保持费。表7-5选取的是这几项费用中与矿产资源利用相关的内容。与资源税不同，排污费、森林植被恢复费和水土保持费必须专款专用，不得挪作他用。这些费用专门用于治理特定的环境问题，具有很强的生态补偿性。

表7-4 矿产资源税、矿业权使用费及其价款

| 费用项目 | 资源税 | 矿业权使用费 | 矿业权价款 |
| --- | --- | --- | --- |
| 征收标准 | 按价计征为主，按量计征为辅 | 矿区面积、年限 | 国家投资额度 |
| 税率费率 | 1%～20%，具体由省级人民政府确定 | 采矿权使用费：每平方千米每年1000元；探矿权使用费：每平方千米每年100元，第四年起每平方千米每年增加100元，不能超过500元 | 由国务院地质矿产主管部门确认的评估价格为准 |
| 征收部门 | 税务机关 | 矿业权登记管理机关（地质矿产主管部门登记机关） | 矿业权登记管理机关 |
| 缴纳义务人 | 开采矿产品单位、个人 | 矿业权人 | 矿业权人 |
| 分配情况 | 此次纳入改革的全部归地方财政 | 缴入财政专户，集中在部省两级 | 初次分配：中央20%，地方80% |
| 功能 | 调节资源级差收入 | 用于矿产资源勘查、保护和管理 | |

表7-5 排污费、水土保持费等费用

| 费用项目 | 排污费 | 水土保持补偿费 | 森林植被恢复费用 |
| --- | --- | --- | --- |
| 征收标准 | 排放污染物的种类、数量由负责污染物排放核定 | 征占用土地面积、开采量 | 征占用林地类型及其面积 |
| 税率费率 | 工作的环境保护行政主管部门核定 | 建设时期：按土地面积；开采期间：对石油、天然气生产井占地面积，对其的矿产资源按开采量计征 | 2%～10% |
| 征收部门 | 县级以上地方环境保护行政主管部门 | 县级以上地方水行政主管部门 | 县级以上林业主管部门 |
| 缴纳义务人 | 向环境排放污染物的单位和个体工商户 | 开采造成原油水土保持功能不能恢复的生产建设单位和个人 | 开采矿藏占用、征用、临时占用林地的单位 |
| 分配情况 | 纳入财政预算，列入环境保护专项资金 | 中央：地方=9:1；地方政府按照省级财政部门和水行政部门确定分配比例 | 入库同级国库，省级返还林地所在地不低于80%；市、县级全部用于地 |
| 用途 | 专项用于环境污染防治 | 专用于预防和治理水土流失 | 专用于植树造林恢复植被 |

**4. 矿产资源开发生态补偿示范项目的实施现状**

近年来，为治理矿山地质环境问题，国家和政府启动了系列示范项目，大力建设绿色矿山、矿山公园、和谐矿区，并取得了良好成效，使得废旧矿区生态环境得以恢复，延缓

了新环境问题的产生速度,树立了一批矿山地质环境恢复治理的先进典型。

综上所述,我国矿产资源开发生态补偿制度已初步形成,国家和政府的引导、扶持力度持续加大,企业的责任意识和公众的权利意识逐步提高,但仍存在不少问题。为了平衡矿产资源利益相关者的利益,实现生态效益、经济效益的统一发展,有必要对存在的问题展开具体分析,便于提出有针对性的完善建议。

## 二、中国矿产资源开发生态补偿制度存在的问题

我国矿产资源开发引发的问题主要包括环境污染、生态破坏和地质灾害,导致矿区的生态利益供给关系紧张,矿区生态环境建设滞后于生态文明的建设需求。在这种情况下,引入生态补偿制度,对于矿区生态环境的恢复治理较为有效,能够激励相关主体减少或增加生态环境损害或建设行为。通过考察相关现状可知,我国矿产资源开发生态补偿制度顶层设计不合理,作为其主要的内容,矿山环境恢复保证金和矿产资源开发生态补偿税费制度也存在诸多不足,再加上监管体制不健全,生态补偿制度落实困难。

1.矿产资源开发生态补偿制度的顶层设计问题

矿产资源开发生态补偿制度的顶层设计包括其上位概念生态补偿的顶层设计和其本身的顶层设计。前者主要包括法律法规等规范性文件的制定与实施,法律法规的级别越高,效力越高,指导性和约束力也越强;后者是指该制度体系、内容的完善,指导具体领域内的实践活动。我国矿产资源开发生态补偿制度在顶层设计方面存在的问题表现为地方规范性文件居多、上位法缺位,使得制度运行规则不明确。

(1)上位法缺位。

生态文明理念提出以来,生态补偿制度逐步成熟。但我国缺乏具有普遍约束力的生态补偿法律规范,对生态补偿法律关系有所规定的法律、行政法规甚少,致使我国生态补偿基本内容不明,如主体权利义务界限模糊、补偿标准界定困难等,进而造成生态补偿实践困难重重。在矿产资源开发保护领域,相关立法更为缺乏,严重滞后于矿区生态环境问题治理的需要,矿区生态质量持续下降,矿区内部、矿区与非矿区之间的和谐关系受到挑战和威胁。矿产资源开发涉及诸多主体的利益,若没有强有力的法律进行规整,容易造成利益纠纷,引发社会不安。虽然国家和政府曾在多次会议、多份报告中提出要加快建立矿产资源开发生态补偿制度,但相关立法进程却异常缓慢,现行有效的法律很少对矿产资源开发生态补偿制度做出直接规定。2016年《国务院办公厅关于健全生态保护补偿机制的意见》确定的重点补偿领域并未囊括矿产资源,《矿产资源法》等法律对矿山环境问题规定过于笼统,矿产资源开发生态补偿制度的主体内容仍旧停留于理论层面。可见,我国亟需加强矿产资源开发生态补偿制度的顶层设计。

(2)地方规范性文件过多。

通过现状分析可知,市级以上政府及其职能部门发布的规范性文件是地方生态补偿制度运作、调整本地区内生态补偿法律关系的主要法律依据。但是,这些规范性文件的效力层级较低、宏观调控力较弱,尤其在应对跨流域、跨地区的生态环境问题治理方面更显力不从心。近些年,各地区出台了很多与矿山生态环境恢复治理保证金制度相关的规范性文件,但也仅是对矿产资源开发生态补偿制度的某项子制度进行设计,并未触及宏观的生态

补偿法律制度构建，缺乏普遍性的指导作用，不能发挥制度的最大效用。

由此，我国矿产资源开发生态补偿制度上位法规制缺乏、地方性规范文件多但约束力受限，不利于制度的全面贯彻落实。产生上述问题的原因诸多。其一，生态补偿制度是一项相对新型的引进制度，制度本身不够成熟完善，与我国情况实现接轨还需要经过较长的磨合期。且学界和实务界对生态补偿法律制度的内容仍未达成统一意见，不具备立法条件，否则可能挤占、浪费立法资源。其二，虽然我国在森林、流域生态补偿实践方面经验丰富，但由于矿产资源的不可再生性、可耗竭性及其开发的社会必要性和公益性等特性决定了矿产资源开发生态补偿制度具有特殊性，因此不能随意地实行制度迁移。即便如此，矿产资源开发生态补偿制度介入矿区生态文明建设已成为一种主流趋势，经济活动引发的负效应也迫切需要生态补偿制度来内化。

2. 矿山环境恢复治理保证金制度存在的问题

矿山环境恢复治理保证金是由矿山企业缴纳的、用于激励和保证其履行恢复、治理矿区生态环境义务的财产担保。若矿山企业完全或部分履行了其义务，就可取回全部或部分保证金。经过分析，我国矿山环境恢复保证金制度在缴存标准、方式、缴存率等方面存在着不足。

（1）缴存标准过低。

目前，矿山环境恢复保证金制度已在全国范围内建立起来，其具体缴存数额由矿区面积、开采年限、开采方式、影响系数等因素决定。各地区要求保证金不可低于环境治理所需的费用，具体的缴存标准因经济发展情况、资源赋存和生态环境状况的不同而表现出较大的差异性。而在具体实践中保证金的缴存标准却远低于治理费用，严重背离了就高原则。从性质上来讲，矿山环境恢复治理保证金是一种履约担保，用于激励矿山企业保护和改善矿区生态环境，过低的缴存标准会减弱其激励作用。最后，保证金的返还核查机制较为宽松，对矿山企业的约束力不强，使得矿山企业承担的矿区生态环境恢复治理责任与取得的利润收益不成比例，矿区生态环境保护责任被迫转移给了政府和社会公众。

缴存标准过低有深厚的根源。一方面，受经济发展优先于生态保护的理念影响，人类长期注重开发矿产资源的经济价值，对于矿产资源开发引发的生态价值损耗缺乏应有的关注。另一方面，我国缺乏矿产资源生态系统服务价值的评估机制，矿产资源及其产品定价体系中未包含修复生态价值的成本，不能充分补偿生态价值的损失。

（2）缴存方式单一。

我国矿山环境恢复治理保证金制度建立实施已有17年之久，但矿山企业提供履约保证的方式仍以缴存现金存款为主，资产担保、信用担保等尚未发展成为保证方式。与资产担保不同，现金一旦交付于国家和政府，矿山企业享有的所有权便形同虚设，权利主体不能按照自己的意愿支配自己的财产，只能等到完成约定的治理任务并通过国土资源行政主管部门验收合格后方可取回。这一管理模式不仅会影响资金的周转效率，不利于资本的充分流通，而且矿山企业履行完矿区环境治理义务后才被返还意味着事先缴存的这笔资金并不能直接用于矿区生态环境治理，而是需要再行调取资金，这无疑会加重矿山企业的负担。更为重要的是，单一的保证方式加上较低的缴存标准容易使矿山企业的治理责任社会化，为矿山企业通过牺牲部分资金换取责任豁免提供了便利条件。因为环境治理成本远高于保证金数额，其被留存成为国家和政府治理矿区生态环境问题的专项基金，对矿山企业而言，不但没有损失，甚至会是种经济的选择。因此，仅通过缴纳现金作为担保，容易引发矿山企业的投机行为，将修复治理矿区生态环境问题的责任转移给政府、矿区居民等社会主体，这明显违背了公平正义的法律原则。

造成这一问题的主要原因是矿山环境修复治理保证金制度尚处于发展初期，缺乏系统性和统一性。简单的保证方式操作起来方便，能够节约大量的人力、物力成本。另外，国外的有益探索移植至国内还需要一个适应过程，不可冒进，应根据实际情况进行完善，不可照搬模仿其他国家的模式。

（3）缴存率有待提高。

我国矿山环境恢复治理保证金缴存率不高，有接近两成的应缴存矿山未实际缴存保证金，实际缴存的金额仅占应缴存金额的一半左右，这无疑削弱了矿山环境恢复保证金制度的生态补偿能力。矿山企业按照约定缴纳保证金是矿业权人获批采矿许可的前提条件，否则便不能取得进入资源开发市场的资格。我国矿产资源勘察开采在可预见的时间内并不会停止，表明保证金的缴存率仍会持续增加，应相应地提高矿山企业的缴存率，有效发挥保证金的功能。

我国矿山环境恢复治理保证金的实际缴存率较低，主要的原因包括：

① 矿山环境恢复保证金的应缴数额是开发前一次性核算出来的，而矿山企业则往往采取分期缴存的方式，统计年度内所得的数据并不是最终的数据。

② 矿山企业的社会责任意识淡薄，没有将环境保护内化为自己的价值观念，存在侥幸心理和短视行为。加之其承担的税费负担较重致使资金周转困难。

③ 国家和政府对矿山企业的管理、监督不严格，没有规定除现金担保之外的其他保证方式，也未及时督促矿山企业足额缴存保证金。

除此以外，我国保证金制度是一个有机的整体，返还机制、监管制度等重要的配套制度不健全使该项制度难以落到实处。返还机制是指矿山环境恢复治理保证金的所有权仍属于矿山企业，政府只是监管者，矿山企业履行了自己的责任后可将所有权恢复至完整状态。返还机制建立的初衷是提高矿山企业的积极性，但要求过于宽松软便会使其作用大打折扣。根据数据显示，我国矿山环境恢复治理保证金的留存比例较少。其次，制度渐严的情况下矿区生态环境问题却与日俱增。这从侧面发映出矿山企业并没有善良而真诚地履行自身的环境修复责任，同时也表明相关机构在审核矿山企业的环境治理任务完成情况时不够严格，监管力度偏软，致使矿山企业取回保证金过于容易。政府及其管理部门以 GDP 为政绩衡量指标，他们往往会牺牲生态效益换取眼前的经济利益，调低矿山企业的准入门槛，降低其退出矿区环境治理机制的标准和要求，最终阻碍矿山环境恢复保证金制度的有效实施。

综上所述，我国矿山环境恢复治理保证金存在收取标准低、缴存方式单一、缴存率低、配套措施不完善等问题，亟需进行针对性改革，提高其生态补偿能力，充分发挥其生态补偿功能，减少矿产资源开发造成的外部效应，增加或维持矿区生态环境的利益，保障矿区居民的生存和发展环境，建设绿色矿区，实现可持续发展。

3.矿产资源开发生态补偿税费制度存在的问题

资源税、矿业权使用费及其价款、水土保持费等税费是矿产资源开发生态补偿资金的主要来源之一,影响着矿区生态环境的恢复治理效果,但是由于存在许多不足其难以担起生态补偿的重任。

(1)缺乏补偿性质和功能定位。

在我国,煤炭、石油等矿产资源开发行业承担的社会责任较重。我国矿山企业缴纳的税费名目繁多,但各项税费之间存在性质定位不准、功能重叠等问题,造成相关企业承担的责任与社会需求严重失衡。首先,资源税、矿业权使用费及其价款的性质定位失准,缺乏生态补偿的性质界定。资源税、矿业权使用费皆根植于地租理论,不同的是资源税是国家基于行政管理权征收的,而矿业权使用费是国家让渡矿产资源使用权的合法收益,但二者皆是国家作为所有权主体的财产收益,在设置上存在重叠的嫌疑。其次,资源税、矿业权使用费及其价款的生态补偿功能微弱。实践中,资源税、矿业权使用费及其价款虽有部分比例被用于资源保护和管理,但仅占这些收入的一成左右,其对矿产资源开发生态补偿的贡献率极低,所起作用较小。最后,水土保持费、排污费等费用存在重复征收的现象。环境保护涉及水利、林业、环境保护等多个行政主管部门,依照管理权限他们可对同一行为征收不同的费用,但这容易造成重复征收,加重矿山企业的社会责任。从理论上来说,矿山企业的一个排污行为确实可能会引起土壤污染、水源污染、森林破坏等多种环境问题,但若每个职能部门都对其进行处理,不仅违背了"一事不再理"的法律原则,更不利于环境问题的统一高效处理。

之所以产生上述问题,一是因为设置资源税、矿业权使用费等税费的法律法规缺乏生态补偿理念的指导,却关注如何补偿矿产资源的经济价值,而未给予矿产资源的生态价值足够的重视。二是因为环境本身的整体性与行政管理存在矛盾之处,单独设立一个部门难以应对复杂多变的环境问题,设立多个部门则会出现管辖交叉重叠的问题。三是因为资源税、矿业权使用费及其价款有其法定的用途,设立初衷并非是为补偿生态价值,仅是在尚未设立专门生态补偿税或生态补偿费的情况下补充承担资金保障责任,所以其生态补偿功能当然不足。

(2)税费收入层级配置不合理。

在矿产资源开发中,受益地区广泛而受损地区较少,其中资源禀赋地是利益受损最为严重的地区。一方面,矿产资源被开发后,资源所在地就失去了生存和发展优势资本,且承担着资源耗竭的风险。另一方面,矿山企业的资源开发活动会引起矿区生态严重超负荷,而资源禀赋地承担着这部分外部成本。在这种情况下,若无相应的利益补偿,容易激发矿区居民的不满情绪,诱发利益冲突。纵观我国的税费分配体制,资源税、矿业权使用费及其价款等税费收入在层级配置时并未向利益受损区域倾斜,而是将这些收入用于平衡财政收支、矿产资源勘查和管理等方面,具体表现为:

① 资源税对地方财政的贡献率较低,并且保护矿区生态环境并非其主要的支出方向。

② 矿业权使用费及价款用于恢复治理矿区生态环境的比例较少,尤其是矿业权价款经过层级分配后,能够返还到资源地的比例所剩无几,而专用于治理矿区生态环境的比例则更是少之又少。

③ 排污费、水土保持费等是环境问题治理的专项资金,但是其侧重于事后救济,并非专项用于救济矿区的生态环境。而且经过各级财政分配后,最终划归资源所在地使用的资金比例并不高。

国家和政府取得的矿产资源税费收入基于矿产资源的开发程度。而资源禀赋地不仅是生态环境恶化的承担者，而且是矿区生态补偿的主要实施主体。如果没有足够的资金保障，必然会造成地方政府的财权与事权不匹配，挫伤当地政府和居民的积极性。我国矿产资源资源税、矿业权使用费及价款等税费分配时没有重点向资源地倾斜，说明我国资源收益分配机制不合理。从上到下的分配顺序使得有权参与分配的主体过多，而矿产资源所在地常常作为分配链条的末端获得上级部门分后剩余的部分。

4. 生态补偿示范项目实施中存在的问题

建设绿色矿山、矿山公园、和谐矿区是我国开启的矿产资源开发生态补偿示范项目，在矿区生态环境保护和建设方面颇有成效，但是在具体实践中也存在不少问题。

在绿色矿山建设方面，试点范围主要集中在能源、有色金属、冶金行业，其他行业的参与度较低。

矿山公园示范项目建设整体呈现上升趋势，但增长缓慢，具备国家级资质的公园比例较少。截至目前，矿山公园示范项目实施已有十余年，但具有国家级矿山公园资质的仅有72处，建成开园的概率不足50%。另外，矿山公园建设地域分布不均，矿产资源丰富且生态环境脆弱的西部地区的矿山公园数量远低于东部和中部地区，建设力度有待加强。

在和谐矿区建设方面，行业协会积极助推，参与的地区不断增加，但是试点范围地域差异明显。内蒙古自治区的试点取得阶段性成效，而陕西省、贵州省等地才刚刚起步，建设水平较低，相关制度尚未成熟。此外，矿山企业建设和谐矿区的积极性有待提高。2013年，累计只有55家企业发布社会责任报告，大部分矿山企业没有发布责任报告。

矿区生态补偿具体项目实施过程产生的系列问题，是由于国内相关项目起步晚、层次低，社会各界主体认识不到位，整体上还处于摸索和被动建设时期造成的。另外，奖惩机制不健全，使得相关主体的积极性不强，影响了矿区生态补偿示范项目的效果。

5. 监管体制混乱

生态补偿制度的精准落实需要有效监管，我国矿产资源开发生态补偿监管机制不符合矿区生态环境治理的要求。一方面，矿产资源开发关系到矿产地质管理部门、水利行政管理部门、农业行政管理部门、环境保护行政管理部门等多个部门的利益，导致矿产资源开发生态补偿监管是一个庞杂的充满利益博弈的系统工程。反观我国的矿产资源开发生态补偿监管体制，跨流域、跨部门的综合性协调机构缺位，阻碍着生态补偿制度的高效运作，影响着矿区生态环境的整体治理效果。另一方面，我国矿产资源开发生态补偿制度的相关监管手段过于宽松，缺乏刚性的监管制度保障，执法不严使得补偿难以进行，矿产资源禀赋地政府及其上级部门为提高GDP而降低环境保护门槛的现象屡见不鲜，致使矿区环境问题不断滋生。

从意识层面上讲，生态补偿理念普及度不高，未深入立法者、执法者、司法者的实际工作当中，造成生态补偿监管过程流于形式化，专项资金被挪用、截留。从法治建设层面上来讲，我国缺乏统一的法律来规范矿产资源开发生态补偿制度，其内涵、标准、范围等内容未得到明确，各类规费的征收依据、分配使用机制不合理，使得相关职能部门的监管职责难以落实。

综上所述，我国矿产资源开发生态补偿制度存在的主要问题包括：法律建设不足，缺乏统一性规范，各地矿产资源开发生态补偿制度的建设进程不一，标准较多，补偿力度差异明显；矿区生态环境修复治理保证金缴存标准过低、方式单一，缴存率有待加强；矿产资源开发生态补偿税费缺乏生态补偿的法律性质定位，生态补偿能力较弱，分配机制不合理；矿区生态补偿示范项目建设进程缓慢，矿山企业的参与度有待提高；监管体制较为混乱。此外，还存在市场补偿机制不健全、横向补偿机制未全面形成、纵向补偿机制不到位、公众的权利意识和参与意识不强等问题。上述问题的存在，使得矿产资源开发生态补偿制度运行困难，不能有效发挥其制度功能，生态环境的保护建设工作难以进入全新的阶段。

### 三、国外矿产资源开发生态补偿制度的经验借鉴

基于我国矿产资源开发生态补偿制度存在一系列的问题，有必要考察国外相关制度的建设情况，吸收借鉴其法律体系、责任划分、准入与退出机制、资金保障和监管体制等有益成分，完善我国的矿产资源开发生态补偿制度。

1. 完备的法律体系

美国、德国、澳大利亚等国是较早实施生态补偿的国家，他们的共同点是都将矿产资源开发生态补偿制度上升到法律层面，制定专门的法律规范和配套措施来确保生态补偿制度的高效落实。具体来讲，《德国民法典》《德国矿产资源法》《德国矿区共同决定法》以及1980年《联邦矿产法》、1990年《联邦矿山法》等法规是德国矿区生态补偿的主要法律依据，这些法规为不同阶段的矿区设置了不同的治理方案。美国1920年《矿区租赁法》、1976年《露天采矿法与复垦法》、1977年《联邦露天采矿控制和复垦法案》、1980年《超级基金法》以及各州制定的相关法律明确规定了矿产资源开发生态补偿的主体、原则、矿区复垦标准等内容，确立了矿区复垦许可证制度、土地复垦基金制度、保证金制度。这三项制度构成了美国矿产资源开发生态补偿制度，保护和改善了美国的矿区生态环境。澳大利亚于20世纪后期制定的《环境保护法》和《矿产资源开发法》等法律对矿产资源开发生态补偿制度的具体内容进行了规制，瑞典、日本等国制定的《矿业法》对于协调相关主体的利益关系产生了重要的作用。

我国是矿产资源大国，严峻的矿区环境问题治理现状亟需生态补偿制度的干预。针对目前存在的顶层设计缺位，我国应借鉴这些国家的先进经验，立法先行，建立统一高效的法律体系，制定相关的政策措施，对矿产资源开发生态补偿制度的内涵、主体、客体、权利义务、原则、标准等内容进行细致规定，提高生态补偿制度的可操作性。其次，实现法律法规与地方性法规规章的良好衔接，使其共同作用于矿区生态环境的恢复治理，形成矿产资源开发前、开采中、开采后全过程全方位的预防与治理体系。最后，规定严格的奖惩制度，对矿山企业等主体消耗环境利益的行为课以严格的法律责任，给予生态利益提供者和建设者必要的奖励，进而提高矿区生态环境质量的水平。

2. 新旧矿区补偿责任的界定

德国《联邦矿山法》界定了新、老矿区，并建立了区分责任制。对于找不到具体责任主体的原东德老矿区的环境问题，由政府出资补偿和监督，具体实施由专门的矿产复垦公司承揽，资金由联邦政府（75%）和州政府（25%）联合提供。而对于新开发的矿区和

原西德老矿区，则严格遵循开采者负责原则，由矿山企业承担补偿责任，政府负责定期监督。美国与德国相似，也建立了分类补偿制度，具体是以《联邦露天采矿控制和复垦法案》的颁布时间为节点，在该法律颁布之前已经开采完毕的废弃矿坑和土地，生态环境恢复治理责任由政府承担，资金主要来源于废弃矿恢复治理基金；而在该法律颁布后产生的生态环境问题则由矿山企业完全负责。矿区分类补偿方式体现了国家的管理职责和所有权能，符合法律不溯及既往的原则。而且严格的法律责任利于制约矿山企业，激励其履行矿区环境恢复治理义务。与此同时，为减轻矿山企业和社会的补偿责任，提高其补偿能力及信心，政府财政也会适当地支持其生态补偿工作。

由谁承担责任和承担什么样的责任是矿产资源开发生态补偿制度的核心问题之一。国外的矿产资源开发生态补偿责任界限清晰，通常以法律颁布为节点，将需要生态补偿的矿区分为新矿区和废旧矿区，并为两种矿区设立了不同的生态补偿模式。结合我国的实际情况，政府补偿模式不仅容易造成国家财政紧张，而且容易导致矿山企业的权责不对应，使其享受了权利带来的巨大收益却没有承担相应的义务，将环境治理责任转嫁于政府和社会。鉴于此，我国应从国外的相关经验中总结启示，以法律形式规定新旧矿区的责任分界点，明确政府、矿山企业承担生态补偿的责任情形。如此一来，各方责任主体便能集中力量，专注于恢复治理自己责任领域内的环境问题，互相推诿、互相扯皮的混乱情况将得到有效改善，矿区生态环境修复治理的整体效果将得到提高，生态补偿制度的实施障碍将得到一定程度的清除。

3. 严格的准入与退出机制

为预防和治理矿区生态环境，国外建立了严格的准入机制和退出机制。准入机制包括许可证制度、复垦计划书、保证金或抵押金制度等；退出机制包含的内容有保证金的返还、严格的环境质量标准等。这两种机制互相配合、互相作用，有效减少了因矿产资源开发所造成的环境损害。

1）准入机制

矿产资源一般属于国家所有，任何单位和个人获得开采权的前提是获得国家的许可，采矿许可证限定了其权利范围。在生态中心主义的影响下，很多国家开始关注矿产资源保护，将采矿许可证与矿山环境恢复治理保证金、复垦计划书或复垦方案挂钩，即矿业权申请人只有出具科学合理的复垦计划，并且缴纳保证金或抵押金，才能取得采矿许可证，进入矿产资源开发市场。美国实行采矿许可证和复垦许可证双证许可制度，其中复垦许可证由内政部或相关管理机构颁发。申请采矿许可证时矿山企业应提交开采及复垦计划书，并缴纳由第三方机构或专家评估确定的相应数额的恢复治理保证金。美国双证许可制度能够有效筛选出适当的矿产资源开发主体开发矿产资源，降低矿区生态环境质量下降的风险，保障矿区生态安全。德国《联邦采矿法》规定制定并提交内容详实的矿区复垦方案是矿山企业取得采矿许可证的前置程序，并且要求企业每年提取3%的利润作为矿区复垦预留资金，为后期的矿区生态补偿提供充裕的资金支持。澳大利亚相关法律规定矿山企业如果要取得采矿许可证，就要事先进行环境影响调查和评价，与土地所有者谈判，形成并提交包含环境影响评价书、土地复垦书在内的项目规划书，同时还要在开采矿产资源前缴纳复垦抵押金。这些国家对即将进入矿产资源开发市场的矿山企业提出严格要求，可以有效预防矿区环境问题的产生，而且可以实现资源的优化配置，减少稀缺矿产资源的浪费和破坏。

2）退出机制

在退出开发市场方面，很多国家遵循的是原样复垦原则，也有一些国家要求将矿区生态环境质量恢复至原有水平之上，矿山企业可通过建设公园、鱼塘等方式实施生态补偿。首先，"闭坑计划"在很多国家实施，即在申请采矿权时就提供复垦计划，之后要按照计划履行承诺，否则要承担一定的责任。其次，德国法规明确要求矿产资源开发者要负责周围下水位恢复、土层分类堆放复垦、耕地复垦等；美国法律对矿区表层土壤、水源等要素的复垦标准和程序等都进行了规定。严格的环境恢复治理标准不仅能够排除矿山企业应付差事式的补偿，而且能够有效预防矿山企业退出补偿机制后矿区环境问题的复发。另外，有些国家实行矿山企业长期负责制，主要是应对矿区环境问题的隐蔽性和潜伏性。如德国矿坑恢复为人工湖的负责年限为100年，耕地成功种植7年作物后方可验收；澳大利亚的矿区复垦责任由矿山企业与政府共同承担，只有复垦水平达到复垦方案规定的标准后矿山企业才能退出。再其次，建立采矿权的收回机制。澳大利亚矿业公司的开采权收回的情形包括：矿业公司违规不缴纳抵押金；经两次催促后仍不提交年度影响报告；不按照约定完成复垦工作；环境治理未达到标准，居民不满意，且情节严重。最后，设定保证金等担保资金的返还机制。矿山企业取回保证金的唯一条件是完成复垦任务，反之，若未完成复垦计划或没有达到法定标准，则不予退还保证金。澳大利亚政府将留存的保证金移交于第三方机构代矿山企业履行矿区生态恢复治理责任，不足部分由矿山企业补足。无论是自然退出还是强制退出，都是以法定的环境质量标准和要求为判断依据，表明了对矿山企业责任履行的严格监管与评估，利于维持矿区生态的平衡。

比较而言，我国矿产资源开发无序、进出容易，这不仅造成了矿产资源的耗竭和浪费，而且加速了矿区生态环境问题的产生，矿区居民的生存权、发展权等合法权利被侵犯，进而延缓了和谐矿区的建设进程。国外早在20世纪初期就开始建立严格的矿产资源开发市场准入准则和退出机制，将不符合法定条件的申请者"拒之门外"，将采矿权赋予遵纪守法、复垦信誉良好的企业。获准进入矿产资源开发市场的矿产企业应边开发边复垦，采用绿色、清洁、高效的技术设备生产经营，恢复治理工作经验收合格后方可退出。我国应学习这种机制，预防为主，兼重治理，将矿产资源开发活动造成的矿区生态环境问题控制在最低限度，并激励相关主体积极履行责任，高效完成矿区生态环境的治理工作。

4. 健全的资金保障制度

国外矿产资源开发生态补偿制度的突出特点是资金来源的多元化。国家转移支付、地区间横向转移支付、矿山生态恢复治理保证金、矿产资源开发生态补偿税费、社会团体捐款等都是生态补偿资金的有机组成部分，确保了生态补偿资金充分供应。

1）废弃矿山生态补偿资金

废弃矿区的生态补偿责任主体是政府，政府负责筹集、管理补偿资金。针对废弃矿区，美国联邦政府、各级州政府都设立了矿山生态环境恢复治理专项基金，用于补偿废弃矿区生态环境，消除不良影响。其中，联邦政府专项基金主要来源于矿山企业缴纳的生态治理费治理后的土地使用费、对矿山企业违规采矿行为的罚款以及社会团体、其他单位、个人的捐助；而各州政府的专项基金主要由联邦政府拨付。德国矿业复垦公司整治废弃矿区所需资金由联邦政府和州政府提供,资金主要是从矿产资源销售税中提取。

2)新建矿山生态补偿资金

新建矿区的生态补偿责任主体是矿山企业,承担责任的形式可以是缴纳生态治理费、保证金、碳税等税费,也可以是自主实施环境保护行为、加强技术研发等,其中得到广泛应用的是前者。

德国建立了预留专项基金制度和横向转移支付制度,预留专项基金由矿山企业从年利润中提取一定的比例构成,富裕地区与贫困地区之间的横向转移支付制度利于实现利益的均衡分配。瑞典1991年《生态税调整法案》是世界上首部生态税法案,规定要对煤炭、石油、天然气等征收碳税(每吨二氧化碳需缴纳120美元),法国也于2001年制定了生态税收政策,征收标准从2001年的每吨二氧化碳150~200法郎提高至2010年的500法郎,主要是用于丰富生态恢复治理基金。英国在环境保护中贯彻"污染者治理、污染者出钱"的原则,向矿产企业收取废物排放费、环境治理费用以及对某些产品征收环保研究费。日本等国设立的环境危害税、资源税等税费能够将生态负外部性内化,提高被征收企业的环保意识。

我国正处于生态补偿制度的探索阶段,资金不足是主要阻力之一,国外多元化的生态补偿筹资机制对我国具有重要的借鉴意义。一方面,我国矿山生态环境修复治理保证金制度威慑力不足,矿山企业并未因缴纳保证金而减少环境损害行为。另一方面,矿产资源税、矿业权使用费及价款等税费制度的生态补偿能力较低,国家和政府的生态补偿专项基金缺乏,废弃矿山未复垦而新建矿山问题不断产生恶性循环。因此,我国应从资金融资模式方面下手,设立多元化的资金筹资机制。政府财政支付的同时也要注重激活市场活力,为直接受益群体制定适宜的责任承担方式,用经济手段激励责任落实,吸引其他单位、社会团体和公民参与到生态补偿过程中来,提高生态补偿的实施效果。

5. 科学的监管机制

国外建立了完善的监督管理机制,极大地提高了矿产资源开发生态补偿制度的实施效率。设置专门管理机构,职能部门之间权责明晰,协同配合。美国内政部负责管理矿区的生态修复工作,露天采矿与复垦办公室负责具体执法,各州内的矿区复垦工作由本州资源部管理,土地管理局、矿产管理局等部门通力协作恢复矿区的生态环境。加拿大采取联邦政府、省政府分层管理体制,联邦政府统筹协调,各省级矿业主管部门履行本地区的矿区管理职责,并配合联邦政府处理跨行政区域的或与公共利益关系密切的矿区事务。

企业追求利益的最大化,在违法成本小于违法收益的情况下,它会理智选择违法。我国应重视制度建设,防止企业的短视行为,引导企业树立合法经营、绿色生产的和谐发展理念,提高行业自律水平。我国应积极吸收国外矿产资源开发生态补偿制度的有益经验,完善法律法规体系,增加可操作条款;明确不同责任主体的责任界限,妥善处理不同矿区的环境问题;严格控制进入矿产资源市场的企业数量与质量,将复垦方案、保证金等与采矿许可证制度挂钩;拓宽矿山环境治理资金的来源路径,保证专款专用;实行严格的监管制度,设立专门的管理检查机构,形成政府监督、公众监督、企业自我监督等全方位的监督体系,预防开采活动外部成本的产生,各方协同合作,共建建设绿色、和谐的矿区。

## 四、完善中国矿产资源开发生态补偿制度的构想

我国矿产资源开发生态补偿制度存在的问题严重影响着制度作用的发挥，阻碍着矿区生态环境的恢复治理效果。为了推进生态文明建设进程，贯彻绿色、协调、创新、共享、开放的发展理念，实现社会的可持续发展，应根植于国内具体实际，借鉴国外相关制度的经验，推广生态补偿制度，尽快建立健全矿产资源开发生态补偿制度，协调好经济发展与生态保护之间的关系，妥善解决受益群体与受害群体的利益纠纷。

1. 健全生态补偿法律法规体系

在我国，宪法的效力最高，其次是法律、行政法规，再其次是地方性法规和地方政府规章，最后是地方规范性文件。效力越高，约束力越强。目前，我国对于矿产资源开发生态补偿制度的内容散见于各部门法，这不利于矿产资源开发生态补偿的法律化和制度化，也不符合世界的发展潮流。鉴于此，我国应与时俱进，将生态补偿理念融入立法工作当中，加强生态补偿的顶层设计，同时设计的配套法律法规，以法治力量推动生态补偿制度的完善，促进生态文明的建设。以2016年国务院办公厅发布的《国务院办公厅关于健全生态保护补偿机制的意见》为蓝本，尽快出台《生态补偿条例》，明确生态补偿的基本原则、目的要求、重点领域的补偿任务等内容。具体完善建议如下：

（1）将促进生态文明建设、保证生态系统服务供给、促进人与自然和谐相处、提高社会环境保护意识作为生态补偿的目的，确立谁受益谁补偿的基本补偿原则，明确生态补偿责任界限及其具体内容。

（2）建立生态补偿标准估算模型，以恢复治理成本为补偿标准或以实际造成的生态系统功能价值损害为依据，或以机会成本为准，或以各种成本总和为基础，统筹经济发展水平、企业承受能力等因素确定具体的数额，同时注意不能过分加重企业的负担。

（3）以生态利益增减为基准明确生态补偿的范围，增加生态利益的行为或活动应得到补偿，减少生态利益的行为或活动应给予补偿。

（4）矿产资源应与森林、湿地、草原等具备同等的法律地位，矿产资源开发生态补偿制度应被确定为重点实施领域。

（5）建立健全配套机制，拓宽资金筹集渠道，设置科学而严格的监管制度，成立专门的监督部门，配备专门的人才。

在统一性规范的指引下，完善各领域内的其他配套法律法规，开展专门立法，加强生态补偿制度的可行性。在矿产资源开发生态补偿法律制度建设方面，一方面，要及时修改《矿产资源法》《环境保护法》等法律法规，将《生态补偿条例》的原则、要求、制度等内容吸收进这些法律中，成为矿产资源开发、利用、管理等活动的指导思想，为本领域开展生态补偿工作提供有力的法律依据。在条件成熟的情况下，制定专门的《矿产资源开发生态补偿条例》，对具体内容予以明文规定，包括主体及其权利义务、客体、对象、范围、标准、资金保障、监督管理等内容，充分体现矿产资源开发生态补偿制度的特性。另一方面，地方各级政府要积极出台适合本地区的矿产资源开发生态补偿制度规范，科学处理本地区因矿产资源开发引起的生态环境问题。

当然，由于生态补偿涉及的利益主体广泛、补偿标准的确定技术含量较高，若直接将

生态补偿制度全面上升至法律层面会损耗较高的立法成本和社会成本,而且可能达不到预期的治理效果。所以,可采取从下至上的立法模式。具体而言,国家可制定相关政策提供指导,鼓励在矿产资源等环境问题重灾领域引入生态补偿制度。地方政府积极开展试点并做好经验教训总结,及时制定与本地情况相适应的地方性法规、规章及其他规范性文件。在各地实施效果良好、制度逐渐成熟的时候,上级政府及其部门应及时出台相关的法律法规,规范全国范围内的生态补偿制度,确保生态补偿制度的运行秩序,提高生态环境恢复治理的整体效果。

2. 完善矿山环境修复治理保证金制度

矿山环境恢复治理保证金制度是以经济手段激励矿山企业认真履行矿山环境恢复治理义务。保证金作为一种预防机制,运用得当可以防止矿区环境问题的产生,运用不好则会加重企业的负担,而且会降低政府的威信。与国外的保证金制度相比,我国恢复保证金制度存在缴存标准低、保证方式单一等问题,解决这些问题将提高矿产资源开发生态补偿制度的落实效率。

(1) 提高缴存标准。

严格遵循总额不能低于矿山复垦成本的原则,提高矿山环境恢复治理保证金的缴存标准。政府投资、鼓励专业机构监测评估矿山复垦成本,建立统一而操作性较强的补偿标准核算模型。在实际中,矿山企业的承受能力有限,尤其是中小型企业资金周转较为困难。我国应深入实行动态缴存方式,允许分阶段缴存,每一阶段的保证金应随着资源的稀缺程度、市场价格变动进行适当的调整,确保每次缴存的保证金对矿山企业具有制约激励的作用。

(2) 丰富保证方式。

实行差别化的缴存方式,丰富保证方式。一方面,对于矿山环境复垦信誉良好的企业可以减免部分保证金,而对于信誉较差的或者刚进入矿产资源开发市场的企业应谨慎,不能冒险,及时督促其提供足额担保。若在矿产资源开发过程中,其注重环境保护技术的研发与使用,并且对矿区环境采取积极治理措施的,也可以通过减免其他税费的方式给予鼓励。另一方面,要丰富矿山环境恢复治理保证金的提供方式,提倡信誉良好的矿产企业通过资产抵押、银行担保、保险公司担保或担保公司担保等方式向矿业主管部门等负责机关提供保证。与现金相比,非现金的保证方式具有约束力强和灵活性的优势,将银行、保险公司等市场主体吸引到矿产资源开发生态补偿制度的实施过程中,不仅减轻了政府的压力和负担,而且能够缓解矿山企业的财务负担,确保矿山企业运营资金的充分流动,进而提高责任落实的效率和水平。

(3) 完善保证金的返还机制。

保证金的返还条件限定必须从严,可将返还条件规定为矿山企业按期完成复垦方案中承诺的复垦任务、经过有关机构验收合格、可预见期间内不会影响矿区居民的合法权益三个条件。若没有同时具备这三个条件,矿山企业就不能取回保证金的全部。另外,环境问题具有潜伏性和隐蔽性,必须为矿山企业设定一个责任期限,即矿山企业的生态补偿责任要延续至其完成复垦任务后的一定时间内。如果后来矿区环境质量下降与其之前的矿产资源开发行为具有因果关系,矿山企业就要继续履行恢复治理义务。但需要说明的是,无限期延长矿山企业的生态补偿责任是不合理的。因为矿产资源开发具有社会公益性质，若对矿山企业赋予过重的社会责任，就会造成义务大于权利，违反公平正义的社会追求。

### 3. 完善矿产资源开发生态补偿税费制度

矿产资源开发生态补偿税费是国家生态补偿的重要资金来源，主要用于解决废弃矿区生态环境问题。根据是否具备生态补偿的功能来判断，我国矿产资源开发生态补偿税费包括环境税、资源税、矿业权使用费及其价款、水土保持费、森林植被恢复费等。但是除了尚未实施的环境税，其他税费缺乏生态补偿的性质定位导致其生态补偿能力不足。基于我国的具体情况，应借鉴国外的成功经验，提出相应的改革建议，以期增强其生态补偿功能，优化生态补偿资金的构成。

（1）深化资源税费改革。

深化资源税费改革，增强资源税费的生态补偿性，弥补当下资源税费经济补偿性过强等不足。首先，推进资源税的改革进程，将生态调节作为其性质内涵。具体来讲，扩大资源税的应税范围，将矿产资源、经过初级加工或新勘查到的矿和共伴生矿等都纳入税收范畴来体现普遍征收的原则，设置减免措施来达到资源税的级差调节功能。将缺乏法律依据、没有实际效用的费清理掉，适当提高资源税的税率，也可通过调低增值税等税收的征收水平来提高资源税的税率，保持矿山企业的负重与权益平衡，凸显生态补偿的重要性。落实从价计征的征收方式，发挥从量计征方式的辅助作用，运用市场化机制确定税收额度，充分体现矿产资源的稀缺程度和开采利用成本，将生态建设成本纳入资源及其产品的价格体系当中，全面反映矿产资源的生态价值和经济价值。提高资源税收入中用于保护、建设生态环境的支出比例，增强其生态补偿力。其次，矿业权使用费是国家出让矿业权的对价，矿业权人支付对价取得矿产资源使用权，实际上其取得的是所有权。因为矿产资源一经开发利用，赋予其之上的国家所有权就减弱甚至消失。从这一角度来看，我国应提高矿业权使用费收取标准，并将其与资源税区别开来，以此体现矿产资源国家所有的权利收益。资源税、矿业权使用费及其价款是国家权利的合法收益，而国家具有管理和保护环境的义务。因此，可从这些收益中提取一部分成立生态风险基金，提高由于内化矿产资源开发后期引起的生态外部成本的比例，或者用于寻找新矿体来补偿代际间生态环境损失。最后，要对水土保持费、森林植被恢复费用、排污费等费用进行整合，将符合环境税内涵要求的费种纳入环境税体系中，不符合的部分且确有必要征收的可以统一设立生态损失费。之所以建议这样改进，一是为清理繁杂税费项目，减少政府相关部门的收费成本、博弈成本和矿山企业等主体的纳税缴费成本，方便管理和监督。二是为减轻矿山企业的税费负担水平，平衡其社会责任与社会需求之间的关系。三是考虑环境的整体性和系统性。环境治理不可因行政权限划分而人为将其切割成不同的板块，整合税费体系可以缩减职能管理部门的数量，减少不同职能部门之间的利益博弈，大大提高矿区生态环境修复治理的效率。

（2）建立税费返还机制。

合理分配资源税费收入，建立税费返还机制。矿区是本地生态补偿的主要实施主体，财力不足会导致其工作难以开展，甚至产生畏难情绪。我国矿产资源开发生态补偿税费在层级配置中必须考虑资源所在地的生态利益，要为当地政府提供足够的资金保障，也要给予矿区居民必要的激励措施，提高他们生态保护的积极性和主动性。在具体设计上，可通过法律将资源税的支出方向作以修改,明确划拨给资源所在地地方政府的用于生态环境保护的比例,减少上级地区过度使用自由裁量权,避免其剥夺属于矿产资源所在地区的合法收益。减少矿业权使用费及其价款的分配层级,降低非矿业地区的分配数额,提高资源禀赋地区的分配收入,提高专项用于恢复治理矿区生态环境、补偿矿区生态利益的份额。将排污费、森林植被恢复费等费用统一收归环保部或者其他部门统筹管理,将本地区矿山企业缴纳的费用尽可能地分配给当地,用于减少矿产资源开发对当地生态环境产生的影响。如此一来,矿区生态补偿资金便有了稳定而可靠的来源,生态补偿制度才能在矿区生态环境治理中发挥应有的效应和功能。同时,为防止地方政府将得到的环保资金挪用,在重新设计税费收入层级分配体制时,要严格控制税费返还资源禀赋地的条件。当地政府是否有投资环境保护建设的作为或方案应成为重要的衡量指标,满足则可返还一定比例。如果资源所在地区政府消极懈怠,上级部门应及时督促其履行环境治理义务,维护矿区的生态系统稳定和矿区居民的合法权益。

矿产资源开发生态补偿需要的资金巨大,仅靠政府财政支付、矿山企业提供是远远不够的。我国应借鉴国外的相关制度,鼓励其他组织、社会团体和公民个人积极捐款,或者以现实行动直接参与到矿区生态补偿过程中来,将生态补偿责任社会化、市场化,减轻政府、矿山企业的责任负担,提高矿区生态环境补偿的效率,将矿区生态系统服务功能恢复至或高于原有水平。

4. 稳步推进生态补偿试点工作

矿产资源开发生态补偿试点工作的开展,有利于摸清生态补偿制度理论与实践存在的不相符之处,而后反作用于制度建设。鉴于实践中反映出来的问题,建议从以下几个方面进行完善:

(1)国家应当引导示范工程的实施。一方面,借助税费减免措施鼓励表现良好的矿山企业继续发挥模范带头作用。另一方面,建立矿山企业信用档案,在示范项目建设中有突出成就的矿山企业可以获得较高的信用等级,其在保证金取回、税费缴纳等方面可享用特殊待遇。而信用等级低的矿山企业则必须严格履行相应的义务。

(2)扩大绿色矿山、矿山公园、地质公园、和谐矿区的试点范围,继续推进重点行业的试点工作,增加参与企业的数量,提高各行业的参与度,尤其注意引导破坏、污染较大的矿山企业加入到示范工程中来,促进矿区生态环境与社会经济的协同发展。

(3)矿产资源开发经营行业应秉承建设绿色矿山、和谐矿区的信念,在满足国家和地方政府规定的合格标准的基本要求下不断创新发展模式,投资并使用环保技术和设备,树立良好的企业形象,把矿产资源开发带来的生态外部成本降至最低限度。

生态补偿制度在矿产资源开发保护中发挥的作用不仅需要依赖于制度的不断完善,而且需要提高矿山企业的环境保护意识和责任意识,营造矿产资源开发生态补偿的良好社会氛围,将生态补偿理念内化于每个矿山企业的生产经营理念中,外化于他们的具体行动。由此,矿产资源开发生态补偿制度实践才有可能取得一定的成效,该制度才会成为治理矿区生态环境问题的长效机制。

5. 建立健全监管体系

任何一项权力、制度离开有效的管理和监督,都容易滋生腐败。矿产资源开发生态补偿制的高效运行，自然也离不开科学的监管体制的保障。我国应积极探索，设计符合实际国情的管体系，保证相关主体的合法权益不受侵害。

鉴于环境及其问题治理具有整体性，我国应打破原有的条块管理模式，实行垂直化管理体系，在中央和地方设立专门的生态补偿管理部门。在垂直管理体系之间，上下级是管理与被管理、监督与被监督的关系。不同流域间的生态补偿问题由他们共同的上级管理部门专门负责协调，而且各部门不与政府及其机关产生管理关系，从而解决由传统管理模式带来的职能交叉、争权诿责等问题。为激励管理部门积极履行职责，建立生态目标责任制，即为管理部门分配具体的生态补偿任务量，由责任部门负责管理具体生态补偿任务的进行。如果在规定时间内完成且完成质量较高的，可得到物质或非物质的奖励，反之将受到相应的惩罚。在管理手段方面，以矿山企业、政府等相关主体的实际利益为突破口加大管理措施的硬度和强度，解决管理宽、松、软的顽疾。在人员队伍建设方面，可将致力于生态补偿研究的专家吸收到队伍当中，并请澳大利亚、美国等国家相关方面的专家为我国生态补偿制度建设提供建议，提高该制度的科学性和可行性。

管理与监督要分离，防止因管理权与监督权集中于某一个部门，自己监督、评价自己的管理，诱发权力滥用，降低监督效果。在监督体系建设方面，要建成内部监督与外部监督相配合的监督体系。政府及其相关部门负责内部监督，企业、其他单位和群众负责外部监督，积极行使自己的权利，履行相应的义务。各级环境保护主管部门、矿产资源主管部门等机构负责行使内部监督权，一旦发现生态补偿落实不到位，应及时向主管部门报备，紧急情况下也可采取强制执行措施。此外，随着互联网力量的逐渐壮大，借助于媒体网络的舆论监督力量，及时曝光企业违法生产经营的行为和政府的不当行为，让群众等社会力量真正参与生态补偿过程中来，提高权利主体的主人翁意识，形成依法治理环境的良好生态。

综上所述，完善我国矿产资源开发生态补偿制度需从宏观角度和微观角度着手，多管齐下，秉持科学立法、严格执法、公正司法、全民守法的社会主义法治理念，营造有法可依、有法必依、执法必严、违法必究的良好法治环境，将有碍于生态补偿制度效用发挥的因素消除或减弱。并为该项制度的完善适时注入新鲜的成分和力量，确保补偿标准公平合理、补偿资金充足到位，以应对复杂多变的现实情况。此外，借鉴国外的制度成就，成立专门的矿山生态环境管理公司，接受政府的委托治理废弃矿区、新建矿区的生态环境问题，也可接受矿山企业的委托治理矿区生态环境问题，所需资金由委托主体承担。只有社会各界各司其职又注重通力合作，矿产资源开发生态制度才能在中国得到建立健全，发挥内化生态外部成本的作用，促进生态文明建设进程。

## 第四节　油气资源开发生态补偿制度研究

### 一、我国石油资源开发补偿税费政策存在的主要问题

（1）资源税定位不准确，与矿产资源补偿费的重复征收。

根据国家最初的税收设置目的，资源税是针对资源的级差收益而设立的。矿产资源补偿费主要体现绝对地租的性质，只要开采国家的矿产资源都必须缴纳。然而，在实际执行

中资源税对石油资源统一征税,未考虑不同开采阶段石油资源开采成本的不断变化,不能体现对级差收益征税的原则。另外,从外部性理论出发,应该赋予资源税补偿资源的代际外部性,促进资源开发补偿的功能。然而,我国的资源税改革只是强调其调节级差收益的作用,但对资源税的根本问题,即资源税的用途及去向没有具体规定,导致资源税定位不明确,不利于引导资源的可持续开采利用。

我国征收的矿产资源补偿费虽然体现了绝对征收的原则,但费率偏低,完全不能补偿矿产资源的耗减成本,而且也没有法律明确规定矿产资源补偿费的用途或者建立资源耗减基金,不利于我国资源开采价值的有效补偿。其实,把资源税当作资源开采使用者需要缴纳的费用,混淆了国家征税的政治权力与征费的财产权利,导致资源税与资源补偿费的重复,不利于体现国家对资源的所有者权利。

(2)生态补偿机制不健全,未体现生态环境成本补偿。

石油资源在勘探、生产、运输过程中,会对周围的土壤、植被、地表水、地下水等生态环境产生较大的影响。近年来,随着生态环境问题越来越严峻,我国也颁布了相应的政策措施加强治理,如矿山环境与生态恢复保证金制度、矿产资源有偿使用制度、矿产资源生态补偿费等。同时,国家和各级地方政府生态环境治理的意识不断增强,为生态环境损害治理投入了大量财政资金。然而,虽然目前的政策措施取得了积极的成果,生态环境问题得到了一定控制,但是政策实施的效率不高,政府财政划分不清,导致资源产区的环境污染和生态破坏问题依然严重,没有从根本上得到有效治理,治理责任没有分配到问题产生主体。

原因主要有以下几个方面:

① 对资源地开发全过程的管理不严,导致企业开采不规范,只顾及企业利润,没有考虑产生的生态环境问题,最终造成现在的生态环境损害治理成本高,远远超出了企业的治理能力;

② 我国的石油资源税费体系中并没有明确体现对生态环境损害的补偿,也没有相关的税费政策,使得企业在开采过程中对生态环境保护的意识不强,对已产生的生态环境破坏问题治理积极性不高;

③ 我国没有完善的生态环境补偿机制,对资源地的开发缺乏全面系统的规划,政府缺乏充足的资金鼓励和引导资源开采企业加强对生态环境成本的补偿。

(3)单一税率难以体现不同开采阶段的级差收益。

根据2011年11月1日颁布实施的石油资源税费改革,资源税按照销售收入的5%征收,矿产资源补偿费也是实行1%的从价税率,以每个石油产区的销售量为税基,但是却没有考虑地质条件、资源丰度以及石油产区所处的开采阶段。单一税率容易导致难开采地区的采富弃贫问题以及易开采地区的过度开采问题,不利于引导企业在整个开采过程中的合理开采,导致税收的低效率,税费失去调节功能。

我国石油资源开发补偿税费的税率单一性问题主要体现为以下几个方面:

① 单一税率未能体现当地经济发展情况。资源税在全国范围内按5%的税率从价计征,不能体现各地的经济差异。地区经济对企业发展影响重大,因此单一税率无法起到普适性的调节作用。

② 单一税率不能体现油田不同开采阶段的具体情况。油田不同开采阶段的石油产量

差异较大。开采初期，石油产量较低，投入相对较大；随着产量的稳定上升，单位开采成本降低，收益增加；在油田开采稳定期，投资得以回收，收益达到最大值；在开采后期，随着开采难度加大，产量下降，投入增加，收益降低。而目前实行的单一税率，虽然便于征收和管理，但是没有考虑石油资源开发不同阶段的不同情况，不利于引导企业在不同的阶段制订合理的开采计划。

③ 单一税率没有发挥调节级差收益的功能。由于各个石油产区在地质环境、开采难度、资源丰度和当地经济发展等方面存在很大的差异，导致开采企业的开发成本、生态环境成本以及利润水平存在很大的不同，因此对于难以开采和经济较落后地区的资源开采活动，应该实行低税率甚至补贴政策。但是目前采取的综合减征率规定较为笼统，在法律中没有明确差别税率的规定，单一笼统的税率难以体现不同开采阶段的级差收益。

（4）资源补贴机制不完善。

我国"十二五"规划中要求改革资源税设置，鼓励企业充分开发利用不可再生资源。然而，我国目前探明的油气资源大多为非优质资源，而且各资源还处于自然环境比较恶劣的西北部地区或者海上区域，存在较大的开采难度，在一定程度上需要税收政策的支持。

我国现行的《资源税暂行条例》规定了两种具体减免政策：一是对开采原油过程中用于加热、修井的原油不征税；二是对石油企业在开采或生产应税产品的过程中，因发生意外事故或者自然灾害等造成重大损失的，按照损失的严重程度减税或者免税。然而在实际执行过程中，很多减免优惠难以到位，企业开采劣等资源的利润难以保证，不利于劣等条件下的石油资源优化开采。目前我国的石油资源整体处于勘探开采的中后期阶段，地质条件复杂，开采难度不断增加。但是现行的减免税收政策对于难开采资源的激励力度不足，不能有效促进对劣等石油资源的资金投入，不利于提高石油开采企业的生产积极性。

## 二、我国石油资源开发补偿税费方案设计

### 1. 石油资源开发补偿税费方案设计原则

石油资源开发补偿税费设计应以促进石油资源的可持续发展为基本原则，应在借鉴原有资源税制的基础上，不仅要体现国家对资源的所有者权益，实现资源的高效开采和资源收益的公平合理分配，更要寻求资源开采造成的资源耗减损失和生态环境损失的充分补偿。因此，要充分发挥税费政策的作用，在石油开发补偿税费设计的过程中，主要减持以下设计原则：

（1）所有者权益、公平及效率原则。

征收石油资源开发补偿税费的目的就是使石油资源所有者获得所有权补偿，石油企业实现公平竞争及石油资源合理高效开发利用。

在所有者权益方面，石油资源归国家所有，资源开采者开采石油资源应该向所有权人缴纳地租。国家主要以税收的形式收取地租，以实现资源的所有者权益。

在实现公平方面，主要是资源级差收入的存在影响了资源开采者之间的利润分配公平。产生级差的原因主要有地质条件、产品品质、开采难度等因素。因此，石油资源开发补偿税费的开征要根据石油产区所处的开采阶段确定差别税率，调节因客观原因造成的开采企业之间的级差收入，为企业的公平竞争创造条件。

在实现效率方面，可以通过石油资源开发补偿税费的引导，促进石油企业技术创新和资金投入，提高石油资源的开采利用效率。另外可以采用税收补贴的形式，鼓励对边际油田和劣等石油资源的勘探开发，减少采富弃贫现象的出现。

（2）损害补偿原则。

在石油资源开采的过程中，资源耗减损失和生态环境损失不断增加，前者是对后代人造成的损失，后者是对当代人造成的损失，这是石油资源的开发成本，直接承担者是石油资源开采者，最终承担者是所有社会成员。因此，要通过征收石油资源开发补偿税费的方式补偿两部分的损失，同时根据损失对象和程度的不同设计不同的补偿方式，以实现损失的充分补偿，实现石油资源及环境的可持续发展。

（3）税费简化原则。

目前我国的石油资源开发补偿税费体系是"两费一税一金"，即矿产资源补偿费、探（采）矿权使用费与价款、资源税和特别收益金。资源税与矿产资源补偿费出现了重复征收，且没有对两者进行合理定位，对资源和生态环境的补偿并没有制度约束，影响了政府职能的有效发挥，不利于石油资源的可持续开采。因此，石油资源开发补偿税费体系设计中要坚持税费简化原则，减少因税费定位不清和用途不明造成的政府管理混乱。

通过借鉴国外资源产业发达国家的税费政策经验，建议将矿产资源补偿费并入资源税，统一由地方税务部门管理负责，并定位于补偿资源的开发成本，遵从税费简化原则，将我国目前的石油资源开发补偿税费政策改革为"一税一费一金"的体系结构，由石油资源税、探（采）矿权使用费与价款、石油特别收益金构成。

2. 石油资源开发补偿税费方案设计总体框架

基于我国石油资源开发补偿税费方案的设计原则，以促进我国石油资源可持续开采利用为目标，在分析目前我国石油资源开发补偿税费存在的问题的基础上，本文对我国石油资源开发补偿税费方案的总体框架进行设计，如图7-2所示。

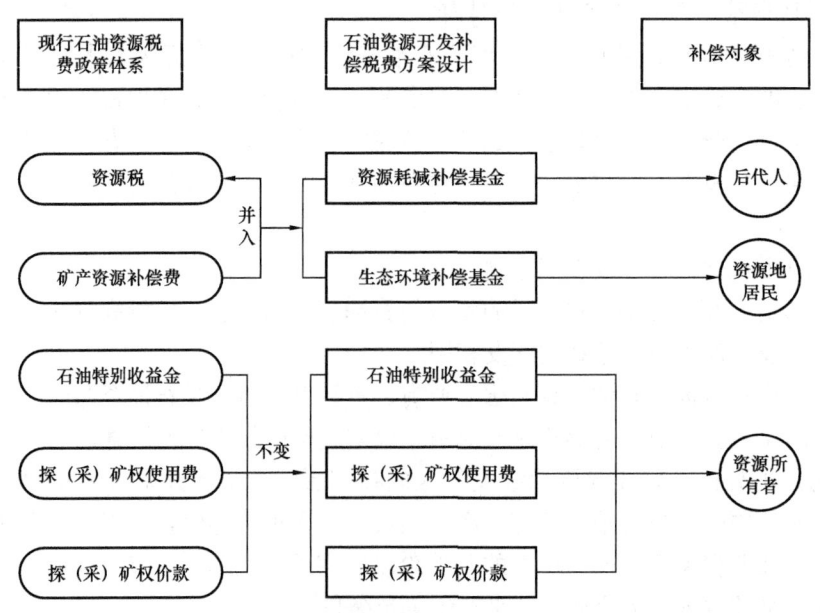

图7-2 石油资源开发补偿税费方案设计总体框架

将矿产资源补偿费并入资源税中，使资源税既能体现绝对地租的性质，又能发挥级差调节的作用。仍然实行从价征收的方式，资源税收入归地方政府所有，中央政府进行宏观指导。同时应充分发挥资源税补偿开发成本的作用，从资源税中分别提取一定比例资金建立资源耗减补偿基金和生态环境补偿基金，实行专款专用，分别对后代人使用资源造成的损失和对资源地居民生存生活环境造成的破坏进行补偿。本文设计的税费方案中，石油特别收益金、探（采）矿权使用费和探（采）矿权价款仍然保持不变，但政府要细化其用途和去向，保证税费收益归资源所有者即国家所有，并真正用于我国资源的可持续开采和利用。

3. 石油资源开发补偿税费方案的保障措施

（1）将矿产资源补偿费并入资源税，定位于补偿开发成本。

现行矿产资源补偿费的费率（1%）太低，不能体现国家对石油资源的所有权益，也没有体现资源的耗减价值。矿产资源补偿费的设立目的是用于对石油替代资源的勘查，但是其征管机制不合理，用途去向不明确，没有很好地发挥绝对地租的作用。而且我国在资源税费设计中，对石油企业征收矿产资源补偿费的同时也征收石油资源税，存在重复征收的现象。因此，本文建议在石油资源开发补偿税费设计中，将矿产资源补偿费并入石油资源税，与国外的权利金类似，既体现绝对地租的性质又发挥级差调节的作用，更有利于政府的规范化征收管理，为企业提供相对公平的竞争环境。

另外，油气资源税从价改革后，并未明确资源税的具体用途，仍然将资源税定位于调节级差收入是不合理的。应该将资源税定位于补偿当代资源的开发成本。一方面，提取资源耗减基金，用于补偿资源耗减成本，调节资源消费所带来的代际不公，通过各种政策的组合实现资源的可持续利用；另一方面，提取较低比例资金作为生态环境补偿基金。由于本文是从全国的范围考虑制定资源税政策，但目前仅限于个别石油产区的生态补偿机制的研究，在计算生态环境损害成本时，不同石油产区的生态环境成本差别很大，影响生态环境损失的因素众多。若按全国统一核算，核算参数差别很大，且数据难以获得，容易导致较大误差产生，不利于引导不同石油产区各自的生态环境补偿。因此，本文通过优化石油开发补偿税费方案的设计，将提取石油资源税中的一定比例作为生态环境补偿基金，每个地区根据自身的生态环境损害情况，合理分配生态环境补偿资金。

（2）建立资源耗减补偿与生态环境补偿机制，并纳入资源税费体系。

不可再生资源的开采能够产生对资源的消耗，影响后代人可持续发展的需要。当前我国石油资源的剩余开采年限较短，更应积极采取措施对石油资源的耗减损失进行补偿。

我们可以结合国外市场经济国家的经验以及我国石油行业的现状，在每个资源产区建立资源耗减补偿基金制度，政府按资源税的一定比例提取石油资源耗竭补偿基金。这部分资金是专项资金，要专款专用，它的用途主要是对勘探开采技术的改进和研发，也包括对替代资源的资金投入。政府对资源耗减补偿机制的管理要严格，做好资源产区的整体规划，合理分配资源税的用途去向，并根据国家产业发展的需要，不断调整征收和减免政策。

此外，石油资源开发一般会产生严重的环境污染和生态破坏问题。这不仅会对资源地居民的生存生活环境产生较大的不利影响，也会影响后各代人的生活质量。因此为了维护当代人和后代人的生活环境，实现可持续发展，我们必须重视并解决石油资源开发中的生态补偿问题。我们可以建立生态环境补偿基金制度，由政府征收，国家统一管理，对资源开发过程中生态环境恢复效果好的企业，给予资金返还；对于生态环境破坏严重的开采者给予资金处罚或法律处罚，并将罚款纳入生态环境补偿基金中。

通过资源耗减补偿基金和生态环境补偿基金制度的建立，并将其纳入石油资源开发补偿税费体系，可以充分发挥政府的引导和调控作用，使石油资源开采行为的代理成本和代际成本内部化，提高企业资源耗减补偿和生态环境损失补偿的意识，促进经济社会的可持续发展。

（3）采用动态可变的资源税率取代静态固定的税率。

为求得补偿资源使用者成本的最优从价税率，将矿产资源补偿费合并在资源税中，并将资源税功能定位于补偿资源耗减，根据不同经济发展水平，取折现率分别为6%、8%、10%，对应经济发展水平较高、经济发展稳定和经济发展水平较低三个时期，得出能够补偿石油资源耗减的从价税率分别为11.7%、6.1%、3.2%。随着经济形势的变化，资源税率也需相应调整。另外，考虑石油资源开采的不同阶段，以社会福利最大化为目标，得出适用于石油开采的前期、中期和后期三个阶段的税率区间分别是 -2%～3%、5%～8% 和 10%～15%。除此之外，还应该改进现有的税率实施办法，才能更加有效地扭转石油资源的粗放管理，保障新税率政策的实施效果。

① 基准税率确定办法。根据特定油田的资源总储量和石油可采储量制订有利于资源可持续开采的长期规划，税务部门根据该区规划确定总体资源税率，对有计划、有步骤地可持续开采实行激励税率。

② 滑动税率确定办法。根据当地的年均新增可采储量和可采量的耗减曲线实行短期动态税率，根据不同矿区、不同开采阶段确定短期最优开采量，促进资源有效开发利用。

（4）计税依据与计税方式设计。

目前我国石油资源税的计税依据是按照石油资源的销售数量和自用数量计征，与石油资源的产出量没有任何关系，导致石油开采企业过度开采和资源浪费现象严重。因为企业不会为浪费的资源付出任何代价，甚至会产生私人囤积现象，这部分资源只计入资源浪费并不计入计税数量，最终导致国家利润受损。因此，在现行石油资源开发补偿税费的功能定位在促进资源可持续开发利用的前提下，应对石油企业的开采行为进行课税，计税依据也应改革为以资源储量和企业的开采数量为基础。

在计税方式设计时，应采取从价与从量相结合的计征方式。在目前从价计征的前提下，以石油资源储量和石油产量为基础划分等级，实行以资源储量丰裕度和石油开采条件为基础的差别税率，对储量较低的油田和资源开采难度大的产区采用较低税率，对于石油资源储量丰富、开采条件好的油田则实行较高税率，防止企业采富弃贫现象的产生，鼓励石油企业对资源丰度低和开采难度大的产区充分开采。

（5）根据不同开采阶段实行不同的税收优惠政策。

我国在2011年实行资源税改革后，所有石油产区均按照统一税率执行，不能体现不同石油开采阶段的级差收益。因此应在执行从价税率的基础上，考虑在不同石油开采阶段实行差别的税收优惠政策。在石油开采的初期阶段，开采条件差，应实行较低的税费政策或进行补贴，鼓励石油企业的投资和开采，降低企业的投资风险；在石油生产稳定时期，产量增大，开采企业利润增加，应适当提高税收，调节企业的级差收益；在石油开采的后期阶段，资源地的资源耗减和生态环境破坏较为严重，应及时建立石油资源开发补偿机制，通过税费政策引导企业对资源地的合理开采和生态环境保护。税费优惠政策应根据石油资源产地的实际情况出发，真正发挥平衡经济发展、保护资源环境的功能。

另外，在计算石油资源开发补偿税费时应适当考虑资源的开采回采率和综合利用率。对于开采回采率高、多次采油的产区实行较低税率或者给予税收减免等优惠政策，以促进企业最大限度地开采资源，提高资源的开采效率，实现资源的可持续开发利用。

## 三、油气资源开发的价值补偿建议

一个有效、完善的价值补偿体系是一个完整、统一的体系。虽然补偿标准是最基本、最核心的问题，是保障资金使用效果的必要条件，但是其他方面也是不可缺少的。鉴于目前我国针对资源耗竭和生态环境补偿的法律体系不完善，因此本文除对补偿标准进行测算外，还从价值补偿的其他方面提出了完善建议，以期保障补偿资金的使用效果，使征收的资金真正发挥该有的作用，分别从资源耗竭方面和生态环境方面提出建议。

1. 油气资源开发的资源耗竭补偿方面

1）补偿资金的形式

将资源耗竭补偿加入到现有资源税费体系中，一个主要问题就是补偿形式的确定。针对这一问题有两种主流的观点，其一是效仿国外设立资源耗竭补贴，专门针对资源耗竭进行收费；其二是将资源耗竭补偿标准融入到资源税中，提高资源税的征收税率。考虑资源耗竭补偿的紧迫性、设立新的税种或具有收费周期长的特点以及资源税作为一种税收具有规范性，本文建议将资源耗竭补偿暂时纳入到资源税中。那么，首先就是改变资源税的立法宗旨，将可持续发展作为资源税的立法理念。可持续发展的主要内容是指可持续经济、可持续生态和可持续社会三者的协调统一。将其作为资源税的立法理念，要求资源税的制定者更多地将资源节约、环境保护纳入到资源税的改革中。其次，既然将可持续发展作为资源税的立法理念，就必须在原有资源税率基础上加入体现资源耗竭的补偿。根据第五章的测算结果，建议将现有资源税率根据具体情况提高3%～7%的幅度。

2）补偿资金的用途

针对资源耗竭补偿的收入，实行专款专用，从"开源节流"两方面入手，即开发新资源和挖掘老油田。开发新资源主要是指开发替代能源和因技术条件受限之前未能开采的能源。这里建议将部分资金用于对替代资源的研究、开发，加大对油田设备的技术投入力度。挖掘老油田主要是指对现有可采油田的充分利用，这部分补偿资金将以优惠政策形式进行使用，鼓励企业对现有可采油田的充分利用，避免浪费，具体建议如下：

（1）加大对替代能源的投资力度。油气资源的替代能源有很多，主要包括太阳能、风能、潮汐能、地热等可再生能源。这些能源虽然在一定程度上发挥了作用，但也有其自身局限性和经济局限性。比如风能发电成本高、产生噪音污染以及受到地域限制；太阳能虽然非常具有开发潜力，但同样也有获取成本高以及间断性特点。此外，传说中的油气资源最佳替代品"可燃冰"，它深藏在海底和陆域深处，很难被开采。这些问题很大程度上是因为受到技术条件的限制。因此我们必须加大对替代能源的投资力度，尤其是技术上的研发,解决目前面临的问题,使替代能源的开发利用呈现集约化、规模化。

(2)根据油气开采的周期性特征实施优惠政策。我国目前对开采稠油、高凝油、高含硫天然气、低丰度油气资源、深水油气田及三次采油的陆上油气田企业实施减征资源税的优惠政策,但并没有考虑油气资源开采的周期性特征。开采周期不同,其成本也大不相同。考虑油气开采不同阶段的特征,尤其油气进入衰退期阶段,经过前期低成本高收益的阶段转而进入高成本低收益的阶段,企业心理落差较大,很有可能放弃开采转而进入新油田的开采,造成"烂尾"。因此建议针对油气田开采不同阶段的特征实行减免优惠政策,尤其是最后的衰退期,保证资源的充分利用。

3)补偿资金的监控

一个有效的监控体系是保证国家、企业及任何一个组织有效执行政策的关键。因此在对资源耗竭补偿资金方面也要实施有效的监控体系,成立专门的工作小组。不仅要对税收的征收进行监控,保证资金的到位,还要对资金的使用进行跟踪,建立信息公布平台,从收支两方面定期进行信息公开,评价资金使用的效果,建立全过程的监控体系。

2. 油气资源开发的生态环境补偿方面

不同地区生态环境破坏程度不同,补偿标准也不能一概而论,但是却可以作为其他地区制定标准的参考。同时在计算过程中搜索数据发现,有些数据没有官方的公布,只是从其他学者的研究或者官方数据间接估算,这充分说明我国生态补偿法律体系不完善。本文根据我国生态补偿法律体系存在的问题,提出以下建议:

(1)加强宣传环保意识。

加强环保意识的宣传教育,改变人们以往的错误认知,让环保意识深入到社会各界人士,让他们认识到保护生态环境的重要性。

(2)逐步完善管理体制。

生态补偿政策是一个复杂的体系,涉及多部门之间的利益协调,然而在实际执行中,各部门为了自己的利益很难协调,经常发生利益冲突。因此建议国家成立专门部门统一部署各地域、各部门的生态补偿工作,协调各部门之间利益,形成"中央统一、部门配合"的管理体制。

(3)建立有效监督机制。

建立地区监督机构,专门从事对生态补偿事项的监督。将生态补偿专项资金纳入生态补偿专项资金财政专户,实行专款专用,由监督机构负责监督。实行信息公开制度,对生态补偿专项资金的使用情况及生态补偿专项资金的施工情况定期公布。建立生态补偿专项资金的效益评估机制和群众反馈机制,促进资金使用的科学化、规范化和合理化。

# 第八章 标准成本模型——以 A 气田为例

## 第一节 A 气田操作成本分析研究

### 一、操作成本概述

石油天然气行业是为国民经济提供重要能源的矿产采掘行业，生产对象是不可再生的油气资源，生产活动所依赖的主要是埋藏于地下的油气储量，其生产过程包括矿区权益的获取、油气勘探、油气开发和油气生产等内容。

采气厂实际上是一个成本中心，主要任务是完成天然气生产任务，同时成本不突破规定的指标。因此，对采气厂来说，它只核算天然气生产成本，既要合理规划有限的操作成本，又要完成天然气生产任务。

天然气生产成本，指在天然气生产过程中发生的支出，包括操作成本和折旧、折耗。折旧折耗费是指气井、井口到处理站的输气管线、计量设施、建筑物以及供电通信设施等生产设施按规定计提的折旧折耗。

操作成本也称为作业成本，包括天然气生产过程中发生的材料、燃料、动力、人员费用等。

（1）材料：指油气生产过程中，直接耗用于油气水井、计量站、中转站等生产设施的各种材料。如油管、抽油杆、抽油机配件、抽油泵、电泵电缆、地面保温材料、采油树、化学药剂等。

（2）燃料：指油气生产过程中，直接耗用于油气水井、计量站、中转站等生产设施的各种燃料。如原油、天然气、汽油、煤油、柴油、重油、煤炭、其他燃料等

（3）动力：指油气生产过程中直接耗用于油气水井、计量站、中转站等生产设施的电费等。

（4）人员费用：指油气生产过程中直接从事油气水井、计量站、中转站等生产设施维护管理人员的工资、福利费用、教育经费、工会经费、养老保险、待业保险、独生子女费、住房公积金、防暑御寒津贴、采暖费、民用物业管理费、误餐补贴以及外雇佣工支出等。

（5）井下作业费：指用于小修（维护油井正常生产的日常措施）、大修（处理复杂事故的措施）和增产工艺等井下作业中所用的费用，指为提高油、气、水井生产能力及维护油、气、水井正常生产而发生的井下技术措施费用和维护作业费用。

（6）测井试井费：指凝析气田高效开发过程中，对气层动用状况，油、气、水分布动态的监测以及预测气井产能大小、各层间的压力、气产量的特性等所消耗的费用。

（7）维护及修理费：指为了维持油气生产的正常运行，保证地面设施设备具有原有的

生产能力，对从井口到联合站的地面设施设备（包括井口管线、供电、通信设施、储油设施等）进行局部维护、修理所发生的费用，以及辅助设备和设施发生的修理费用。

（8）运输费：指为油气生产提供运输服务发生的车辆养路费、河道养护费、单井拉油运输费等。

（9）其他直接费用：指除上述费用以外的直接用于油气生产的其他费用。

## 二、某采气厂操作成本的趋势分析

1. 2011—2015 年某采气厂四项成本发展趋势分析

选取 2011—2015 年的操作成本进行总成本分析、井下作业、生产运行、科研四个主要部分的分析，其发展趋势分析图如图 8-1 所示。

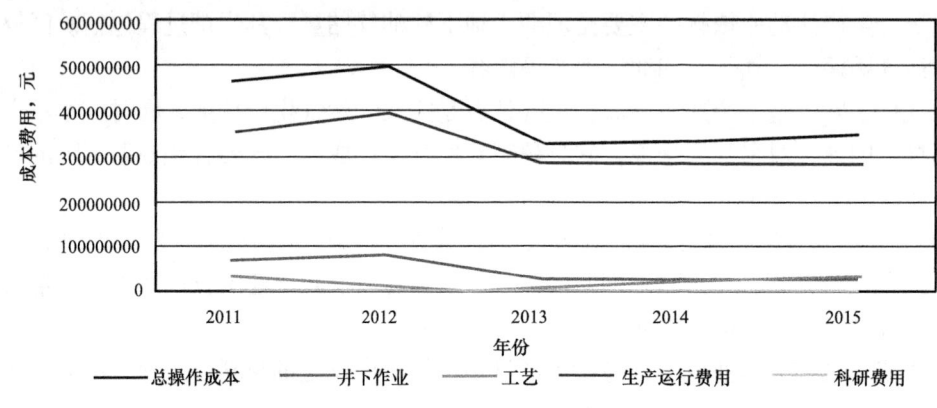

图 8-1　2011—2015 年某采气厂四项成本发展趋势分析

在图 8-1 中，我们发现总操作成本在 2011—2013 年呈下降趋势，2013—2015 年呈平缓上升趋势。生产运行费用是操作成本中的主要成本项目。成本变动趋势与总操作成本趋势变动方向一致，2013—2015 年上升趋势较为平缓。井下作业费用在 2013—2015 年呈平缓下降趋势。在操作成本中，所占份额与工艺所消耗成本比重相似。工艺部分成本在 2013—2015 年呈现平缓上升趋势。科研费用在四项成本费用中所占比重较少，每年的科研费用金额变动不大。

2. 2015 年某采气厂操作成本分析

2015 年某采气厂操作成本表见表 8-1。

表 8-1　2015 年某采气厂操作成本　　　　　　　　　　单位：万元

| 项目 | 总成本费用 | 天然气 | 凝析油 |
|---|---|---|---|
| 操作成本 | 34205.84 | 29883.75 | 4322.09 |
| 采出作业 | 545.33 | 527.71 | 3.07 |
| 驱油物注入 | | | |
| 稠油热采 | | | |

续表

| 项目 | 总成本费用 | 天然气 | 凝析油 |
|---|---|---|---|
| 油气处理 | | | |
| 轻烃回收 | 2635.38 | | 2635.38 |
| 井下作业 | 1320.78 | 1320.78 | |
| 测井试井 | 731.85 | 731.85 | |
| 天然气净化 | 13673.71 | 13673.71 | |
| 维护及修理费 | 3582.15 | 3182.18 | 399.97 |
| 运输费 | 1619.69 | 1619.69 | |
| 厂矿管理费 | 10111.49 | 8827.83 | 1283.67 |
| 风险作业服务费 | | | |

各项成本所占的比重如图 8-2 所示。

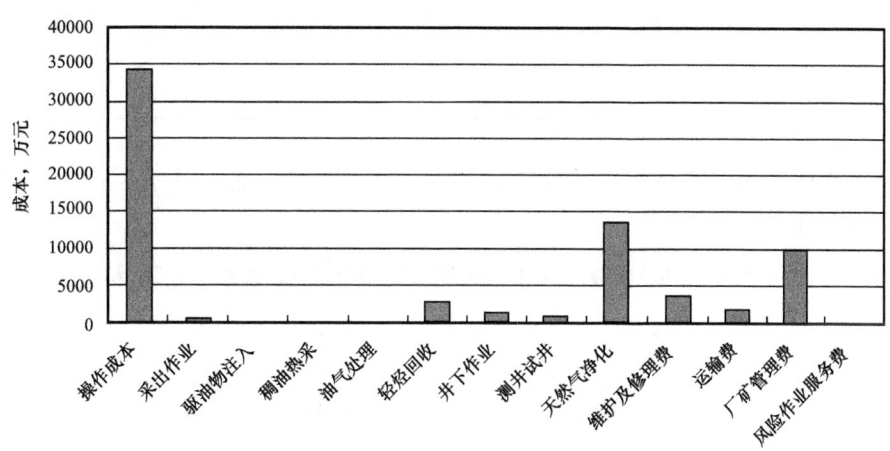

图 8-2  2015 年某采气厂操作成本

将某采气厂操作成本按照采出工艺、集输工艺、处理工艺、基本运行维护保障、科研分为五个部分，结果见表 8-2。

表 8-2  采出工艺、集输工艺、处理工艺、基本运行费、科研费用分类表　　单位：万元

| 项目 | | 总成本费用 |
|---|---|---|
| 采出工艺 | 采出作业 | 545.33 |
| 集输工艺 | 大修理费用 | 239.02 |
| 处理工艺 | 轻烃回收 | 2635.38 |
| | 天然气净化 | 13673.71 |

续表

| 项目 | | 总成本费用 |
|---|---|---|
| 基本运行维护 | 一般修理费用 | 2.37 |
| | 气田应急维护费 | 48.38 |
| | 气田维护保驾 | 46.30 |
| | 设备维护、保驾 | 11.72 |
| | 运输费用 | 1619.69 |
| | 厂矿管理费用 | 10111.49 |
| 科研 | 科研费用 | 2441 |

某采气厂水、电费用见表 8-3。

表 8-3 某采气厂水、电费用　　　　　　　　　　　　单位：万元

| 项目 | 费用 |
|---|---|
| 电 | 527.80 |
| 水 | 32.97 |

2014—2015 年，某采气厂采出工艺、集输工艺、处理工艺、基本运行费、科研费用分类表见表 8-4。

表 8-4　2014—2015 年某采气厂采出工艺、集输工艺、处理工艺、基本运行费、科研费用分类表

单位：万元

| 项目 | | 2014 年 | 2015 年 |
|---|---|---|---|
| 采出工艺 | 采出作业 | 775.0237 | 545.32901 |
| 集输工艺 | 大修理费用 | 2341.74 | 239.02 |
| 处理工艺 | 轻烃回收 | 2144.0837 | 2635.3774 |
| | 天然气净化 | 13292.8147 | 13673.70914 |
| 基本运行维护 | 一般修理费用 | 94.2 | 2.37 |
| | 气田应急维护费 | 341.9 | 48.38 |
| | 气田维护保驾 | 238.93 | 46.3 |
| | 设备维护、保驾 | 115.92 | 11.72 |
| | 运输费用 | 2242.8093 | 1619.6866 |
| | 厂矿管理费 | 9209.0384 | 10111.4973 |
| 科研 | 科研费用 | 2452 | 2441 |

### 3. 某采气厂中 A 气田操作成本概括

A 气田为某采气厂中具有代表性的气田。从 2011 年到 2015 年间，A 气田的各项成本呈现递增趋势，材料费用逐年攀升。一方面，说明气田的规模正在增大；另一方面，说明 A 气田的维护成本在逐年增高。从燃料指标来看，A 气田的燃料费在 2010 年出现短暂地降低之后，迅速反弹，并且成倍数增加。从动力费用来，虽然 2013 年动力费用高达 96 万元，但气田动力费用总体呈现下降趋势。从人员费用来看，从 2013 年开始，该气田的人员费用出现稳定，这说明在运营的第三年，该气田的人员结构开始稳定。从折旧摊销来看，随着气田的运营，设备开始计提折旧，年限越往后，折旧越多。从运输费用来看，2014 年运输费用基本稳定，这说明 A 气田的产出和作业基本稳定，管理实现常态化和模式化。从维修费和检测费来看，A 气田的维修费用增长的速度非常快，说明 A 气田开采状况并不乐观。虽然产气量能够保证，但是由于气的物性和工艺不匹配，造成了维护与修理费的较快增长。从其他外包劳务来看，外包劳务在 2014 年出现了较大规模的增长，气田的人员成本正在大量增加。2015 年 A 气田的具体操作成本数据见表 8-5。

表 8-5  2015 年 A 气田操作成本    单位：万元

| 项目 | 总成本费用 | 天然气 | 凝析油 |
|---|---|---|---|
| 操作成本 | 1159187 | 10240.67 | 1351.11 |
| 采出作业 | 162.09 | 161.88 | 0.21 |
| 驱油物注入 | | | |
| 稠油热采 | | | |
| 油气处理 | | | |
| 轻烃回收 | 828.99 | | 828.99 |
| 井下作业 | 922.46 | 922.46 | |
| 测井试井 | 487.49 | 487.49 | |
| 天然气净化 | 4603.59 | 4603.59 | |
| 维护及修理费 | 1476.15 | 1313.07 | 163.08 |
| 运输费 | 567.02 | 567.02 | 163.08 |
| 厂矿管理费 | 2543.98 | 2185.16 | 358.82 |
| 风险作业服务费 | | | |

2015 年，A 气田水、电费用明细见表 8-6。

表 8-6  A 气田水、电费用    单位：万元

| 项目 | 费用 |
|---|---|
| 水 | 0.42 |
| 电 | 235 |

## 第二节　A 气田标准化成本模型

### 一、A 气田采出工艺流程成本研究

1. 燃料费和压力的关系分析

2011—2015 年 A 气田燃料费和压力的数据表见表 8-7。

表 8-7　2011—2015 年 A 气田燃料费和压力的数据表

| 年份 | 燃料费，元 | 压力，MPa |
|---|---|---|
| 2011 | 109830.18 | 48.10 |
| 2012 | 47967.72 | 45.20 |
| 2013 | 39105.06 | 40.97 |
| 2014 | 64357.19 | 37.73 |
| 2015 | 121873.91 | 34.33 |

首先，对燃料费和压力进行数据关联分析，确认是否满足关联分析的条件，将其输入 SPSS 中，进行线性回归，最后根据比较，二次曲线的效果比一次曲线的效果要好，得到统计分析表见表 8-8。从关联系表中，可以看到 $R$ 的估计值为 0.989。因此，可以认为燃料费和压力之间有较好的线性关联，这为后面进行线性分析奠定了基础。

表 8-8　关联分析结果表

| $R$ | $R^2$ | 调整 $R^2$ | 估计值的标准误差 |
|---|---|---|---|
| 0.989 | 0.978 | 0.955 | 7878.387 |

注：自变量为压力。

然后将关联分析数据输入 SPSS 中，对数据进行线性分析，最后比较得到的二次曲线的显著性是非常明显的，其显著性分析见表 8-9。F 检验得到 $P$ 值为 0.022，小于显著性水平 0.05。所以数据之间的关系不是偶然的，是确实存在的。

表 8-9　回归分析参数显著性分析

| 参数 | 平方和 | df | 均方 | F | Sig. |
|---|---|---|---|---|---|
| 回归 | $5.405 \times 10^9$ | 2 | $2.703 \times 10^9$ | 43.543 | 0.022 |
| 残差 | $1.241 \times 10^8$ | 2 | $6.207 \times 10^7$ | | |
| 总计 | $5.530 \times 10^9$ | 4 | | | |

注：自变量为压力。

接着得到线性函数的系数估计表（表 8-10）。T 检验得到各项系数检验值，$P$ 值都小于 0.05 的显著性水平，可以认为拟合很成功。得到的二次函数见式（8-1）：

$$Y = -139302.071X + 1673.116X^2 + 2934851.379, \quad X > 0 \tag{8-1}$$

表8-10　回归参数表

| 参数 | 未标准化系数 | | 标准化系数 | T | Sig. |
|---|---|---|---|---|---|
| | B | 标准误差 | Beta | | |
| 压力 | −139302.071 | 15057.523 | −20.760 | −9.251 | 0.011 |
| 压力平方 | 1673.116 | 182.193 | 20.607 | 9.183 | 0.012 |
| 常数 | 2934851.379 | 307365.432 | | 9.548 | 0.011 |

曲线拟合效果图如图8-3所示。从图中可以看到拟合效果比较好。首先地质参数可以很好地用来指导财务的预算工作，其次是成本的花费与地质参数之间存在一个系统关系，可以通过压力参数的控制来使燃料费达到优化。

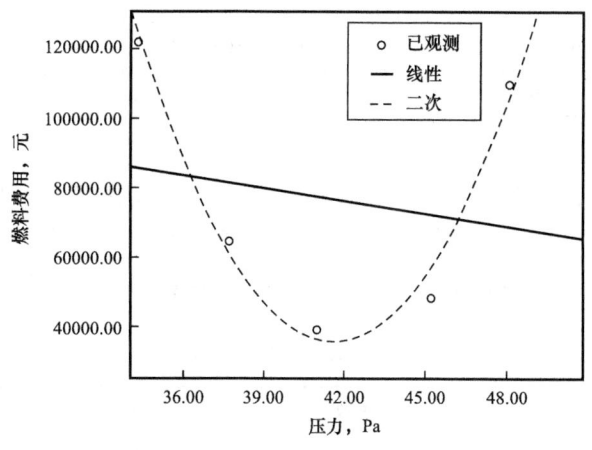

图8-3　回归拟合图

## 2. 水气比与燃料费的关系分析

2011—2015年A气田水气比和材料费的关系见表8-11。

表8-11　2011—2015年A气田水气比和材料费的关系

| 年份 | 水气比 | 材料费，元 |
|---|---|---|
| 2011 | 8.36 | 167504.69 |
| 2012 | 15.20 | 36943.27 |
| 2013 | 18.20 | 390739.66 |
| 2014 | 42.63 | 482123.67 |
| 2015 | 62.30 | 586114.37 |

首先对水气比和材料费进行数据关联分析，确认是否满足关联分析的条件。将其输入SPSS中，进行线性回归，最后根据比较，二次曲线的效果比一次曲线的效果要好，得到统计分析表见表8-12。从表中可以看到$R$的估计值为0.997。因此，可以认为水气比与燃料费之间有较好的线性关联，这为后面进行线性分析奠定了基础。

表 8-12　关联分析结果表

| $R$ | $R^2$ | 调整 $R^2$ | 估计值的标准误差 |
|---|---|---|---|
| 0.997 | 0.993 | 0.980 | 5300.069 |

注：自变量为水气比。

然后将关联分析数据输入 SPSS 中，对数据进行线性分析，最后比较得到的二次曲线的显著性是非常明显的，其显著性分析见表 8-13，F 检验得到 $P$ 值为 0.082，大于显著性水平 0.05。所以数据之间的关系不是偶然的，是确实存在的。

表 8-13　回归分析参数显著性分析

|  | 平方和 | Df | 均方 | F | Sig. |
|---|---|---|---|---|---|
| 回归 | $4.123 \times 10^9$ | 2 | $2.062 \times 10^9$ | 73.394 | 0.082 |
| 残差 | $2.809 \times 10^7$ | 1 | $2.809 \times 10^7$ | | |
| 总计 | $4.151 \times 10^9$ | 3 | | | |

注：自变量为水气比。

接着得到线性函数的系数估计表（表 8-14）。T 检验得到各项系数检验值，$P$ 值都小于 0.1 的显著性水平，可以认为拟合很成功，得到的二次函数见式（8-2）：

$$Y=-2149.021X+48.975X^2+65987.843,\ X>0 \qquad (8-2)$$

表 8-14　回归参数表

| 系数 | 未标准化系数 | | 标准化系数 | T | Sig. |
|---|---|---|---|---|---|
|  | B | 标准误差 | Beta | | |
| 水气比，$g/m^3$ | −2149.021 | 928.547 | −1.282 | −2.314 | 0.260 |
| 水气比平方，$(g/m^3)^2$ | 48.975 | 12.078 | 2.246 | 4.055 | 0.154 |
| 常数 | 65987.843 | 13961.105 | | 4.727 | 0.133 |

曲线拟合效果图如图 8-4 所示。从图中可以看到拟合效果比较好。

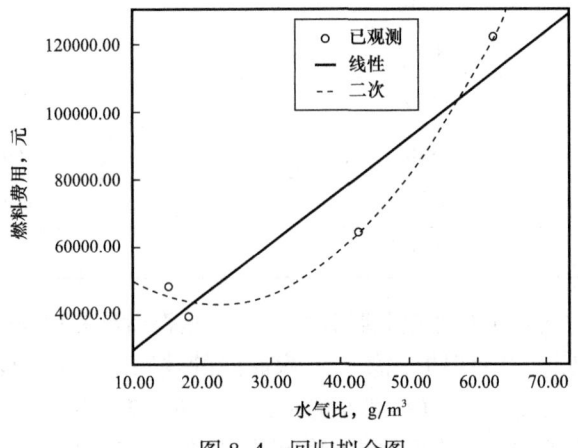

图 8-4　回归拟合图

3. 日产水和燃料之间的关系分析

2011—2015 年 A 气田日产水和燃料数据见表 8-15。

表 8-15　2011—2015 年 A 气田日产水和燃料数据

| 年份 | 日产水, t | 燃料费, 元 |
|---|---|---|
| 2011 | 6.21 | 109830.18 |
| 2012 | 12.54 | 47967.72 |
| 2013 | 29.90 | 39105.06 |
| 2014 | 71.80 | 64357.19 |
| 2015 | 167.40 | 121873.91 |

首先对日产水和燃料进行数据关联分析，确认是否满足关联分析的条件。将其输入 SPSS 中，进行线性回归，最后根据比较，二次曲线的效果比一次曲线的效果要好，得到的统计分析表见表 8-16。从关联系表中，可以看到 $R$ 的估计值为 0.989。因此，可以认为日产水和燃料之间有较好的线性关联，这为后面进行线性分析奠定了基础。

表 8-16　关联分析结果表

| $R$ | $R^2$ | 调整 $R^2$ | 估计值的标准误差 |
|---|---|---|---|
| 0.989 | 0.977 | 0.932 | 9673.887 |

注：自变量为日产水。

然后将其数据输入 SPSS 中，对数据进行线性分析，最后比较得到的二次曲线的显著性是非常明显的，其显著性分析见表 8-17。F 检验得到 $P$ 值为 0.150，大于显著性水平 0.05。所以数据之间的关系不是偶然的，是确实存在的。

表 8-17　回归分析参数显著性分析

| | 平方和 | df | 均方 | F | Sig. |
|---|---|---|---|---|---|
| 回归 | $4.058 \times 10^9$ | 2 | $2.029 \times 10^9$ | 21.680 | 0.150 |
| 残差 | $9.358 \times 10^7$ | 1 | $9.358 \times 10^7$ | | |
| 总计 | $4.151 \times 10^9$ | 3 | | | |

注：自变量为日产水。

接着得到线性函数的系数估计表（表 8-18）。T 检验得到各项系数检验值，$P$ 值都大于 0.05 的显著性水平，可以认为拟合很成功，得到的二次函数见式（8-3）。

表 8-18　回归参数表

| 系数 | 未标准化系数 | | 标准化系数 | T | Sig. |
|---|---|---|---|---|---|
| | B | 标准误差 | Beta | | |
| 日产水, t | 120.355 | 400.742 | 0.224 | 0.300 | 0.814 |
| 日产水平方, $t^2$ | 2.171 | 2.109 | 0.768 | 1.029 | 0.491 |
| 常数 | 41276.453 | 12148.369 | | 3.398 | 0.182 |

$$Y=120.355X+2.171X^2+41276.453, \quad X>0 \quad (8-3)$$

曲线拟合效果图如图8-5所示。从图中可以看到拟合效果比较好。

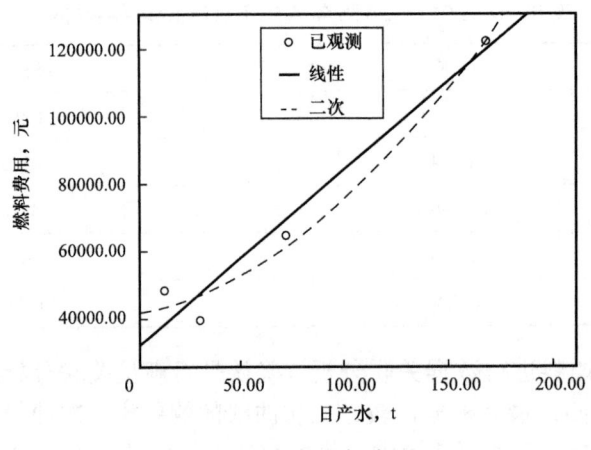

图 8-5　回归拟合图

## 二、A 气田处理工艺流程成本研究

1. 动力费和日产气的关系分析

2011—2015 年 A 气田动力费和日产气的关系见表 8-19。

表 8-19　2011—2015 年 A 气田动力费和日产气的关系

| 年份 | 动力费，元 | 日产气，$m^3$ |
|---|---|---|
| 2011 | 482764.45 | 176.89 |
| 2012 | 502872.60 | 164.90 |
| 2013 | 2370370.77 | 155.93 |
| 2014 | 959655.76 | 180.00 |
| 2015 | 114754.18 | 167.30 |

首先，对动力费和日产气进行数据关联分析，确认是否满足关联分析的条件。将其输入 SPSS 中，进行线性回归，最后根据比较，二次曲线的效果比一次曲线的效果要好，得到的统计分析表见表 8-20。从关联系表中，可以看到 $R$ 的估计值为 0.998。因此，可以认为动力费和日产气之间有非常好的线性关联，而且关联性非常强，这为后面进行线性分析奠定了基础。

表 8-20　关联分析结果表

| $R$ | $R^2$ | 调整 $R^2$ | 估计值的标准误差 |
|---|---|---|---|
| 0.998 | 0.996 | 0.988 | 107980.504 |

注：自变量为日产气。

然后将关联分析数据输入 SPSS 中,对数据进行线性分析,最后比较得到二次曲线的显著性是非常明显的,其显著性分析见表 8-21。F 检验得到 $P$ 值为 0.063,大于显著性水平 0.05。所以数据之间的关系不是偶然的,是确实存在的。

表 8-21　回归分析参数显著性分析

|  | 平方和 | df | 均方 | F | Sig. |
| --- | --- | --- | --- | --- | --- |
| 回归 | $2.898 \times 10^{12}$ | 2 | $1.449 \times 10^{12}$ | 124.273 | 0.063 |
| 残差 | $1.166 \times 10^{10}$ | 1 | $1.166 \times 10^{10}$ |  |  |
| 总计 | $2.910 \times 10^{12}$ | 3 |  |  |  |

注:自变量为日产气。

接着得到线性函数的系数估计表(表 8-22)。T 检验得到各项系数检验值,$P$ 值都大于 0.1 的显著性水平,可以认为拟合很成功,得到的双曲线函数见式(8-4):

$$Y = -3592290.408X - 10517.137X^2 + 3.068 \times 10^8, \quad X > 0 \qquad (8-4)$$

表 8-22　回归参数表

| 系数 | 未标准化系数 | | 标准化系数 | T | Sig. |
| --- | --- | --- | --- | --- | --- |
|  | B | 标准误 | Beta |  |  |
| 日产气,t | −3592290.408 | 261114.716 | −36.235 | −13.758 | 0.046 |
| 日产气平方,$t^2$ | 10517.137 | 775.114 | 35.737 | 13.568 | 0.047 |
| 常数 | 3.068E8 | 2.194E7 |  | 13.981 | 0.045 |

曲线拟合效果图如图 8-6 所示。从图中可以看到拟合效果比较好。

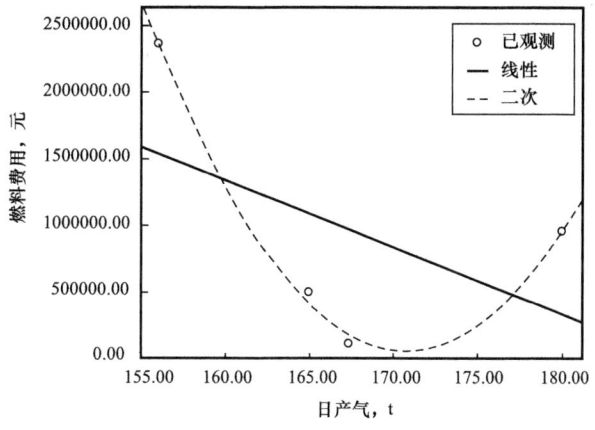

图 8-6　回归拟合图

## 2. 材料费和年压降的关系分析

2011—2015 年 A 气田材料费和年压降的关系分析见表 8-23。

表 8-23　2011—2015 年 A 气田材料费和年压降的关系

| 年份 | 材料费，元 | 年压降，MPa |
|---|---|---|
| 2011 | 167504.69 | 3.26 |
| 2012 | 36943.27 | 4.51 |
| 2013 | 390739.66 | 3.13 |
| 2014 | 482123.67 | 3.23 |
| 2015 | 586114.37 | 3.40 |

首先对材料费和年压降进行数据关联分析，确认是否满足关联分析的条件。将其输入 SPSS 中，进行线性回归，最后根据比较，二次曲线的效果比一次曲线的效果要好，得到的统计分析表见表 8-24。从关联系表中，可以看到 $R$ 的估计值为 1。因此，可以认为材料费和年压降之间有非常好的线性关联，这为后面进行线性分析奠定了基础。

表 8-24　关联分析结果表

| $R$ | $R^2$ | 调整 $R^2$ | 估计值的标准误差 |
|---|---|---|---|
| 1.000 | 1.000 | 1.000 | 2575.517 |

注：自变量为年压降。

然后将关联分析数据输入 SPSS 中，对数据进行线性分析，最后比较得到二次曲线的显著性是非常明显的，其显著性分析见表 8-25。F 检验得到 $P$ 值为 0.006，大于显著性水平 0.05。所以数据之间的关系不是偶然的，是确实存在的。

表 8-25　回归分析参数显著性分析

| | 平方和 | df | 均方 | F | Sig. |
|---|---|---|---|---|---|
| 回归 | $1.706 \times 10^{11}$ | 2 | $8.528 \times 10^{10}$ | 12856.675 | 0.006 |
| 残差 | 6633288.173 | 1 | 6633288.173 | | |
| 总计 | $1.706 \times 10^{11}$ | 3 | | | |

注：自变量为年压降。

接着得到线性函数的系数估计表（表 8-26）。T 检验得到各项系数检验值，$P$ 值都小于 0.1 的显著性水平，可以认为拟合很成功，得到的二次函数见式（8-5）：

$$Y=6586829.878X-896224.337X^2-1.145 \times 10^7, \quad X>0 \tag{8-5}$$

表 8-26  回归参数表

|  | 未标准化系数 | | 标准化系数 | T | Sig. |
|---|---|---|---|---|---|
|  | B | 标准误差 | Beta | | |
| 年压降 | 6586829.878 | 87586.265 | 17.523 | 75.204 | 0.008 |
| 年压降平方 | −896224.337 | 11349.290 | −18.400 | −78.967 | 0.008 |
| （常数） | −1.145E7 | 164704.276 |  | −69.505 | 0.009 |

曲线拟合效果图如图 8-7 所示。从图中可以看到拟合效果比较好。

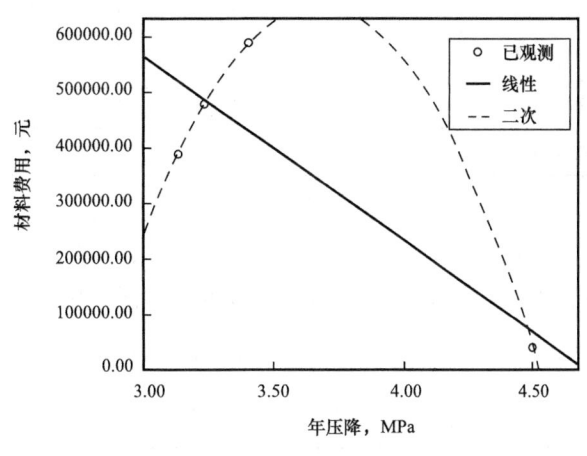

图 8-7  回归拟合图

3. 维护及修理费和压力的关系分析

2011—2015 年 A 气田维护及修理费和压力的关系见表 8-27。

表 8-27  2011—2015 年 A 气田年维护及修理费和压力的关系

| 年份 | 维护及修理费，元 | 压力，MPa |
|---|---|---|
| 2011 | 1522413.14 | 48.10 |
| 2012 | 1243253.76 | 45.20 |
| 2013 | 6758384.02 | 40.97 |
| 2014 | 8724383.49 | 37.73 |
| 2015 | 16188829.58 | 34.33 |

首先对维护及修理费和压力进行数据关联分析，确认是否满足关联分析的条件。将其输入 SPSS 中，进行线性回归，最后根据比较，二次曲线的效果比一次曲线的效果要好，得到统计分析表见表 8-28。从关联系表中，可以看到 $R$ 的估计值为 0.988。因此，可以认为两者之间有较好的线性关联，这为后面进行线性分析奠定了基础。

表 8-28 关联分析结果表

| $R$ | $R^2$ | 调整 $R^2$ | 估计值的标准误差 |
|---|---|---|---|
| 0.988 | 0.976 | 0.952 | 1347052.513 |

注：自变量为压力。

然后将关联分析数据输入 SPSS 中，对数据进行线性分析，最后比较得到二次曲线的显著性是非常明显的，其显著性分析见表 8-29。F 检验得到 $P$ 值为 0.024，小于显著性水平 0.05，所以数据之间的关系不是偶然的，是确实存在。

表 8-29 回归分析参数显著性分析

| | 平方和 | df | 均方 | F | Sig. |
|---|---|---|---|---|---|
| 回归 | $1.469 \times 10^{14}$ | 2 | $7.346 \times 10^{13}$ | 40.483 | 0.024 |
| 残差 | $3.629 \times 10^{12}$ | 2 | $1.815 \times 10^{12}$ | | |
| 总计 | $1.505 \times 10^{14}$ | 4 | | | |

注：自变量为压力。

接着得到线性函数的系数估计表（表 8-30）。T 检验得到各项系数检验值，$P$ 值都小于 0.05 的显著性水平，可以认为拟合很成功，得到的二次函数见式（8-6）：

$$Y = -7010579.963X + 72118.502X^2 + 1.716 \times 10^8, \quad X > 0 \qquad (8-6)$$

表 8-30 回归参数表

| 系数 | 未标准化系数 | | 标准化系数 | T | Sig. |
|---|---|---|---|---|---|
| | B | 标准误 | Beta | | |
| 压力 | −7010579.963 | 2574546.357 | −6.332 | −2.723 | 0.113 |
| 压力平方 | 72118.502 | 31151.549 | 5.383 | 2.315 | 0.147 |
| 常数 | $1.716 \times 10^8$ | $5.255 \times 10^7$ | | 3.265 | 0.082 |

曲线拟合效果图如图 8-8 所示。从图中可以看到拟合效果比较好。

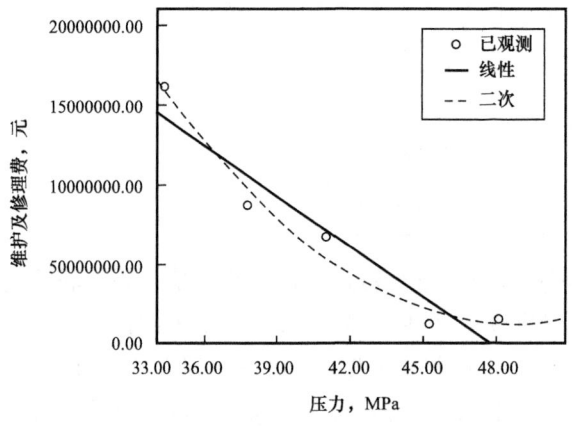

图 8-8 回归拟合图

### 4. 维护及修理费和水气比

2011—2015 年 A 气田维护及修理费和水气比的关系见表 8-31。

表 8-31　2011—2015 年 A 气田维护及修理费和水气比的关系

| 年份 | 维护及修理费 | 水气比 |
| --- | --- | --- |
| 2011 | 1522413.14 | 8.26 |
| 2012 | 1243253.76 | 15.20 |
| 2013 | 6758384.02 | 18.20 |
| 2014 | 8724383.49 | 42.63 |
| 2015 | 16188829.58 | 62.30 |

首先对维护及修理费和水气比进行数据关联分析，确认是否满足关联分析的条件。将其输入 SPSS 中，进行线性回归，最后根据比较，二次曲线的效果比一次曲线的效果要好，得到的统计分析表见表 8-32。从关联系表中，可以看到 $R$ 的估计值为 0.934。因此，可以认为其维护及修理费和水气比之间有较好的线性关联，这为后面进行线性分析奠定了基础。

表 8-32　关联分析结果表

| $R$ | $R^2$ | 调整 $R^2$ | 估计值的标准误差 |
| --- | --- | --- | --- |
| 0.934 | 0.872 | 0.808 | 2709556.546 |

注：自变量为水气比。

然后将其数据输入 SPSS 中，对数据进行线性分析，最后比较得到二次曲线的显著性是非常明显的，其显著性分析见表 8-33。F 检验得到 $P$ 值为 0.066，小于显著性水平 0.1，所以数据之间的关系不是偶然的，是确实存在的。

表 8-33　回归分析参数显著性分析

|  | 平方和 | df | 均方 | F | Sig. |
| --- | --- | --- | --- | --- | --- |
| 回归 | $9.988 \times 10^{13}$ | 1 | $9.988 \times 10^{13}$ | 13.605 | 0.066 |
| 残差 | $1.468 \times 10^{13}$ | 2 | $7.342 \times 10^{12}$ |  |  |
| 总计 | $1.146 \times 10^{14}$ | 3 |  |  |  |

注：自变量为水气比。

接着得到线性函数的系数估计表（表 8-34），T 检验得到各项系数检验值，$P$ 值都大于 0.05 的显著性水平，可以认为拟合很成功，得到的函数见式（8-7）：

$$Y=260042.95X-764222.871，X>0 \tag{8-7}$$

表 8-34　回归参数表

| 系数 | 未标准化系数 | | 标准化系数 | T | Sig. |
|---|---|---|---|---|---|
| | B | 标准误 | Beta | | |
| 水气比 | 260042.958 | 70500.921 | 0.934 | 3.689 | 0.066 |
| 常数 | -764222.871 | 2789219.682 | | -0.274 | 0.810 |

曲线拟合效果图如图 8-9 所示。从图中可以看到拟合效果比较好。

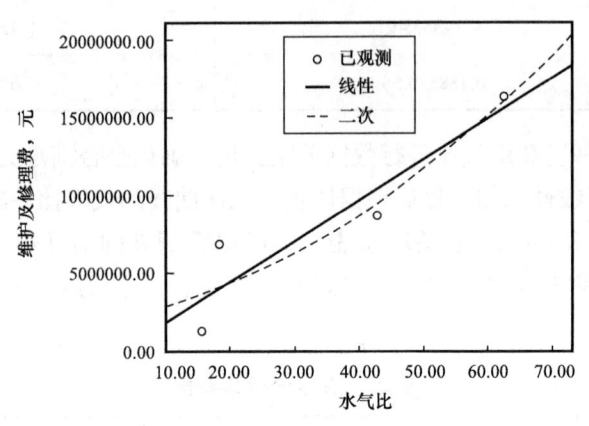

图 8-9　回归拟合图

5. 材料费和压力的关系分析

2011—2015 年 A 气田材料费和压力的关系分析见表 8-35。

表 8-35　2011—2015 年 A 气田材料和压力的关系

| 年份 | 材料费，元 | 压力，MPa |
|---|---|---|
| 2011 | 167504.69 | 48.10 |
| 2012 | 36943.27 | 45.20 |
| 2013 | 390739.66 | 40.97 |
| 2014 | 482123.67 | 37.73 |
| 2015 | 586114.37 | 34.33 |

首先对材料费和压力进行数据关联分析，确认是否满足关联分析的条件。将其输入 SPSS 中，进行线性回归，最后根据比较，二次曲线的效果比一次曲线的效果要好，得到统计分析表见表 8-36。从关联系表中，可以看到 $R$ 的估计值为 0.916。因此，可以认为材料和压力之间有较好的线性关联，这为后面进行线性分析奠定了基础。

表 8-36 关联分析结果

| $R$ | $R^2$ | 调整 $R^2$ | 估计值的标准误差 |
|---|---|---|---|
| 0.916 | 0.840 | 0.786 | 104545.207 |

注：自变量为压力。

然后将关联分析数据输入 SPSS 中，对数据进行线性分析，最后比较得到二次曲线的显著性是非常明显的，其显著性分析见表 8-37。F 检验得到 $P$ 值为 0.029，小于显著性水平 0.05。所以数据之间的关系不是偶然的，是确实存在的。

表 8-37 回归分析参数显著性分析

|  | 平方和 | df | 均方 | F | Sig. |
|---|---|---|---|---|---|
| 回归 | $1.719 \times 10^{11}$ | 1 | $1.719 \times 10^{11}$ | 15.727 | 0.029 |
| 残差 | $3.279 \times 10^{10}$ | 3 | $1.093 \times 10^{10}$ |  |  |
| 总计 | $2.047 \times 10^{11}$ | 4 |  |  |  |

注：自变量为压力。

接着得到线性函数的系数估计表（表 8-38）。T 检验得到各项系数检验值，$P$ 值都小于 0.05 的显著性水平，可以认为拟合很成功，得到的函数见式（8-8）：

$$Y = -37411.324X + 1876525.764, \quad X > 0 \qquad (8-8)$$

表 8-38 回归参数表

| 系数 | 未标准化系数 | | 标准化系数 | T | Sig. |
|---|---|---|---|---|---|
|  | B | 标准误 | Beta |  |  |
| 压力 | −37411.324 | 9433.770 | −0.916 | −3.966 | 0.029 |
| 常数 | 1876525.764 | 392097.728 |  | 4.786 | 0.017 |

曲线拟合效果图如图 8-10 所示。从图中可以看出拟合效果比较好。

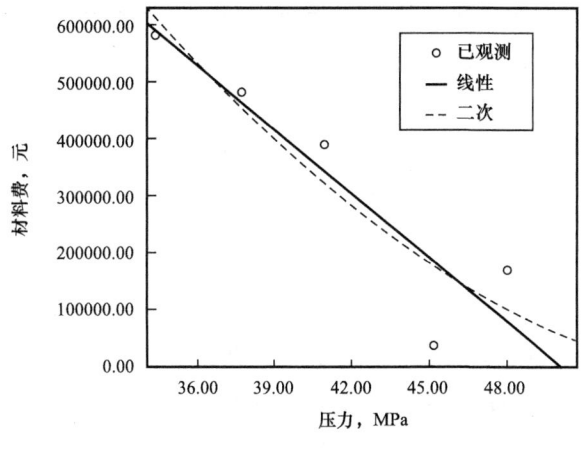

图 8-10 回归拟合图

## 三、A气田运行维护保障成本研究

1. 运输费与日产水的关系

2011—2015年A气田运输费和日产水的关系见表8-39。

表8-39 2011—2015年A气田运输费和日产水的关系

| 年份 | 运输费，元 | 日产水，t |
|---|---|---|
| 2011 | 1206260.86 | 6.21 |
| 2012 | 1220869.55 | 12.54 |
| 2013 | 6104173.54 | 29.90 |
| 2014 | 11651375.00 | 71.80 |
| 2015 | 11119494.13 | 167.40 |

首先对运输和日产水进行数据关联分析，确认是否满足关联分析的条件。将其输入SPSS中，进行线性回归，最后根据比较，二次曲线的效果比一次曲线的效果要好，得到的统计分析表见表8-40。从关联系表中，可以看到$R$的估计值为0.996。因此，可以认为运输费与日产水之间有非常强的线性关联，这为后面进行线性分析奠定了基础。

表8-40 关联分析结果表

| $R$ | $R^2$ | 调整$R^2$ | 估计值的标准误差 |
|---|---|---|---|
| 0.996 | 0.992 | 0.975 | 777013.518 |

注：自变量为日产水。

然后将关联分析数据输入SPSS中，对数据进行线性分析，最后比较得到二次曲线的显著性是非常明显的，其显著性分析见表8-41。F检验得到$P$值为0.092，大于显著性水平0.05，所以数据之间的关系不是偶然的，是确实存在。

表8-41 回归分析参数显著性分析

| | 平方和 | df | 均方 | F | Sig. |
|---|---|---|---|---|---|
| 回归 | $7.110 \times 10^{13}$ | 2 | $3.555 \times 10^{13}$ | 58.886 | 0.092 |
| 残差 | $6.038 \times 10^{11}$ | 1 | $6.038 \times 10^{11}$ | | |
| 总计 | $7.171 \times 10^{13}$ | 3 | | | |

注：自变量为日产水。

接着得到线性函数的系数估计表（表8-42）。T检验得到各项系数检验值，$P$值都小于0.1的显著性水平，可以认为拟合很成功，得到的二次函数见式(8-9)：

$$Y=273229.996X-1178.267X^2-1631344.066, \quad X>0 \tag{8-9}$$

表 8-42 回归参数表

| 系数 | 未标准化系数 | | 标准化系数 | T | Sig. |
| --- | --- | --- | --- | --- | --- |
| | B | 标准误 | Beta | | |
| 日产水 | 273229.996 | 32187.855 | 3.872 | 8.489 | 0.075 |
| 日产水平方 | −1178.267 | 169.416 | −3.172 | −6.955 | 0.091 |
| 常数 | −1631344.066 | 975765.707 | | −1.672 | 0.343 |

曲线拟合效果图如图 8-11 所示。从图中可以看到拟合效果比较好。

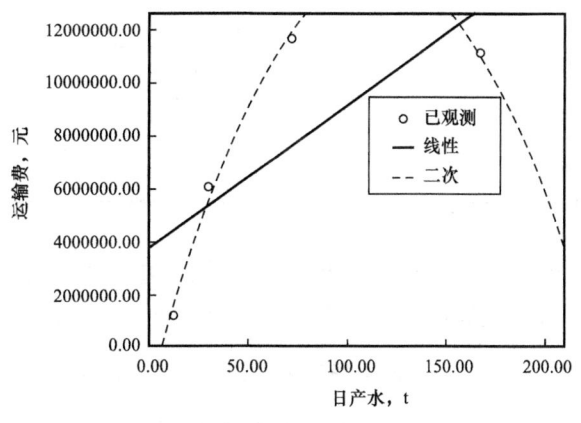

图 8-11　回归拟合图

2. 运输费和压力的关系分析

2011—2015 年 A 气田运输费和压力的关系见表 8-43。

表 8-43　2011—2015 年 A 气田运输费和压力的关系

| 年份 | 运输费, 元 | 压力, MPa |
| --- | --- | --- |
| 2011 | 1206260.86 | 48.10 |
| 2012 | 1220869.55 | 45.20 |
| 2013 | 6104173.54 | 40.97 |
| 2014 | 11651375.00 | 37.73 |
| 2015 | 11119494.13 | 34.33 |

首先对运输费和压力进行数据关联分析，确认是否满足关联分析的条件。将其输入 SPSS 中，进行线性回归，最后根据比较，二次曲线的效果比一次曲线的效果要好，得到的统计分析表见表 8-44，从关联系表中，可以看到 $R$ 的估计值为 0.949，因此，可以认为两者之间有较好的线性关联，这为后面进行线性分析奠定了基础。

表 8-44　关联分析结果表

| $R$ | $R^2$ | 调整 $R^2$ | 估计值的标准误 |
|---|---|---|---|
| 0.949 | 0.900 | 0.867 | 1855429.688 |

注：自变量为压力。

然后将关联分析数据输入 SPSS 中，对数据进行线性分析，最后比较得到二次曲线的显著性是非常明显的，其显著性分析见表 8-45。F 检验得到 $P$ 值为 0.014，小于显著性水平 0.05，所以数据之间的关系不是偶然的，是确实存在的。

表 8-45　回归分析参数显著性分析

| | 平方和 | df | 均方 | F | Sig. |
|---|---|---|---|---|---|
| 回归 | $9.331 \times 10^{13}$ | 1 | $9.331 \times 10^{13}$ | 27.105 | 0.014 |
| 残差 | $1.033 \times 10^{13}$ | 3 | $3.443 \times 10^{12}$ | | |
| 总计 | $1.036 \times 10^{14}$ | 4 | | | |

注：自变量为压力。

接着得到线性函数的系数估计表（表 8-46）。T 检验得到各项系数检验值，$P$ 值都小于 0.05 的显著性水平，可以认为拟合很成功，得到的函数见式（8-10）：

$$Y = -871661.632X + 4.223 \times 10^7,\ X > 0 \qquad (8\text{-}10)$$

表 8-46　回归参数表

| 系数 | 未标准化系数 | | 标准化系数 | T | Sig. |
|---|---|---|---|---|---|
| | B | 标准误差 | Beta | | |
| 压力 | -871661.632 | 167427.068 | -0.949 | -5.206 | 0.014 |
| 常数 | $4.223 \times 10^7$ | 6958805.513 | | 6.069 | 0.009 |

曲线拟合效果图如图 8-12 所示。从图中可以看到拟合效果比较好。

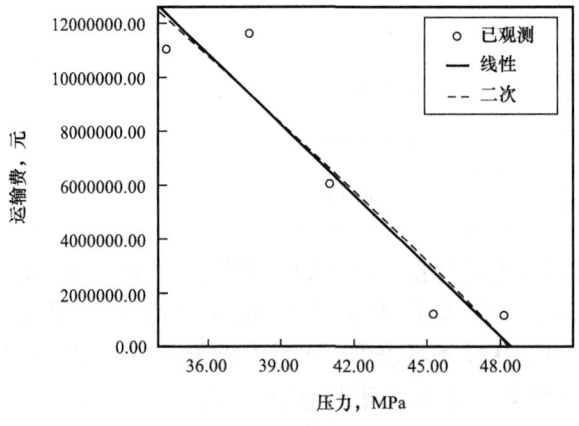

图 8-12　回归拟合图

## 3. 折旧折耗摊销和压力的关系分析

2011—2015年，A气田折旧折耗摊销和压力的关系见表8-47。

表8-47 2011—2015年A气田折旧折耗摊销和压力的关系

| 年份 | 折旧折耗摊销，元 | 压力，MPa |
|---|---|---|
| 2011 | 14427225.78 | 48.10 |
| 2012 | 10326483.97 | 45.20 |
| 2013 | 34155098.06 | 40.97 |
| 2014 | 41352482.87 | 37.73 |
| 2015 | 57410403.98 | 34.33 |

首先，对折旧折耗摊销和压力进行数据关联分析，确认是否满足关联分析的条件。将其输入SPSS中，进行线性回归，最后根据比较，一次曲线的效果比二次曲线的效果要好，得到的统计分析表见表8-48。从关联系表中，可以看到$R$的估计值为0.962，因此，可以认为两者之间有较好的线性关联，这为后面进行线性分析奠定了基础。

表8-48 关联分析结果表

| $R$ | $R^2$ | 调整$R^2$ | 估计值的标准误差 |
|---|---|---|---|
| 0.0962 | 0.0926 | 0.0902 | 6097784.251 |

注：自变量为压力。

然后将关联分析数据输入SPSS中，对数据进行线性分析，最后比较得到二次曲线的显著性是非常明显的，其显著性分析见表8-49。F检验得到$P$值为0.009，小于显著性水平0.01，所以数据之间的关系不是偶然的，是确实存在的。

表8-49 回归分析参数显著性分析

| | 平方和 | df | 均方 | F | Sig. |
|---|---|---|---|---|---|
| 回归 | $1.404 \times 10^{15}$ | 1 | $1.404 \times 10^{15}$ | 37.751 | 0.009 |
| 残差 | $1.115 \times 10^{14}$ | 3 | $3.718 \times 10^{13}$ | | |
| 总计 | $1.515 \times 10^{15}$ | 4 | | | |

注：自变量为压力。

接着得到线性函数的系数估计表（表8-50）。T检验得到各项系数检验值，$P$值都小于0.05的显著性水平，可以认为拟合很成功，得到的函数见式（8-11）：

$$Y = -3380806.124X + 1.710 \times 10^8, \quad X > 0 \tag{8-11}$$

表 8-50　回归参数表

| 系数 | 未标准化系数 | | 标准化系数 | T | Sig. |
| --- | --- | --- | --- | --- | --- |
| | B | 标准误差 | Beta | | |
| 压力 | −3380806.124 | 550241.350 | −0.0962 | −6.144 | 0.009 |
| 常数 | $1.710 \times 10^8$ | $2.287 \times 10^7$ | | 7.479 | 0.005 |

**4. 折旧损耗摊销和年压降的关系分析**

2011—2015 年 A 气田折旧损耗摊销和年压降的关系见表 8-51。

表 8-51　2011—2015 年 A 气田折旧损耗摊销和年压降的关系

| 年份 | 折旧损耗摊销，元 | 年压降，MPa |
| --- | --- | --- |
| 2011 | 14427225.78 | 3.26 |
| 2012 | 10326483.97 | 4.51 |
| 2013 | 34155098.06 | 3.13 |
| 2014 | 41352482.87 | 3.23 |
| 2015 | 57410403.98 | 3.40 |

首先，对折旧损耗摊销和年压降进行数据关联分析，确认是否满足关联分析的条件。将其输入 SPSS 中，进行线性回归，最后根据比较，二次曲线的效果比一次曲线的效果要好，得到的统计分析表见表 8-52。从关联系表中，可以看到 $R$ 的估计值为 0.997，因此，可以认为折旧损耗摊销和年压降之间有较好的线性关联，这为后面进行线性分析奠定了基础。

表 8-52　关联分析结果表

| $R$ | $R^2$ | 调整 $R^2$ | 估计值的标准误差 |
| --- | --- | --- | --- |
| 0.997 | 0.995 | 0.984 | 2513272.861 |

注：自变量为年压降。

然后将关联分析数据输入 SPSS 中，对数据进行线性分析，最后比较得到二次曲线的显著性是非常明显的，其显著性分析见表 8-53。F 检验得到 $P$ 值为 0.633，大于显著性水平 0.05，所以数据之间的关系不是偶然的，是确实存在的。

表 8-53　回归分析参数显著性分析

| 方差分析（ANOVA） | 平方和 | df | 均方 | F | Sig. |
| --- | --- | --- | --- | --- | --- |
| 回归 | $1.143 \times 10^{15}$ | 2 | $5.716 \times 10^{14}$ | 90.487 | 0.074 |
| 残差 | $6.317 \times 10^{12}$ | 1 | $6.317 \times 10^{12}$ | | |
| 总计 | $1.149 \times 10^{15}$ | 3 | | | |

注：自变量为年压降。

接着得到线性函数的系数估计表（表 8-54）。T 检验得到各项系数检验值，$P$ 值都小于 0.1 的显著性水平，可以认为拟合很成功，得到的二次函数见式（8-12）：

$$Y=7.082 \times 10^8 X - 9.487 \times 10^7 X^2 - 1.255 \times 10^9, \quad X>0 \qquad (8-12)$$

表 8-54　回归参数表

| 系数 | 未标准化系数 | | 标准化系数 | T | Sig. |
| --- | --- | --- | --- | --- | --- |
| | B | 标准误差 | Beta | | |
| 年压降 | $7.082 \times 10^8$ | $8.547 \times 10^7$ | 22.949 | 8.286 | 0.076 |
| 年压降平方 | $-9.487 \times 10^7$ | $1.108 \times 10^7$ | $-23.726$ | $-8.566$ | 0.074 |
| 常数 | $-1.255 \times 10^9$ | $1.607 \times 10^8$ | | $-7.805$ | 0.081 |

曲线拟合效果图如图 8-13 所示。从图中可以看到拟合效果比较好。

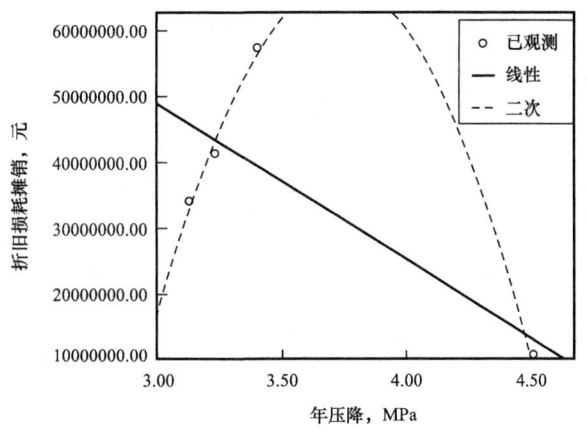

图 8-13　回归拟合图

**5. 员工费用和压力的关系分析**

2011—2015 年 A 气田员工费用和压力的关系见表 8-55。

表 8-55　2011—2015 年 A 气田员工费用和压力的关系

| 年份 | 员工费用，元 | 压力，MPa |
| --- | --- | --- |
| 2011 | 9362777.36 | 48.10 |
| 2012 | 9841982.19 | 45.20 |
| 2013 | 40858611.14 | 40.97 |
| 2014 | 41226660.78 | 37.73 |
| 2015 | 39339092.30 | 34.33 |

首先，对员工费用和压力进行数据关联分析，确认是否满足关联分析的条件。将其输入 SPSS 中，进行线性回归，最后根据比较，二次曲线的效果比一次曲线的效果要好，得到的统计分析表见表 8-56。从关联系表中，可以看到 $R$ 的估计值为 0.874。因此，可以认为员工费用和压力之间有较好的线性关联，这为后面进行线性分析奠定了基础。

表 8-56  关联分析结果表

| $R$ | $R^2$ | 调整 $R^2$ | 估计值的标准误差 |
|---|---|---|---|
| 0.874 | 0.764 | 0.686 | 9485253.530 |

注：自变量为压力。

然后，将关联分析数据输入 SPSS 中，对数据进行线性分析，最后比较得到二次曲线的显著性是非常明显的，其显著性分析见表 8-57。F 检验得到 $P$ 值为 0.052，小于显著性水平 0.1，所以数据之间的关系不是偶然的，是确实存在的。

表 8-57  回归分析参数显著性分析

| 方差分析 | 平方和 | df | 均方 | F | Sig. |
|---|---|---|---|---|---|
| 回归 | $8.759 \times 10^{14}$ | 1 | $8.759 \times 10^{14}$ | 9.736 | 0.052 |
| 残差 | $2.699 \times 10^{14}$ | 3 | $8.997 \times 10^{13}$ | | |
| 总计 | $1.146 \times 10^{15}$ | 4 | | | |

注：自变量为压力。

接着得到线性函数的系数估计表（表 8-58）。T 检验得到各项系数检验值，$P$ 值都小于 0.05 的显著性水平，可以认为拟合很成功，得到的函数见式（8-13）：

$$Y = -2670649.094X + 1.383 \times 10^8, \quad X > 0 \tag{8-13}$$

表 8-58  回归参数表

| 系数 | 未标准化系数 | | 标准化系数 | T | Sig. |
|---|---|---|---|---|---|
| | B | 标准误 | Beta | | |
| 压力 | -2670649.094 | 855913.967 | -0.087 | -3.120 | 0.052 |
| 常数 | $1.383 \times 10^8$ | $3.557 \times 10^7$ | | 3.889 | 0.030 |

曲线拟合效果图如图 8-14 所示。从图中可以看出拟合效果较好。

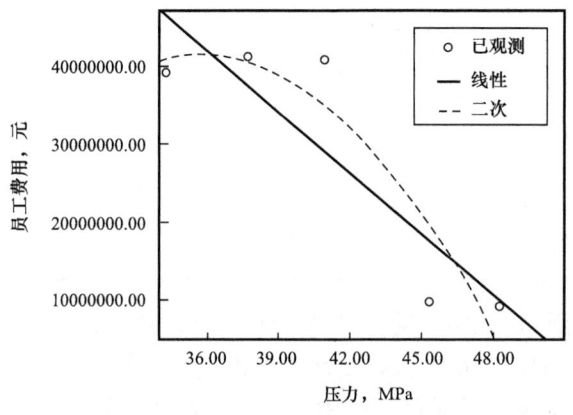

图 8-14  回归拟合图

## 6. 折旧损耗摊销与水气比的关系

2011—2015年A气田折旧损耗摊销和水气比的关系见表8-59。

表8-59　2011—2015年A气田折旧损耗摊销和压力相关数据

| 年份 | 其他外包劳务支出，元 | 日产气 |
| --- | --- | --- |
| 2011 | 5157169.36 | 176.89 |
| 2012 | 4782302.18 | 164.90 |
| 2013 | 3062257.18 | 155.93 |
| 2014 | 919303.63 | 180.00 |
| 2015 | 14099495.31 | 167.30 |

首先对折旧损耗摊销和水气比进行数据关联分析，确认是否满足关联分析的条件。将其输入SPSS中，进行线性回归，最后根据比较，一次曲线的效果比二次曲线的效果要好，得到的统计分析表见表8-60。从关联系表中，可以看到$R$的估计值为0.894。因此，可以认为折耗摊销与水气比之间有较好的线性关联，这为后面进行线性分析奠定了基础。

表8-60　关联分析结果表

| $R$ | $R^2$ | 调整$R^2$ | 估计值的标准误差 |
| --- | --- | --- | --- |
| 0.894 | 0.799 | 0.698 | $1.076 \times 10^7$ |

注：自变量为水气比。

然后将关联分析数据输入SPSS中，对数据进行线性分析，最后比较得到二次曲线的显著性是非常明显的，其显著性分析见表8-61。F检验得到$P$值为0.106，约等于显著性水平0.1，所以数据之间的关系不是偶然的，是确实存在的。

表8-61　回归分析参数显著性分析

| 方差分析 | 平方和 | df | 均方 | F | Sig. |
| --- | --- | --- | --- | --- | --- |
| 回归 | $9.178 \times 10^{14}$ | 1 | $9.178 \times 10^{14}$ | 7.926 | 0.106 |
| 残差 | $2.316 \times 10^{14}$ | 2 | $1.158 \times 10^{14}$ | | |
| 总计 | $1.149 \times 10^{15}$ | 3 | | | |

注：自变量为水气比。

接着得到线性函数的系数估计表（表8-62）。T检验得到各项系数检验值，$P$值都大于0.05的显著性水平，可以认为拟合很成功，得到的函数见式（8-14）：

$$Y = 788278.483X + 8550476.572, \quad X > 0 \qquad (8\text{-}14)$$

表 8-62　回归参数表

| 系数 | 未标准化系数 | | 标准化系数 | T | Sig. |
|---|---|---|---|---|---|
| | B | 标准误差 | Beta | | |
| 水气比 | 788278.43 | 279999.291 | 0.894 | 2.815 | 0.106 |
| 常数 | 8550476.572 | $1.108 \times 10^7$ | | 0.772 | 0.521 |

曲线拟合效果图如图 8-15 所示。从图中可以看到拟合效果比较好。

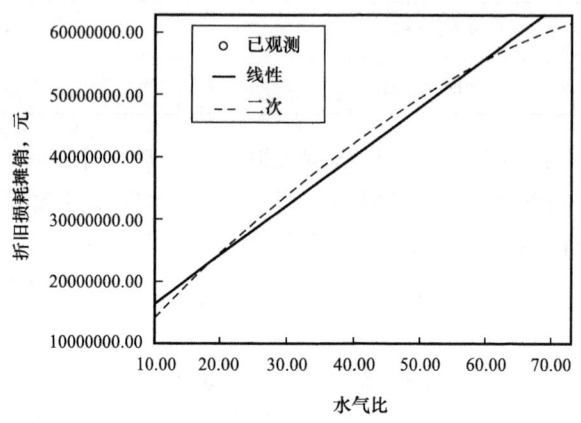

图 8-15　回归拟合图

## 四、A 气田其他部分成本研究

1. 日产水、日产气、压力、与其他外包劳务支出的关联分析

对各变量进行统计描述分析结果见表 8-63。

表 8-63　各变量描述统计表

| 描述性统计量 | 均值 | 标准偏差 | N |
|---|---|---|---|
| 其他外包劳务支出 | $5.6041 \times 10^6$ | $5.03625 \times 10^6$ | 5 |
| 日产水 | 57.5700 | 66.51372 | 5 |
| 压力 | 41.2667 | 5.54101 | 5 |
| 日产气 | 169.0040 | 9.66666 | 5 |

注：$N$—有效的样本案例数。

然后考虑各参数之间的相关程度，见表 8-64。

变量之间的关系见表 8-65。

表 8-64　各变量相关性统计表

| 相关性 | | 其他外包劳务支出 | 日产水 | 压力 | 日产气 |
|---|---|---|---|---|---|
| Pearson 相关性 | 其他外包劳务支出 | 1.000 | 0.744 | −0.429 | −0.169 |
| | 日产水 | 0.744 | 1.000 | −0.093 | 0.043 |
| | 压力 | −0.429 | −0.903 | 1.000 | 0.068 |
| | 日产气 | −0.169 | 0.043 | 0.068 | 1.000 |
| Sig.（单侧） | 其他外包劳务支出 | | 0.075 | 0.236 | 0.393 |
| | 日产水 | 0.075 | | 0.018 | 0.473 |
| | 压力 | 0.236 | 0.018 | | 0.457 |
| | 日产气 | 0.393 | 0.473 | 0.457 | |
| N | 其他外包劳务支出 | 5 | 5 | 5 | 5 |
| | 日产水 | 5 | 5 | 5 | 5 |
| | 压力 | 5 | 5 | 5 | 5 |
| | 日产气 | 5 | 5 | 5 | 5 |

表 8-65　输入输出变量表

| 输入/移去的变量 b | | | |
|---|---|---|---|
| 模型 | 输入的变量 | 移去的变量 | 方法 |
| 1 | 日产气，日产水，压力 a | | 输入 |

注：a—已输入所有请求的变量；
　　b—因变量，其他外包劳务支出。

表 8-66 为多元相关性检测结果。从表中可以看到，$R$ 的估计值为 1。因此，可以认为两者之间有较好的线性关联，这为后面进行线性分析奠定了基础。

表 8-66　各变量相关性分析表

| 模型汇总 b | | | | | | | | |
|---|---|---|---|---|---|---|---|---|
| 模型 | $R$ | $R^2$ | 调整 $R^2$ | 标准估计的误差 | 更改统计量 | | | |
| | | | | | $R^2$ 更改 | F 更改 | df1 | df2 |
| 1 | 1.000a | 0.999 | 0.997 | $2.88107 \times 10^5$ | 0.999 | 407.089 | 3 | 1 |

注：a—预测变量，常量，日产气，日产水，压力；
　　b—因变量，其他外包劳务支出。

通过模型汇总，反映其统计的显著性程度为 0.036（表 8-67）。

表 8-67　各变量显著性统计表

| 模型汇总 $b$ | |
|---|---|
| 模型 | 更改统计量 |
| | Sig.F 更改 |
| 1 | 0.036 |

注：$b$—因变量，其他外包劳务支出。

对回归进行参数检验，F 检验得到 $P$ 值为 0.036，小于显著性水平 0.05，所以数据之间的关系不是偶然的，是确实存在的。各变量回归统计表见表 8-68。

表 8-68　各变量回归统计表

| Anova 模型 $b$ | | 平方和 | df | 均方 | F | Sig. |
|---|---|---|---|---|---|---|
| 1 | 回归 | $1.014 \times 10^{14}$ | 3 | $3.379 \times 10^{13}$ | 407.089 | $0.036a$ |
| | 残差 | $8.301 \times 10^{10}$ | 1 | $8.301 \times 10^{10}$ | | |
| | 总计 | $1.015 \times 10^{14}$ | 4 | | | |

注：$a$—预测变量，常量，日产气，日产水，压力；
　　$b$—因变量，其他外包劳务支出。

接着得到线性函数的系数估计表（表 8-69）。T 检验得到各项系数检验值，$P$ 值都小于 0.05 的显著性水平，可以认为拟合很成功，得到的函数见式（8-15）：

$$Y=162305.873A+1392665.856B-190693.199C-2.898\times 10^7,\ A>0,\ B>0,\ C>0 \quad (8-15)$$

式中　$A$——日产水；
　　　$B$——压力；
　　　$C$——日产气。

表 8-69　各变量系数统计表

| 模型 | | 非标准化系数 | | 标准系数 | T | Sig. |
|---|---|---|---|---|---|---|
| | | B | 标准误差 | 试用版 | | |
| 1 | 常量 | $-2.898 \times 10^7$ | 3348717.673 | | -8.655 | 0.073 |
| | 日产水 | 162305.873 | 5204.675 | 2.144 | 31.185 | 0.020 |
| | 压力 | 1392665.856 | 62564.353 | 1.532 | 22.260 | 0.029 |
| | 日产气 | -190693.199 | 15405.358 | -0.366 | -12.378 | 0.051 |

注：$a$—因变量，其他外包劳务支出。

对其系数进行共线性诊断，从 VIF 上可以看到，各变量存在一定的共线性，但不是非常严重，可以接受。从特征值上也可以得到佐证，最小的值为 0.001，说明有一定的共线性相关，但是还没到 0（表 8-70—表 8-72）。

表 8-70 各变量线性关联统计表

| 模型 | | 相关性 | | | 共线性统计量 | |
|---|---|---|---|---|---|---|
| | | 零阶 | 偏 | 部分 | 容差 | VIF |
| 1 | 常量 | | | | | |
| | 日产水 | 0.744 | 0.999 | 0.892 | 0.173 | 5.775 |
| | 压力 | −0.429 | 0.999 | 0.637 | 0.173 | 5.791 |
| | 日产气 | −0.169 | −0.997 | −0.354 | 0.936 | 1.069 |

注：$a$—因变量，其他外包劳务支出。

表 8-71 共线性诊断 $a$

| 模型 | 维数 | 特征值 | 条件索引 | 方差比例 | | | |
|---|---|---|---|---|---|---|---|
| | | | | 常量 | 日产水 | 压力 | 日产气 |
| 1 | 1 | 3.521 | 1.000 | 0 | 0 | 0 | 0 |

表 8-72 共线性统计分析

| 模型 | | 相关性 | | | 共线性统计量 | |
|---|---|---|---|---|---|---|
| | | 零阶 | 偏 | 部分 | 容差 | VIF |
| 1 | 常量 | | | | | |
| | 日产水 | 0.744 | 0.999 | 0.892 | 0.173 | 5.775 |
| | 压力 | −0.429 | 0.999 | 0.637 | 0.173 | 5.791 |
| | 日产气 | −0.169 | −0.997 | −0.354 | 0.936 | 1.069 |
| 2 | 0.476 | 2.719 | 0.00 | 0.15 | 0.00 | 0.00 |
| 3 | 0.002 | 42.570 | 0.00 | 0.46 | 0.53 | 0.71 |
| 4 | 0.001 | 58.927 | 1.00 | 0.38 | 0.47 | 0.29 |

注：$a$—因变量，其他外包劳务支出。

从残差统计量（表 8-73），标准化残差直方图（图 8-16）和 PP 图（图 8-17）可以看到，残差分布比较均匀，回归成立。

表 8-73 各变量残差统计表

| 残差统计量 $a$ | | | | | |
|---|---|---|---|---|---|
| | 极小值 | 极大值 | 均值 | 标准偏差 | $N$ |
| 预测值 | 896103.0000 | $1.4099 \times 10^7$ | $5.6041 \times 10^6$ | $5.03419 \times 10^6$ | 5 |
| 残差 | $-1.26168 \times 10^5$ | $2.26406 \times 10^5$ | 0.000 | $1.44054 \times 10^5$ | 5 |
| 标准预测值 | −0.935 | 1.687 | 0.000 | 1.000 | 5 |
| 标准残差 | −0.438 | 0.786 | 0.000 | 0.500 | 5 |

注：$a$—因变量，其他外包劳务支出。

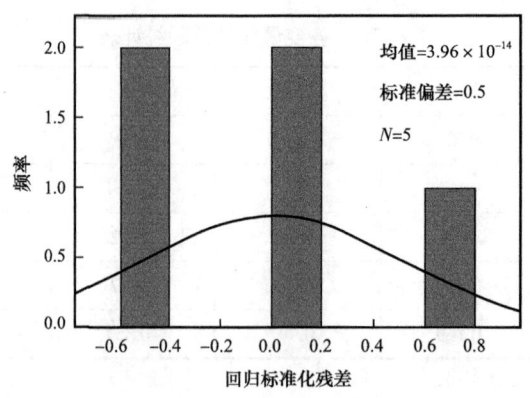

图 8-16  残差直方图

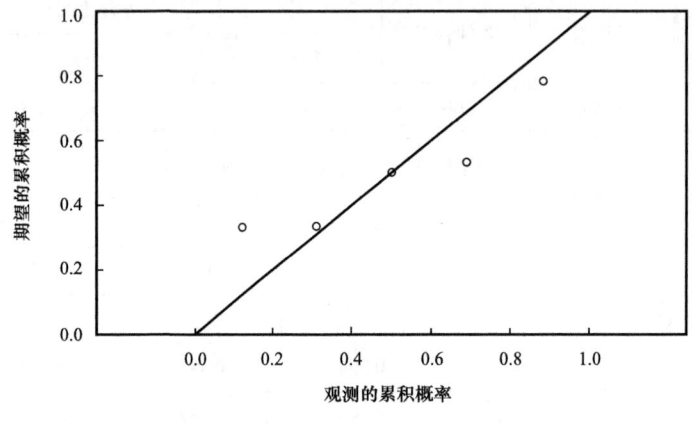

图 8-17  残差 P-P 图

**2. 其他外包劳务支出和水气比的关系分析**

2011—2015 年 A 气田其他外包劳务支出和水气比的关系见表 8-74。

表 8-74  2011—2015 年 A 气田其他外包劳务支出和水气比的关系

| 年份 | 其他外包劳务支出，元 | 水气比 |
| --- | --- | --- |
| 2011 | 5157169.36 | 8.26 |
| 2012 | 4782302.18 | 15.20 |
| 2013 | 3062257.18 | 18.20 |
| 2014 | 919303.63 | 42.63 |
| 2015 | 14099495.31 | 62.30 |

首先对其他外包劳务支出和水气比进行数据关联分析，确认是否满足关联分析的条件。将其输入 SPSS 中，进行线性回归，最后根据比较，二次曲线的效果比一次曲线的效果要好，得到的统计分析表见表 8-75。从关联系表中，可以看到 $R$ 的估计值为 1，因此，

可以认为其他外包劳务支出和日产量之间有极好的线性关联,这为后面进行线性分析奠定了基础。

表 8-75 关联分析结果表

| $R$ | $R^2$ | 调整 $R^2$ | 估计值的标准误 |
|---|---|---|---|
| 1.000 | 1.000 | 1.000 | 26937.571 |

注：自变量为水气比。

然后将关联分析数据输入 SPSS 中,对数据进行线性分析,最后比较得到二次曲线的显著性是非常明显的,其显著性分析见表 8-76。F 检验得到 $P$ 值为 0.003,小于显著性水平 0.05,所以数据之间的关系不是偶然的,是确实存在的,从统计意义上来说是非常合适的。

表 8-76 回归分析参数显著性分析

| | 平方和 | df | 均方 | F | Sig. |
|---|---|---|---|---|---|
| 回归 | $1.012 \times 10^{14}$ | 2 | $5.060 \times 10^{13}$ | 69735.490 | 0.003 |
| 残差 | $7.256 \times 10^{8}$ | 1 | $7.256 \times 10^{8}$ | | |
| 总计 | $1.012 \times 10^{14}$ | 3 | | | |

注：自变量为水气比。

接着得到线性函数的系数估计表（表 8-77）。T 检验得到各项系数检验值,$P$ 值都小于 0.05 的显著性水平,可以认为拟合很成功,得到的二次函数见式（8-16）：

$$Y = -1135901.439X + 17214.350X^2 + 1.805 \times 10^7, \quad X > 0 \qquad (8-16)$$

表 8-77 回归参数表

| 系数 | 未标准化系数 | | 标准化系数 | T | Sig. |
|---|---|---|---|---|---|
| | B | 标准误差 | Beta | | |
| 水气比 | −1135901.439 | 4719.335 | −4.340 | −240.691 | 0.003 |
| 水气比平方 | 17214.350 | 61.385 | 5.056 | 280.431 | 0.002 |
| 常数 | $1.805 \times 10^7$ | 70957.240 | | 254.433 | 0.003 |

曲线拟合效果图如图 8-18 所示。从图中可以看到拟合效果比较好。

3. 其他费用和水气比的关系分析

2011—2015 年 A 气田其他费用和水气比的关系见表 8-78。

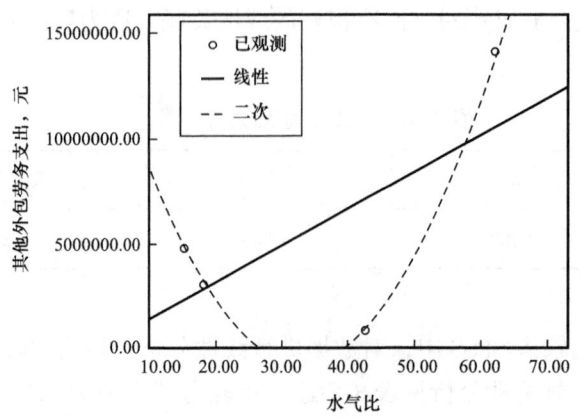

图 8-18　回归拟合图

表 8-78　2011—2015 年 A 气田其他费用和水气比的关系

| 年份 | 其他费用，元 | 水气比 |
|---|---|---|
| 2011 | 717368.19 | 8.26 |
| 2012 | 1031293.27 | 15.20 |
| 2013 | 3203273.90 | 18.20 |
| 2014 | 4241411.09 | 42.63 |
| 2015 | 5570371.36 | 62.30 |

首先对其他费用和水气比进行数据关联分析，确认是否满足关联分析的条件。将其输入 SPSS 中，进行线性回归，最后根据比较，一次曲线的效果比二次曲线的效果要好，得到的统计分析表见表 8-79。从关联系表中，可以看到 $R$ 的估计值为 0.910。因此，可以认为其他费用和水气比之间有较好的线性关联，这为后面进行线性分析奠定了基础。

表 8-79　关联分析结果表

| $R$ | $R^2$ | 调整 $R^2$ | 估计值的标准误差 |
|---|---|---|---|
| 0.910 | 0.828 | 0.742 | 974287.076 |

注：自变量为水气比。

然后将关联分析数据输入 SPSS 中，对数据进行线性分析，最后比较得到二次曲线的显著性是非常明显的，其显著性分析见表 8-80。F 检验得到 $P$ 值为 0.090，大于显著性水平 0.05，所以数据之间的关系不是偶然的，是确实存在的。

表 8-80　回归分析参数显著性分析

| | 平方和 | df | 均方 | F | Sig. |
|---|---|---|---|---|---|
| 回归 | $9.120 \times 10^{12}$ | 1 | $9.120 \times 10^{12}$ | 9.607 | 0.090 |
| 残差 | $1.898 \times 10^{12}$ | 2 | $9.492 \times 10^{11}$ | | |
| 总计 | $1.102 \times 10^{13}$ | 3 | | | |

注：自变量为水气比。

接着得到线性函数的系数估计表（表 8-81）。T 检验得到各项系数检验值，$P$ 值都小于 0.1 的显著性水平，可以认为拟合很成功，得到的函数见式（8-17）：

$$Y=78575.356X+794255.147，X>0 \qquad (8-17)$$

表 8-81　回归参数表

| 参数 | 系数 | | 标准化系数 | T | Sig. |
|---|---|---|---|---|---|
| | 未标准化系数 | | | | |
| | B | 标准误差 | Beta | | |
| 水气比，g/m³ | 78575.356 | 25350.324 | 0.910 | 3.100 | 0.090 |
| 常数 | 794255.147 | 1002931.897 | | 0.792 | 0.511 |

曲线拟合效果图如图 8-19 所示。从图中可以看到拟合效果比较好。

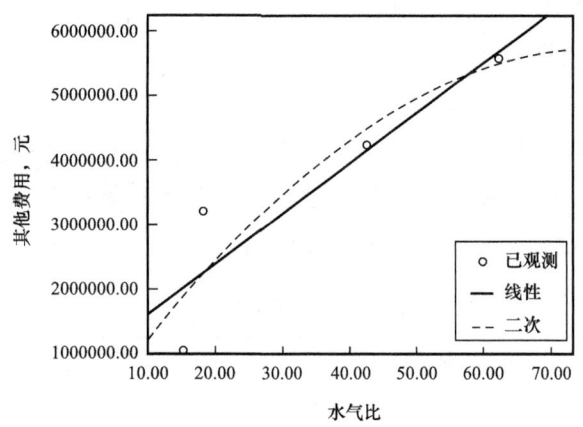

图 8-19　回归拟合图

4. 其他费用和年压降的关系分析

2008—2012 年 A 气田其他费用和年压降的关系见表 8-82。

表 8-82　2008—2012 年 A 气田其他费用和年压降的关系

| 年份 | 其他费用，元 | 年压降，MPa |
|---|---|---|
| 2008 | 717368.19 | 3.26 |
| 2009 | 1031293.27 | 4.51 |
| 2010 | 3203273.90 | 3.13 |
| 2011 | 4241411.09 | 3.23 |
| 2012 | 5570371.36 | 3.40 |

首先对其他费用和年压降进行数据关联分析，确认是否满足关联分析的条件。将其输入 SPSS 中，进行线性回归，最后根据比较，二次曲线的效果比一次曲线的效果要好，得到的统计分析表见表 8-83。从关联系表中，可以看到 $R$ 的估计值为 1，因此，可以认为其他费用和年压降之间有较好的线性关联，这为后面进行线性分析奠定了基础。

表 8-83　关联分析结果表

| $R$ | $R^2$ | 调整 $R^2$ | 估计值的标准误 |
|---|---|---|---|
| 1.000 | 1.000 | 1.000 | 5911.489 |

注：自变量为年压降。

然后将关联分析数据输入 SPSS 中，对数据进行线性分析，最后比较得到二次曲线的显著性是非常明显的，其显著性分析见表 8-84。F 检验得到 $P$ 值为 0.002，小于显著性水平 0.05，所以数据之间的关系不是偶然的，是确实存在的。

表 8-84　回归分析参数显著性分析

|  | 平方和 | df | 均方 | F | Sig. |
|---|---|---|---|---|---|
| 回归 | $1.102 \times 10^{13}$ | 2 | $5.509 \times 10^{12}$ | 157646.215 | 0.002 |
| 残差 | $3.495 \times 10^7$ | 1 | $3.495 \times 10^7$ |  |  |
| 总计 | $1.102 \times 10^{13}$ | 3 |  |  |  |

注：自变量为年压降。

接着得到线性函数的系数估计表（表 8-85）。T 检验得到各项系数检验值，$P$ 值都小于 0.05 的显著性水平，可以认为拟合很成功，得到二次函数见式（8-18）：

$$Y = 7.073 \times 10^7 X - 9466670.554 X^2 - 1.255 \times 10^8, \quad X > 0 \qquad (8\text{-}18)$$

表 8-85　回归参数表

| 系数 | 未标准化系数 | | 标准化系数 | T | Sig. |
|---|---|---|---|---|---|
|  | B | 标准误差 | Beta |  |  |
| 年压降 | $7.073 \times 10^7$ | 201033.512 | 23.411 | 351.823 | 0.002 |
| 年压降平方 | −9466670.554 | 26049.605 | −24.182 | −363.409 | 0.002 |
| 常数 | $-1.255 \times 10^8$ | 378039.627 |  | −331.904 | 0.002 |

曲线拟合效果图如图 8-20 所示。从图中可以看到拟合效果比较好。

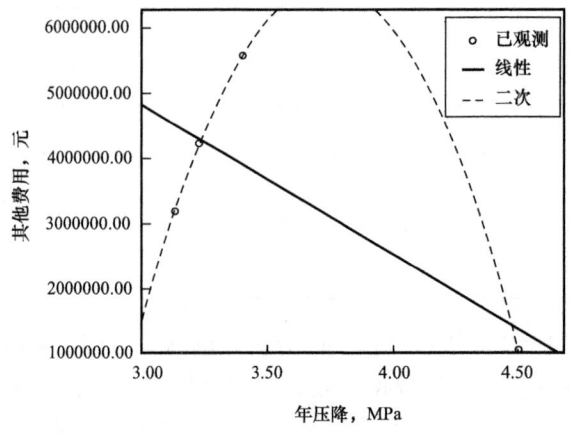

图 8-20　回归拟合图

5. 其他费用和压力的关系分析

2011—2015 年 A 气田其他费用和压力的关系见表 8-86。

表 8-86　2011—2015 年 A 气田其他费用和压力的关系

| 年份 | 其他费用，元 | 压力，MPa |
| --- | --- | --- |
| 2011 | 717368.19 | 48.10 |
| 2012 | 1031293.27 | 45.20 |
| 2013 | 3203273.90 | 40.97 |
| 2014 | 4241411.09 | 37.73 |
| 2015 | 5570371.36 | 34.33 |

首先对其他费用和压力进行数据关联分析，确认是否满足关联分析的条件。将其输入 SPSS 中，进行线性回归，最后根据比较，二次曲线的效果比一次曲线的效果要好，得到的统计分析表见表 8-87。从关联系表中，可以看到 $R$ 的估计值为 0.991。因此，可以认为两者之间有较好的线性关联，这为后面进行线性分析奠定了基础。

表 8-87　关联分析结果表

| $R$ | $R^2$ | 调整 $R^2$ | 估计值的标准误 |
| --- | --- | --- | --- |
| 0.991 | 0.981 | 0.975 | 329345.774 |

注：自变量为压力。

然后将关联分析数据输入 SPSS 中，对数据进行线性分析，最后比较得到二次曲线的显著性是非常明显的，其显著分析见表 8-88。F 检验得到 $P$ 值为 0.001，小于显著性水平 0.01，所以数据之间的关系不是偶然的，是确实存在的。

表 8-88　回归分析参数显著性分析

| 方差分析 | 平方和 | df | 均方 | F | Sig. |
| --- | --- | --- | --- | --- | --- |
| 回归 | $1.694 \times 10^{13}$ | 1 | $1.694 \times 10^{13}$ | 156.164 | 0.001 |
| 残差 | $3.254 \times 10^{11}$ | 3 | $1.085 \times 10^{11}$ | | |
| 总计 | $1.726 \times 10^{13}$ | 4 | | | |

注：自变量为压力。

接着得到线性函数的系数估计表（表 8-89）。T 检验得到各项系数检验值，$P$ 值都小于 0.01 的显著性水平，可以认为拟合很成功，得到的函数见式（8-19）：

$$Y = -371384.203X + 1.828 \times 10^7, \quad X > 0 \tag{8-19}$$

表 8-89　回归参数表

| 系数 | | | | | |
|---|---|---|---|---|---|
| | 未标准化系数 | | 标准化系数 | T | Sig. |
| | B | 标准误差 | Beta | | |
| 压力 | -371384.203 | 29718.937 | -0.991 | -12.497 | 0.001 |
| 常数 | $1.828 \times 10^7$ | 1235214.249 | | 14.798 | 0.001 |

曲线拟合效果图如图 8-21 所示。从图中可以看到拟合效果比较好。

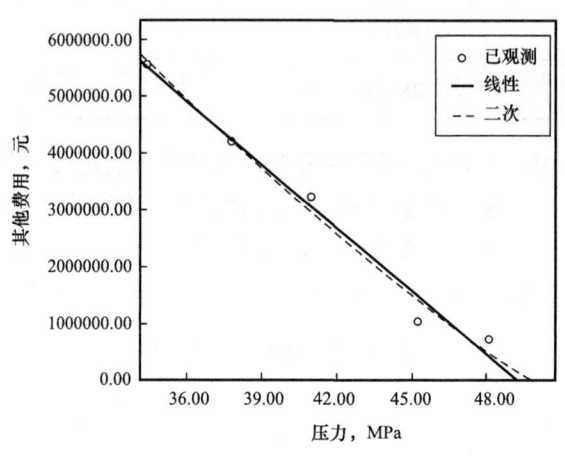

图 8-21　回归拟合图

## 第三节　A 气田总成本研究

### 一、A 气田标准成本模型的建立

对于各参数的预测研究，灰色预测模型适合于短期的参数预测，且效果非常好。为了更好更快地对其进行预测，编写了 Matlab 自动预测的文件。

对于日产水，可以通过该程序得到研究曲线，当 $a=-0.8075$，$u=2.8059$ 时，得到拟合预测图，如图 8-22 所示，则预测下一周期的日产水为 $304.1532 \times 10^4 m^3$。

又如，通过计算得到，当 $a=-0.4992$，$u=6.2728$ 时，2013 年水气比为 99.3120，如图 8-23 所示。

通过模拟得到的压力结果如图 8-24 所示，预测下一期的压力为 31.3390MPa。

以上面的分析为基础，我们可以对某总成本模型进行研究。根据油气成本区块明细表可以知道，油气生产成本由材料费、燃料、动力、员工费用、折旧折耗摊销、运输费、维护及修理费、检测费、其他外包劳务支出、其他费用组成，因此可以以前面各部分的研究数据为基础进行汇总。各部分参数可以由灰色模型 GM（1，1）得到，因此可以将各部分的预测数据进行汇总，得到某成本模型：

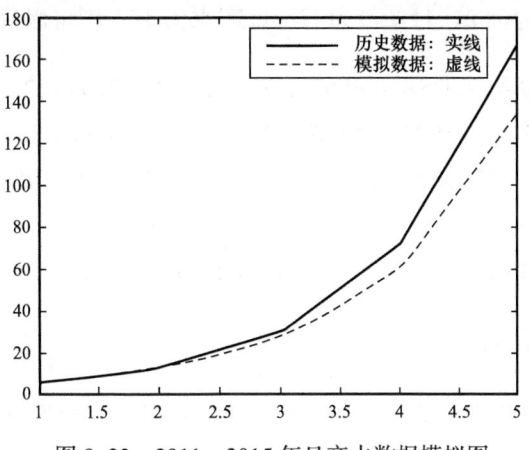

图 8-22　2011—2015 年日产水数据模拟图

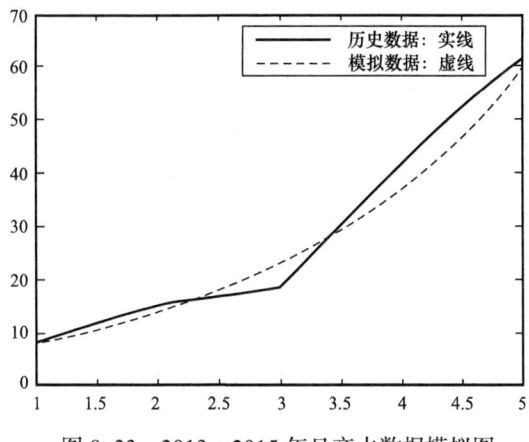

图 8-23　2013—2015 年日产水数据模拟图

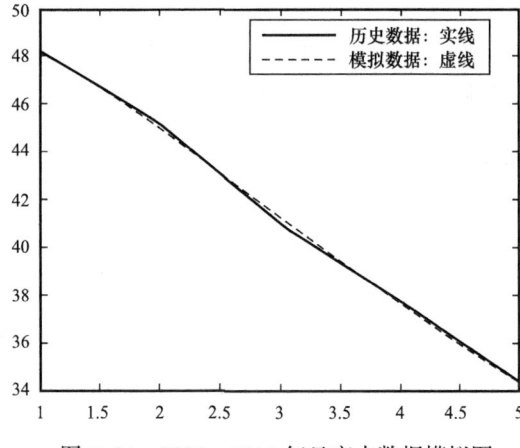

图 8-24　2011—2015 年日产水数据模拟图

$$C = C_{s1} + C_{s2} + C_{s3} + C_{s4} + C_{s5} + C_{s6} + C_{s7} + C_{s8} + C_{s9} + C_{s10}$$

式中　$C_{si}$——各部分成本。

设水气比为 $A$、压力为 $p$、日产气为 $G$、日产水为 $W$，则可以代入上述模型，得到：

$$C = -2149.021A + 48.975A^2 + 65987.843 - 139302.071p + 1673.116p^2$$
$$+ 2934851.379 - 3592290.408G + 10517.137G^2 + 3.068E8 - 2670649.094p$$
$$+ 1.383 \times 10^8 - 3380806.124p + 1.710 \times 10^8 + 273229.996W - 1178.267W^2$$
$$- 1631344.066 - 7010579.963p + 72118.502p^2 + 1.716 \times 10^8 + 632169.37$$
$$- 1135901.439A + 17214.350A^2 + 1.805E7 + 78575.356A + 794255.147$$

对其进行化简可以得到：

$$C = -1059475.104A + 17263.325A^2 + -3592290.408G - 10517.137G^2$$
$$+ 273229.996W - 1178.267W^2 - 13201337.25p + 73791.618p^2 + 808545919.7$$

$$P > 0, A > 0, W > 0, G > 0$$

使用该公式对某气田成本进行预测，效果如图 8-25 所示。

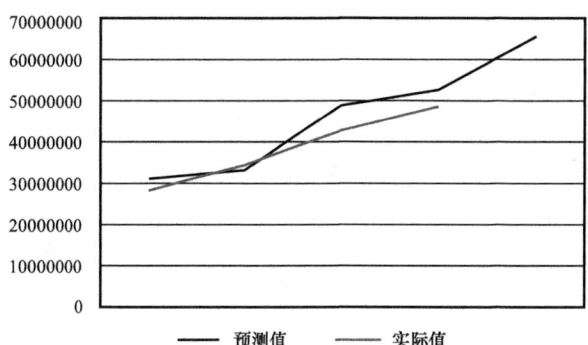

图 8-25 A 气田模型模拟结果图

计算相对误差，得到误差小于 3%，因此可以认为该模型具有一定的科学性，能够用来指导某气田成本标准化的预测。

## 二、A 气田标准模型的推广

A 气田各区块从 2012—2015 年成本数据对比表见表 8-90。

表 8-90 A 气田各区块从 2012—2015 年成本数据的对比表

| 年份 | 某 1 区块 | 某 2 区块 | 某 3 区块 | 某 4 区块 | 某 5 区块 |
| --- | --- | --- | --- | --- | --- |
| 2012 | 37216579.24 元 | 41544058.09 元 | 58235029.61 元 | 114733259.01 元 | 145566343.06 元 |
| 2013 | 49442836.87 元 | 38796627.65 元 | 55862153.23 元 | 110450568.67 元 | 129532444.31 元 |
| 2014 | 49521479.19 元 | 48407542.40 元 | 70307531.85 元 | 97703861.37 元 | 110337397.92 元 |
| 2015 | 32935811.08 元 | 29509514.49 元 | 62435229.32 元 | 53772404.59 元 | 62586702.22 元 |

续表

| 年份 | 某1区块 | 某2区块 | 某3区块 | 某4区块 | 某5区块 |
|---|---|---|---|---|---|
| 相对于气田标准区块的比重 | 0.26 | 0.29 | 0.40 | 0.79 | |
| | 0.38 | 0.30 | 0.43 | 0.85 | |
| | 0.45 | 0.44 | 0.64 | 0.89 | |
| | 0.53 | 0.47 | 1.00 | 0.86 | |

从上面的数据对比，可以看出，基本从2012年到2015年，各区块的成本逐步下降。因此这个参数，应该使用一个动态的模型进行测定，进而得到最后的结果。对于短期的数据，GM（1，1）模型是不错的选择。因此，可利用GM（1，1）模型进行测定各区块与某区块的成本的对比。

对于某1区块，使用GM（1，1）模型预测，预计2013年的相对该区块的成本节点为0.2111，其中2015年的模拟值为0.3357，其中预测函数的两个参数分别为：$a=0.2319$，$u=0.5834$。得到的拟合图形如图8-26所示。

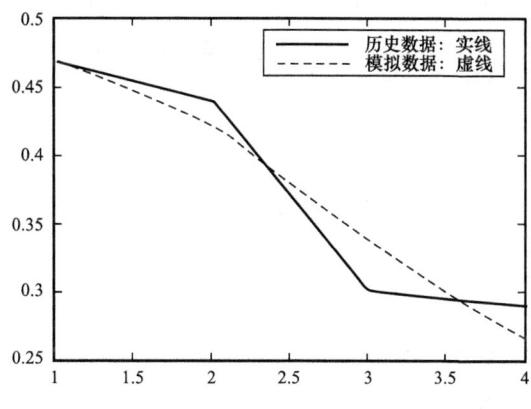

图8-26　2011—2015年某区块成本比值预测表

对于某2区块，通过GM（1，1）程序模拟，预计2016年的相对该区块成本节点为0.2838，2015年的预测值为0.4767，检验效果良好。其中$a=0.2592$，$u=0.9605$。得到模拟的函数曲线如图8-27所示。

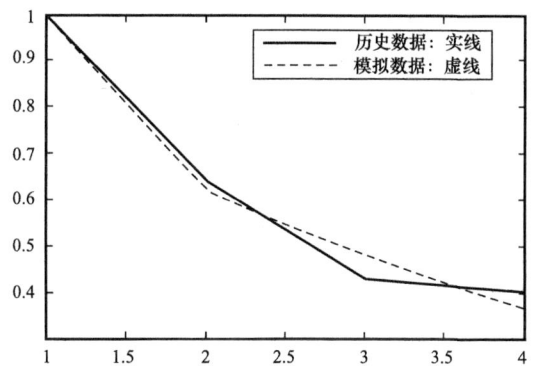

图8-27　2011—2015年某区块与A气田成本比值预测表

对于某 3 气田，预测得到 2016 年的模拟值 0.7483，2015 年的模拟值为 0.8421。函数的参数为：$a=0.0590$，$u=0.9708$。得到的函数曲线图如图 8-28 所示。

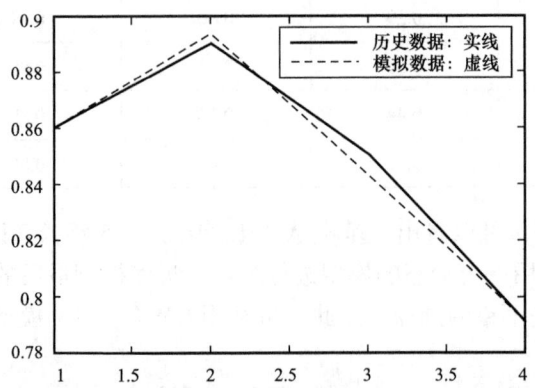

图 8-28　2011—2015 年各区块与 A 气田油气生产成本对比表

以 2015 年为例进行某气厂总成本的预测。首先以预测的该区块的采气生产成本为参照，然后反推各区块的采气成本。最后将三个区块的模拟值整理后见表 8-91。

表 8-91　2012—2015 年三大区块与某标准区块的成本比值表

| 年份 | 某 1 区块 | 某 2 区块 | 某 3 区块 |
| --- | --- | --- | --- |
| 2012 | 0.47 | 1 | 0.86 |
| 2013 | 0.4234 | 0.6177 | 0.8934 |
| 2014 | 0.3357 | 0.4767 | 0.8421 |
| 2015 | 0.2662 | 0.3678 | 0.7939 |

以 2015 年为例说明成本预算的效果。根据前面的数据模型，可以得到 2015 年某区块成本为 149380019 元，与实际数据相差 3813675.79 元。以各个区块的数据为例说明，某区块得到的数据为 39764961.02 元，某 2 区块为 54941970.93 元，118592797 元。可以得到某气厂 2015 年总生产成本为各区块模拟数据之和为 360078689.77 元，实际数据为 399896327.16 元，数据相差为 3232249.55 元。可以认为模拟结果精度较好，能够较好地符合成本标准预算的需要。

# 第九章 标准工艺节点成本模型
## ——以某储气库为例

## 第一节 储气库标准成本建设必要性研究

### 一、地下储气库概述

地下储气库是天然气生产调峰和天然气资源储备的最佳选择，是保证天然气安全供应的基本建设项目，在平衡天然气管网的压力和输气量，调节区域平衡供气方面发挥了重要作用。

与地面储罐相比，储气库具有储气量大、工作气量大、安全性高和成本低的优势。在天然气用气低峰时，将丰富的天然气，通过管道下输至枯竭的油气藏或其他地质构造中储存，到用气高峰期时则采出以满足市场需求。

### 二、储气库标准成本化的优势

储气库日常操作经营标准成本模型建成后，将实现财务管理人员、部门主管、储气库管理人员在同一个系统平台上的沟通，实现数据的集中统一和管理分布式应用。针对储气库整个过程进行标准化管理，使得财务管理者能够依据储气库标准化操作流程来进行与之相符的成本预算和费用核算，从而使企业的财务管理更多地与储气库工艺流程相契合，更加突出了财务管理的主动性和策略性。财务管理从被动执行到主动参与企业的管理决策，工作方式更加透明，公司的各个层次的人员都可以参与到财务管理中来。这样，财务管理部门与其他各部门也会更加和谐，合作性更强，有益于创造良好的社会效益。储气库标准成本化的优点包括：

（1）控制成本。储气库标准成本模式的建立，主要从储气库年操作经营费用、气藏及注采井的操作经营费用、集输及净化工艺系统的操作费用、注气系统的操作费用四个方面进行，并将成本标准、成本指标层层分解到每一成本节点，计算每个节点消耗量，然后采购员、领料员按成本节点控制计划采购、领料，以达到控制原材料成本的目的。这样有利于控制储气库作业成本，达到降本增效的目的。

（2）便于成本核算。只要划定成本节点、确定成本标准、制订成本项目后，按系统模式便可核算出标准成本、实际成本及成本差异。

（3）便于分清各成本中心的责任。标准成本体系将成本中心划定为一、二、三级，而三级成本已划到作业流程这一级。三级成本中心也能揭示出标准成本差异，这样就消灭了"吃大锅饭"的现象。标准成本的每个成本项目都采用单独的价格标准和数量标准，因而可以确定每个成本项目实际脱离标准的差异的责任归属，从而分清各部门的责任。

（4）减少成本会计的工作量。标准成本体系的建立，可以及时地更新和管理数据，同时可以快速地查询、统计和分析，提高了数据的唯一性和准确性，同时提高了工作效率，减轻了财务管理人员在成本制订、核算时的工作时间，避免了重复劳动，提高了财务管理人员的工作效率。

（5）提高决策的准确性和有效性。通过数据挖掘，对成本的所有信息进行分析，形成各种统计报表和图表，为公司领导层更好、更快地进行决策和解决问题提供支持。

（6）拓宽沟通渠道，改善沟通途径，使得财务管理者、部门主管、员工之间的信息得以充分共享，提高整体工作效率和满意度。

## 三、国内储气库标准化体系借鉴

1. 大张坨地下储气库

大张坨地下储气库为陕—京管道的配套工程，于2000年建成，是我国建设的第一座大型城市调峰用地下储气库，同时也是我国运行时间最早的几个储气库之一。储气库由原大张坨凝析气田改建而成，改建前该气田仍以循环注气方式生产。大张坨地下储气库主要负责津京地区，特别是北京市的冬季天然气调峰，兼有事故应急供气功能。库址位于天津大港地区，距北京约200km，属枯竭凝析气藏型地下储气库，地下储气库深度逾2000m，隶属北京华油天然气有限责任公司储气库分公司管理。

在运行管理方面，大张坨地下储气库主要采取的措施有：

（1）冬季采气前，综合考虑储层气量，储层平均压力、产气量、生产井数、地面设施等因素，制订合理的冬季采气方案。比如为了更好地驱动储层湿气，增加有效的储集空间和满足高峰期的每日需要气量，首先启用了高部位气井，利用储层中较差部位气井来满足采气初期的需要量，使储层中较好部位的气井尽量保持气量。同时，也是为了控制边部气井暴性水淹，进而控制边部气井的最大日产流量。在大量采气时，严格执行采气方案，确定工作状况得到优化。

（2）合理控制气井产量。对一口气井而言，在储层不被伤害的前提下，使其具有相对较高的产量，并在这个产量下保持较长的稳定生产时间。

（3）加强气藏动态监测。为了保障大张坨地下储气库安全、平稳、高效运行，采气期间应及时做好各项动态监测工作。根据年初制订的气藏动态监测方案，及时录取生产井的各项动态数据。

（4）加强采输系统操作参数监控。合理控制各级节点的节流压差，有效控制露点温度，以达到脱水、脱烃的目的和保证平稳、优质供气。

（5）优化措施。通过分析水合物形成的压力、温度、组分之间的对应关系，及时合理调整单井注醇量。建立气量与乙二醇泵量之间的量化关系，及时分析乙二醇浓度，合理调整乙二醇系统参数，定量补充乙二醇。建立装置处理量与冷箱压差的关系曲线，由露点装置的处理量可知对应的冷箱压差正常值，有针对性地注甲醇，大大节省了甲醇用量。

存在的主要问题有：

（1）管理中的检修制度不完善。定期检维修的模式只是每隔一定的时间对设备进行检查和维护，而没有一套机制可以完成设备检维修时间预测的功能。

（2）信息登记制度不全面。对各备品备件进行管理时，没有对各备品备件的功能和作用、消耗或使用时间、库存量、在仓库中的存放位置等基本信息进行详细的登记和管理，这使得各级管理人员对储气库的备品备件信息的了解不够清晰和明确。

2. 相国寺储气库

相国寺储气库是我国西南地区建设的首座地下储气库，是保障国家能源安全和经济发展的重要基础设施，具有天然气供给季节调峰、应急调峰和战略储备三大主要功能。该储气库是中卫—贵阳天然气管道工程的配套工程，位于重庆市渝北区、北碚区境内，距离重庆市主城区约60千米。该工程于2011年10月18日开工建设，2013年6月29日相储8井成功注气。

在运行管理方面，相国寺储气库秉承"奉献能源、创造和谐"的企业宗旨，以"打造中国石油储气库建设管理标杆"为目标，认真贯彻"高起点、高标准、高效率、创一流"的工作总体要求。"高起点"主要是立足新技术、新工艺，攻坚克难，主动作为，提出"一岗多能、一岗多责"新要求，建立健全配套技术体系，完成封堵井、监测井、注采井现场标准化建设，开展动态监测、注采试验及能力评价，做好投运人员、方案、物资和技术准备，确保目标实现。"高标准"主要是"六零标准"，即零缺陷、零事故、零污染、零差错、零失误、零隐患。"四位一体"监管工程建设实行建设单位、QHSE监督站、监督单位、作业区联合监管。"高效率"主要是运用"四有工作法"，强化精细管理，控制好每个节点，关注好每个细节，把握好每个关口，安全、高质、高效、按期完成每项工作。实行"作业区＋中心站"管理模式，实现数字化、信息化、自动化（三化）生产管理。库区内实行车辆内部准驾。所有管线、战场等设备设施，从建设安装就建立"身体"档案，录入井站数字化系统，投产后通过远程控制进行自动化管理。所有注采井场、铜梁分输站和天然气技术管道、注采管道等管理，均以集注站为中心，实行无人值守定期巡护，自动化远程监控。

储气库推行"作业区＋中心站"的生产管理模式，以集注站为核心，依托先进的自动化控制技术，对所有生产单元实行无人值守，远程监控。创新试点扁平化劳动组织机构、技术管理人员定员到井站、车辆内部准驾、专业工作外委管理等多种劳动组织形式。构建绩效激励约束机制，股利多工种取证、多岗位工作融合，打造储气库特色文化。

3. 金坛储气库

金坛地下储气库是西气东输管道工程的配套工程，是我国第一座盐穴储气库。其主要作用是解决由季节气候变化造成用气不平衡的调峰问题和长输管道意外故障不能正常的应急供气问题。金坛盐穴储气库位于江苏省金坛市，距西气东输管线约35km。该工程包含分输气干线、注采气站、集输系统、造腔地面配套、110/10千伏变电所部分、生活辅助设施等6个部分，总投资为612950万元。

金坛盐穴地下储气库正在进行标准化体系的初步建立。其将工程分为钻井、造腔、注气排卤和生产运行4个主要部分，从设计、建设和运行3个方面，广泛征集国内储气库专家的意见和建议，筛选出15个金坛盐地下储气库工程迫切需要编制的标准和规范。通过以上标准的编制，对金坛盐穴地下储气库建设进行较为细致的专业划分和具体的量化指标制订，目的是能够具体地规范和指导金坛盐穴地下储气库的设计、建设、投产、运行、监测、维护、HSE等。盐穴地下储气库技术是在不断发展的，在我国，这项技术还只是刚刚起步。金坛盐穴地下储气库标准制订的思路已经提出，但是具体的制订才刚刚开始。

4. 喇嘛甸储气库

喇嘛甸油田地下储气库（以下简称喇气库）建成于1975年，储气层位是萨一组气顶和萨零组气砂体喇气库共布14口气井，其中气101—气110为生产井，处于原射孔层位萨Ⅰ1、萨Ⅰ2和萨零组下部气层。为进一步提高注气能力、改善设备状况、满足生产需要，该储气库在2000年扩建$60 \times 10^4 m^3/d$注气规模的基础上，于2003年再扩建了$40 \times 10^4 m^3/d$的注气规模，且针对以后再扩建开展了有关专题研究工作。

在运行管理方面，喇气库主要采取了以下措施：

（1）建立并完善油气界面监控系统。根据监控到的油气界面的变化，调整储气库注采和油区注采状况，保持了油气界面的相对稳定，同时使油区开发效果保持良好的状况，调整技术逐步成熟。

（2）在工作管理中采用了"TQC""PDCA"循环等现代化管理方法，建立了包含地下储气库状况分析、注采方案编制及实施、生产管理及跟踪调整和注气采气的效果评价在内的四个地下储气库管理配置系统。

（3）完善日常生产管理系统，包括注采气生产管理、日常生产及监测资料录取和生产中的跟踪调整等内容。注采气生产管理方面，对气井和气站进行正规管理，严格执行操作规程，定期对注气机等设备进行维修保养。日常生产及监测资料的录取方面，制订了《喇嘛甸油田地下储气库地质资料管理标准》，要求油压、套压、日产（注）气量、流压、静压、天然气气组分、天然气微量含水、防冻液浓度和用量、来气压力和温度、压缩机用电量等达到十全十准。生产中的跟踪调整方面，根据生产过程中出现的变化和新情况及时调整注气采气方案，适应实际需要。

借鉴以上储气库的经验，将储气库标准成本模型分为三大类模型：

（1）成本计算模型。筛选重要成本节点，由成本动因分析，建立计算模型，对该节点的成本费用进行精确计算。

（2）分析预测模型。在搜集呼图壁重要节点成本数据的基础上，采用模糊数学方法（由于储气库运行时间不长，故采用对数据不敏感的模糊数学方法），由分析预测结果，再反观成本计算模型，进行模型优化以及建议。成本计算模型和分析预测模型结合使用，可实现重要节点费用预算功能。

（3）宏观模型。将优化后的成本计算模型以及分析预测模型进行综合，实现储气库整体年度预算功能。

## 第二节 储气库标准工艺研究

### 一、储气库工艺概况

1. 最高储气压力与最大储气容量

储气层压力可以通过改变注气压力进行人为控制。储层压力与储层容量成正比，对具有一定几何结构和物理性质的储气层,提高储层压力可以增加储气容量。但压力过高会破坏储气层封闭圈的密封性,导致储气泄漏。因此在确定最大注气压力时,既要充分利用储气层的储气能力,又要保护密封性。井口处的最大注气压力可参考以下经验数据:

(1) 可取与储气层平均深度等高的水柱静压头,当有 5m 以上厚度的黏土盖层时,可取压头的 1.3~1.5 倍;

(2) 可取储气层的原始压力或原始压力的 1.15~1.20 倍。根据国外经验,实际最大注气压力和相应的最大储气容量应通过注气实践才能确定。在地下储气库投运的前几个注采周期内,最大注气压力一般取最大允许压力理论值的 70% 左右。通过几个注采周期,在观测、分析和评价储气层密封性的基础上,再确定最大注气压力以及相应的最大储气容量。

2. 最低采气压力及相关参数

最低采气压力与储气层的最低压力是一致的,它与下列参数密切相关:

(1) 垫底气量和有效工作气量;

(2) 采出气外输压力。采出气外输压力主要取决于储气库与输气干线之间连接管道的摩阻和节点处的压力,而两者都可以随设计条件而变化。所以在确定外输压力时,应该兼顾最小采气压力的取值。当外输距离(包括储气库至输气干线的节点距离,节点至城市门站或配气站的距离)不太长时,应使最小采气压力高于外输压力,利用地层压力将采出气输进输气干线。当采出气外输距离很长,需要通过增压来达到必要的外输压力时,外输压力、最小采气压力应与压缩比相匹配。

(3) 采气井井数。采气井井数取决于储气库的日供气量和单井产气量。前者由整个输配气系统的供、需物料平衡来确定,后者则与采气压力密切相关。显然,采气压力越高,则单井产量越高,在总供气量一定的前提下,采气井井数就可以减少,钻井费用、井场及管网设施的投资均可相应减少。但最小采气压力是靠垫底气来维护的,要减少采气井井数就得增加垫底气量,所以采气井井数同最小采气压力一样与垫底气量之间存在着相互制约的关系。

(4) 压缩比。在地下储气库地面工程中,用于天然气增压的压缩机是最大的动力消耗,适宜的压缩比对节能降耗和合理分配压缩级数都很重要。一般地下储气库都设置有注气压缩机。井口处的最大注气压力是由地层的特性决定的,此压力可以推算注气压缩机出口压力。出口压力一定,通过优选入口压力来确定适宜的压缩比。压缩机入口压力与输气干线至储气库节点处的管压相对应,节点处的管压既要与输气干线系统协调一致,又要兼顾注气压缩机合理的压比。在多数情况下,输气干线与储气库之间通过单线连接,接点处的压力左右着采出气的外输压力,也影响着最小采气压力。

## 二、储气库地面工艺流程

储气库地面工艺包括井口工艺、注气工艺、采气工艺以及输气干线工艺。

### 1. 储气库井口工艺流程

这里所说储气库的井口工艺流程包含从井口装置到净化工艺系统入口(采气工艺)以及从压缩机出口汇管到注气井井口装置(注气工艺)的工艺流程和设备。这部分工艺流程有时也称为集输工艺流程。

井口工艺流程还与井流物的压力、温度以及性质有关。井口需不需要采取防冻措施，可以根据极限工况下预测的井口温度以及节流后的温度是否形成水合物来确定。但即便是预测温度高于水合物形成温度在实际中也有可能形成水合物。如我国的大张坨地下储气库，由于井口开停比较频繁，低温条件下开井时，在开井初期由于井口温度达不到预测的温度，井流物节流后存在单井管线冻堵现象，因此对井口均采取了防冻措施，并在钻井平台建设甲醇注入橇一套。

从井口来的天然气经过井口过滤分离器，过滤分离脱出气体中所携带的有机碳、液烃、水等杂质。为避免气井井筒冻堵和过滤分离器的净化效果达到外输要求，再通过气井井口加药装置，适当向井筒的采气套管和采气单管内加入一定量的甲醇，加药过程与过滤分离过程同步进行。当管线运行一定周期，通过井口投球清管装置，对单井管线进行清扫，以清理管道变径节流的死角。

2. 注气工艺

天然气通过双向输气管线输送至集注站，先分离后除尘，经压缩机增压、空冷器冷却后通过注气干线输送至各集配站。集配站均设置1座配气橇，用于调节各注采井注气量。集注站来高压天然气经配气橇调配气量，通过单井注采管线输送至各注采井场完成注气流程。

注气压缩机采用电驱往复式橇装压缩机，由电动机、压缩机、级间分离器、空冷器、出口聚结分离器组成。压缩机采用二级增压工艺，空冷器保证压缩机出口温度不大于65℃，聚结分离器保证出口天然气中含油量不大于$1.2mg/cm^3$。压缩机橇设进出口紧急切断阀、紧急放空阀、回流补气阀。当压缩机进口压力大于10.0MPa或出口压力大于32.0MPa时，进出口紧急切断阀关闭，紧急放空阀打开，将橇内天然气放空至火炬系统。当压缩机入口压力低于9.0MPa时，回流补气阀自动打开，将压缩机出口天然气返输至压缩机入口，使压缩机入口压力控制在9.0~10.0MPa之内，确保压缩机正常工作。

3. 天然气处理工艺

集配站来气经采气干线进集注站，通过气液分离，注乙二醇防冻，J-T阀节流制冷，低温分离脱水脱烃，处理后干气与稳定凝析油换热后外输。

集配站来原料气通过两条采气干线输送至集注站，集注站设收球筒方便日常清管。进站设紧急切断阀和紧急放空阀。当压力高于9.9MPa或压力低于9.0MPa时，紧急切断阀阀门关闭，紧急放空阀阀门打开，放空多余部分气体，确保下游管线和设备的正常运行。

收发球单元来原料气进气液分离器进行气液分离。分离出的气相在正常调峰和战略储备工况条件下去气处理装置，应急工况条件下经注甲醇后直接去外输计量装置通过双向输气管线输往西二线，分离出的液相去凝析油处理单元。

气液分离器来气先经三股流换热器换冷至20℃后，进浅冷分离器进行气液分离，气相去气气换热器，并在气气换热器中注醇后换冷至−2~2℃。然后经阀节流制冷，进入低温分离器进行分离。分离出的气相去气气换热器和三股流换热器复热后外输，低温分离器来液进三股流换热器复热后去液烃三相分离器。

气液分离器和浅冷分离器来液通过调节阀减压，进凝析油闪蒸换热器的壳程换热。

闪蒸分离器进行油、气、水三相分离，分离出的天然气去燃料气系统，分离出的凝析油经减压后和液烃三相分离器来液混合，进未稳定凝析油缓冲罐。缓冲罐设置稳压阀控制缓冲罐工作压力，缓冲罐气相去燃料气系统，液相去凝析油稳定塔进行稳定，分离出的水去污水处理系统。低温分离器分离出的凝液进三股流换热器加热至5～15℃后进液烃三相分离器进行油、气、水三相分离。分离出的气相去燃料气系统，分离出的乙二醇水溶液去乙二醇再生系统经乙二醇浓度提升后循环使用，分离出的凝析油去缓冲罐。凝析油稳定塔塔底重沸器出口的稳定凝析油进凝析油闪蒸换热器的管程，与气液分离器和浅冷分离器来的未稳定凝析油换热，经空冷器冷却至37.8℃，经凝析油外输泵提升后管输至已建呼图壁天然气厂处理稳定凝析油储罐储存、装车外运。

4. 储气库采气净化工艺流程

储气库的采气净化工艺部分是指在采气阶段将采出的天然气进行处理使之达到外输气要求的工艺装置和设备。一般来说，注气阶段注入储气库的干天然气经过气藏一段时间的储存后在采气阶段采出，受气藏性质的影响，其性质和组分将发生改变，如将含一定水、凝析液或机械杂质，必须经过处理才能达到外输气的质量要求。由于净化工艺流程的主要目的是控制外输天然气的露点温度，因此，储气库采气净化工艺装置常常也称为露点控制装置。

采气工艺流程有两种形式：
（1）完全依靠地层的压力将采出气输至输气干线；
（2）靠地层压力和外输压缩机将采出气输至输气干线。

采气初期，地层压力较高可不投用压缩机，当压力降到一定值才启动外输压缩机。两种流程的差别在于是否设外输压缩机。多数情况下，当最低采气压力高于外输所需压力时，可不设外输压缩机，以简化流程，节省地面工程投资和动力消耗。

由于储气库井口压力和外输压力相比较高，而且储气库的运行要求有较大的操作弹性和较浅的制冷深度，因此，储气库露点控制装置一般采用"注防冻剂＋节流制冷"的工艺。其大致工艺过程如下：

（1）采出的天然气井流物经集输管道进三相分离器进行油、气、水三相分离，分出的凝析液和水分别计量后混合进入储气库凝液管道输至凝液处理装置；

（2）分离出的天然气注入防冻剂（乙二醇、三甘醇等，主要根据露点控制的深度来确定，大张坨地下储气库采用的是乙二醇。）后进冷箱与低温分离器分出的天然气换冷，节流后进低温三相分离器。低温分离器出来的气相经冷箱复热达到规定的露点要求后外输，分离出的凝析液去凝析液管线，防冻剂水溶液进防冻剂再生系统再生重复使用。

## 第三节　储气库标准工艺成本节点设计

成本包括直接成本与间接成本，其中直接成本项目包括井口工艺、集配工艺、注气工艺、采气工艺、辅助工艺、战略储备工况处理工艺、物耗等；间接成本项目包括仪表自动化系统、通信系统、消防装置、采暖系统、通风系统、防腐等。

## 一、井口工艺成本动因分析及模型

井口工艺包括注采井工艺、监测井工艺、污水回注工艺。

由于储气库运行时间较短，可搜集目前在各节点的成本，采取对数字不敏感的灰色数学模型分析。在具体分析上，可适当采取进化模型。比如在成本预测问题上，可以采取考虑了季节变动因素的模糊时间序列预测模型。

在分析的过程中突出设备的检修、维护以及更换的成本动因，以数学模型分析结果以及现有的制度手册为参考，建立检修、维护、更换的标准，即哪些设备按照实际工作时间为额度进行检修、维护、更换，哪些设备按照固定日期检修、维护、更换，并在保证设备安全运行的基础上，使检修、维护、设备更换设备花费最少。

对于注气工艺中的单井工艺成本可细分为常规费用和运行费用，其中常规费用包括外包费用、其他常规费用；运行费用包括甲醇（每天用量，kg）费用、材料费、电费、其他运行费用。注气井单井工艺成本见表9-1。

表9-1 注气井单井工艺成本划分

| | | |
|---|---|---|
| 单井 | 常规费用 | 外包费用 |
| | | 其他常规费用 |
| | 运行费用 | 甲醇（每天用量，kg） |
| | | 材料 |
| | | 电费 |
| | | 其他运行费用 |

## 二、集配工艺成本动因分析及模型

由于储气库运行时间较短，可搜集目前在各节点的成本，利用对数字不敏感的灰色数学模型进行分析。在具体分析上，可适当采取进化模型，比如在成本预测问题上，可以采取考虑了季节变动因素的模糊时间序列预测模型。

在分析的过程中突出设备的检修、维护以及更换的成本动因，以数学模型分析结果以及现有的制度手册为参考，建立检修、维护、设备更换的标准，即哪些设备按照实际工作时间为额度进行检修、维护、更换，哪些设备按照固定日期检修、维护、更换，并在保证设备安全运行的基础上，使检修、维护、设备更换设备花费最少。

对于注采气工艺中的集配工艺成本可细分为常规费用和运行费用，其中常规费用包括外包费用、其他常规费用；运行费用包括车辆人工费、污水处理费用、电费等。集配工艺成本动因分析表见表9-2。

表9-2 集配工艺成本动因分析表

| | | | |
|---|---|---|---|
| 集配站 | 常规费用 | 外包费用 | |
| | | 其他费用 | |

续表

| 集配站 | 运行费用 | 污水处理系统 | 车辆人工费 |
|---|---|---|---|
| | | | 污水处理费 |
| | | 电费 | |
| | | 其他运行费用 | |

## 三、采气工艺成本动因分析及模型

1. 优选管柱成本计算

优选管柱采气与自喷采气生产相同，不存在工艺运行损耗，因此，工艺成本为：

$$E_g = C_g + D_g + S_g \tag{9-1}$$

式中　$E_g$——采用优选管柱采气工艺的工艺成本，元；

$C_g$——采用优选管柱工艺地层水处理成本，为生产 $1m^3$ 气的地层水处理费用，元；

$D_g$——采用优选管柱采气工艺，为生产 $1m^3$ 气的井下作业费用，元；

$S_g$——固定资产折旧成本，为生产 $1m^3$ 气的固定资产折旧费用，元。

2. 气举采气工艺成本

$$E_q = B_q + C_q + D_q + S_q \tag{9-2}$$

式中　$E_q$——气举工艺生产 $1m^3$ 天然气的成本，元；

$B_q$——气举工艺高压注气成本，元；

$C_q$——气举工艺地层水处理成本，元；

$D_q$——气举工艺作业成本，元；

$S_q$——气举工艺固定资产折旧成本，元。

3. 泡沫采气工艺成本

$$E_p = B_p + C_p \tag{9-3}$$

式中　$E_p$——泡沫采气工艺生产 $1m^3$ 天然气的成本，元；

$B_p$——泡排剂成本，元；

$C_p$——泡排注入成本，元。

4. 机抽采气工艺成本

$$E_j = B_j + C_j + D_j + S_j \tag{9-4}$$

式中　$E_j$——机抽采气工艺生产 $1m^3$ 气的工艺成本，元；

$B_j$——运行的动力及其他消耗成本，元；

$C_j$——生产 $1m^3$ 气的地层水处理费用，元；

$D_j$——机抽采气工艺作业成本，为生产 $1m^3$ 气的井下作业费用，元；

$S_j$——机抽采气工艺固定资产折旧成本，为生产 $1m^3$ 气的固定资产折旧费用，元。

## 四、主要辅助工艺成本动因分析

1. 乙二醇再生系统工艺

在天然气管道输送过程中,由于流态和环境温度的变化,在管线中或多或少地会产生凝液水,并逐渐积聚。随着积聚物的增加,遇管线起伏较大,冬季气温较低时,在管线中会出现水合物。水合物一旦形成,会减少流通面积,产生节流效应,加速水合物的形成,以至堵塞管道造成管线憋压。所以在天然气处理工艺中,为了防止天然气在输送过程中形成水合物堵塞管路,有必要在管路系统中加入抑制剂。通过注入甲醇、乙二醇等抑制剂可以降低水合物形成温度,从而达到防止水合物生成的目的。

甲醇可用于任何温度的操作条件,但由于其沸点低,更适合于温度低的场合。注入井场节流设备或管线中的甲醇,因其挥发而进入气相的部分不再回收,进入液相的部分可蒸馏后循环使用。甲醇具有中等毒性,会通过呼吸道、食道侵入人体,故使用甲醇做抑制剂时应采取必要的安全措施。而乙二醇则无毒,沸点比甲醇高得多,蒸发损失量小,并且可以重复使用,更能节约成本。乙二醇挥发性低,易于与所吸收的水分离,只要流程中有再生和循环的部分,都可以循环使用。

乙二醇再生系统工艺的成本主要来自乙二醇的用量。

2. 火炬及放空工艺

火炬及放空系统包括:火炬头、火炬筒体、放空分离器、塔架等静设备和公用配管系统、电气系统、自控仪表系统、点火装置。

火炬点火系统设三级点火:自动点火、现场手动点火和中控室遥控高空点火。火炬现场设一台地面内传焰点火器。点火时打开燃料气电磁阀,延迟1s后触发火炬头高压线圈发生器进行点火,引燃引火管,并通过引火管将火焰引到长明灯。另外还设有紫外火焰监测仪。

该工艺成本主要来源于大型分离器、火炬一套系统以及配套设备的使用费用以及维护检修费用。

3. 导热油系统工艺

导热油经主循环泵加压后进入导热油加热炉,直接去各自热单元。导热油在循环过程中,可随时通过注油泵进行补充。导热油加热炉为燃气型,燃料气自燃料气系统引入。系统设有氮气覆盖设施,以防止导热油接触空气氧化。

该工艺成本主要来源为加热炉、循环泵、燃烧器在运行过程中的损耗费用和储罐的使用及维护费用。

4. 燃料气系统工艺

燃料气系统主要为站内导热油炉、放空火炬、生活用气等燃气设备提供燃料气。燃料气系统的燃料气来源于凝析油稳定装置的闪蒸气和脱水脱烃装置的闪蒸气,不足部分由产品干气补充。

该工艺成本主要来源为燃料气分离器与换热器的使用损耗与设备维护费用。

5. 污水系统工艺

储气库只在采气期会产出气田污水，气田污水经处理后回注地层，污水采用"气浮+过滤"处理工艺。呼图壁储气库集注站天然气处理装置排出的污水经计量后进入接收罐，由泵提升至一体化污水处理装置的气浮池以去除大部分的油、悬浮物，出水进入中间池由泵提升至过滤器，装置出水含油不超过 30mg/L、悬浮物不超过 15mg/L，达到回注水水质标准，净化水经注水泵升压回注至地层。

该工艺成本主要来源为整体排污系统的运行费用，污水罐、污水泵及污水泵装车鹤管的维护费用。

## 第四节　储气库标准工艺成本模型构建

### 一、储气库标准工艺成本基本框架

通过对各工艺分析以及结合具体现场的基础上，形成了某储气库标准成本基本框架，见表 9–3。

表 9–3　某储气库工艺标准成本基本框架

| 成本项目 | 一级分类 | 二级分类 | 三级分类 | 四级分类 | 五级分类 |
|---|---|---|---|---|---|
| 注气工艺 | 单井 | 常规费用 | 外包费用 | | |
| | | | 其他常规费用 | | |
| | | 运行费用 | 甲醇（每天用量，kg） | | |
| | | | 材料 | | |
| | | | 电费 | | |
| | | | 其他运行费用 | | |
| | 集配站 | 常规费用 | 外包费用 | | |
| | | | 其他费用 | | |
| | | 运行费用 | 污水处理系统 | 车辆人工费 | |
| | | | | 污水处理费 | |
| | | | 电费 | | |
| | | | 其他运行费用 | | |
| | 集注站 | 常规费用 | 外包费用 | | |
| | | | 其他费用 | | |

续表

| 成本项目 | 一级分类 | 二级分类 | 三级分类 | 四级分类 | 五级分类 |
|---|---|---|---|---|---|
| 注气工艺 | 集注站 | 运行费用 | 主工艺费用 | 注气压缩机 | 电 |
| | | | | | 润滑油（每天每台） |
| | | | | | 材料（万元） |
| | | | 辅助工艺费用 | 空氮系统 | 电 |
| | | | | | 材料 |
| | | | | 燃煤炉系统 | 材料 |
| | | | | | 用气量 |
| | | | | 采暖系统 | 用气量 |
| | | | | | 材料 |
| | | | | 仪表自动化系统 | 电 |
| | | | | | 材料 |
| | | | | 注水系统 | 电 |
| | | | | | 材料 |
| | | | | 消防系统 | 电 |
| | | | | | 材料 |
| | | | | 工艺系统 | 电 |
| | | | | | 材料 |
| | | | | 其他工艺 | 电 |
| | | | | | 材料 |
| | | | | | 水 |
| | | | | | 其他 |
| | | | 其他运行费用 | | |
| 采气工艺 | 单井 | 常规费用 | 外包费用 | | |
| | | | 其他常规费用 | | |
| | | 运行费用 | 甲醇 | | |
| | | | 材料 | | |
| | | | 电费 | | |
| | | | 其他运行费用 | | |

续表

| 成本项目 | 一级分类 | 二级分类 | 三级分类 | 四级分类 | 五级分类 |
|---|---|---|---|---|---|
| 采气工艺 | 集配站 | 常规费用 | 外包费用 | | |
| | | | 其他费用 | | |
| | | 运行费用 | 污水处理系统 | 车辆人工费 | |
| | | | | 污水处理费 | |
| | | | 电费 | | |
| | | | 其他运行费用 | | |
| | 集注站 | 常规费用 | 外包费用 | | |
| | | | 其他费用 | | |
| | | 运行费用 | 主工艺费用 | 采气压缩机 | 电 |
| | | | | | 润滑油 |
| | | | | | 材料 |
| | | | 辅助工艺费用 | 空氮系统 | 电 |
| | | | | | 材料 |
| | | | | 乙二醇（每立方米用量（g/m³） | |
| | | | | 燃煤炉系统 | 材料 |
| | | | | | 电 |
| | | | | | 用气量 |
| | | | | 采暖系统 | 用气量 |
| | | | | | 材料 |
| | | | | 仪表自动化系统 | 电 |
| | | | | | 材料 |
| | | | | 注水系统 | 水电（每天理论用电量） |
| | | | | | 材料 |
| | | | | 消防系统 | 电 |
| | | | | | 材料 |
| | | | | 工艺系统 | 电 |
| | | | | | 材料 |
| | | | | 乙二醇循环再生系统 | 电 |
| | | | | | 材料 |

续表

| 成本项目 | 一级分类 | 二级分类 | 三级分类 | 四级分类 | 五级分类 |
|---|---|---|---|---|---|
| 采气工艺 | 集注站 | 运行费用 | 辅助工艺费用 | 其他工艺 | 电 |
| | | | | | 材料 |
| | | | | | 水 |
| | | | | | 其他 |
| | | | 其他运行费用 | | |

此标准成本基本框架包括6个区域：成本项目、一级分类、二级分类、三级分类、四级分类、五级分类。上一级区域包括下一级区域，上下之间为从属与被从属关系。

（1）成本项目。

从储气库的实际运行成本出发，分为两个成本消耗最高的工艺，即注气工艺与采气工艺。而其他工艺在实际运行中，消耗的成本费用不及1%，故可忽略。

（2）一级分类。

按照气体的流动先后顺序，注气工艺与采气工艺分为单井、集配站与集注站。

（3）二级分类。

在一级分类形成后，将单井、集配站和集注站分为常规费用与运行费用两部分。常规费用指无论储气库是否运行，在日常维护与保养以及大修过程中必须产生的费用。运行费用指储气库在运行过程中才会产生的费用。

（4）三级分类。

在二级分类的基础上，结合常规费用流动方向，将常规费用分为外包费用与其他常规费用，根据单井、集配站、集注站的工艺要费用成本差别、将单井运行费用分为甲醇、材料、电费与其他运行费用；将集配站运行费用分为污水处理于电费；将集注站运行费用分为主工艺费用与辅助工艺费用。

（5）五级分类。

结合单井、集配站与集注站的工艺特点，将单井分为外包费用、甲醇消耗费用、材料费用、电费和其他费用。将集配站分为外包费用、污水处理费用、电费和其他费用。将集注站分为主工艺费用。辅助工艺费用和其他运行费用。主工艺费用与辅助工艺费用包括注气采气压缩机与其他各工艺费用，再往下划分为电费、润滑油费用、材料费用、用气量费用。

## 二、乙二醇用量计算模型

1. 水合物形成温度降计算

$$\Delta t = t_1 - t + (3 \sim 5) \tag{9-5}$$

式中　$\Delta t$——水合物形成温度降，℃；

　　　$t_1$——膨胀后的温度条件下，不形成水合物的膨胀前温度，℃；

　　　$t$——天然气井口温度，℃。

式（9-5）主要用于计算水合物形成温度降，即膨胀后的温度条件下，不形成水合物的膨胀前温度减去天然气井口温度，在此基础上允许 3~5℃ 的误差。

2. 抑制剂最低富液浓度计算

$$X = \frac{\Delta t M}{K_c + \Delta t M} \times 100\%$$ （9-6）

式中　$X$——抑制剂最低富液浓度，质量百分数；
　　　$M$——抑制剂的相对分子质量，g/mol；
　　　$K_c$——抑制剂常数，甲醇取 1297，乙二醇和二甘醇取 2220。

在节流后的操作温度条件下，富液浓度应处于非结晶区，否则须提高富液浓度。富液浓度过高将增大抑制剂的注入量，故其操作温度应处于非结晶区，但不宜提得过高。

3. 抑制剂注入量计算

采用甘醇时注入量计算式为：

$$G_e = 10^{-6} q_v G \left[ (W_1 - W_2) + W_f \right]$$ （9-7）

式中　$G_e$——新鲜或再生甘醇注入量，kg/d；
　　　$q_v$——天然气流量，m³/d；
　　　$G$——新鲜或再生甘醇注入率，kg/kg；
　　　$W_1$，$W_2$——天然气在膨胀前后温度和压力条件下的饱和含水量，g/m³；
　　　$W_f$——天然气中的游离水，mg/m³。

设储气库注气温度为 23.9℃、结点温度为 8.3 等数据，按照模型计算方法，进行计算，具体计算见表 9-4。

表 9-4　乙二醇采气用量计算过程

| | | | |
|---|---|---|---|
| 注气温度℃ | 23.9 | | |
| 结点温度℃ | 8.3 | | |
| 温度差值℃ | 15.6 | 温度差 ×$M$ | 968.76 |
| 相对分子质量 $M$ | 62.1 | $K$+ 温度差 ×$M$ | 3168.76 |
| 常数 $K$ | 2200 | $C_2$ | 0.305722 |
| $C_1$ | 0.8 | $C_1-C_2$ | 0.494278 |
| $W_1$，g/m³ | 0.1955 | $W_1-W_2$ | 0.1534 |
| $W_2$，g/m³ | 0.0421 | | |
| 每立方米用量，g | 0.094881 | | |

注：$C_1$—注气温度气液转化率，$C_2$—结点温度气液转化率。

## 三、压缩机单机注气量及功率

1. 注气压缩机单机功率

往复式压缩机某一级功率：

$$W = 1.634 \times p_入 \times v_入 \times k/(k-1) \times \varepsilon[(k-1)/k] - 1 \times \eta_{多变} \times \eta_{驱} \quad (9-8)$$

$$k = C_压/C_容 \quad (9-9)$$

式中　$W$——某级功率，kW；

　　　$p_入$——某级进口压力，kgf/cm²（绝压）；

　　　$v_入$——某级进口流量，m³/min；

　　　$\varepsilon$——某级压比，$p_出/p_入$；

　　　$\eta_{多变}$——压缩机的多变效率（目前先进的往复式压缩机的多变效率可以做到85%~90%）；

　　　$\eta_{驱}$——电动机的机械效率，通常为98%（算出了各级的功率，将其相加就是多级往复式压缩机的总功率）。

　　　$k$——绝热指数；

　　　$C_压$——恒压比热容；

　　　$C_容$——恒容比热容。

不同气体 $k$ 值不同，例如 $H_2$ 的 $k$ 值为 1.4，$O_2$ 的 $k$ 值为 1.389，可查手册获得。

对于混合气：

$$1/k_混 = \sum[V_i/(k_i - 1)] \quad (9-10)$$

式中　$V_i$——混合气中某组分的分率；

　　　$k_i$——某组分的绝热指数。

压缩机单机功率计算案例见表 9-5。

表 9-5　压缩机单机功率计算案例

| | | | |
|---|---|---|---|
| $p_出$ | 23 | $p_出$ | 46 |
| $p_入$ | 9 | $p_入$ | 23 |
| $v_入$，m³/h | 89239.13 | $v_入$，m³/h | 89239.13 |
| $\xi$ | 2.555556 | $\xi$ | 2 |
| $k_{天然气}$ | 1.3 | $k_{天然气}$ | 1.3 |
| $\eta_{多变}$ | 0.85 | $\eta_{多变}$ | 0.85 |
| $\eta_{驱}$ | 0.98 | $\eta_{驱}$ | 0.98 |
| 一级实际功率 | 1136916 | 二级实际功率 | 2905451 |

注：$\xi$—压缩机的传动系数。

一级实际功率与二级实际功率相加得实际功率为 4042367kW。

## 2. 压缩机单机注气量

通过查阅文献可得压缩机单机注气量 $Q$ 和注气压缩机功率 $W$、注气平均压力 $p_2$、来气平均压力 $p_1$ 有关。经验公式如下：

$$Q = 10W/\lg(p_2/p_1)/1.1 \tag{9-11}$$

压缩机单机注气量计算案例见表9-6。

表9-6 压缩机单机注气量计算案例。

| 变量 | 数值 |
| --- | --- |
| 额定功率 $W$ | 4000 |
| 注气平均压力 $p_2$，MPa | 23 |
| 来气平均压力 $p_1$，MPa | 9 |
| 单机注气量，$m^3/h$ | 89239.13 |
| 单机24h注气量，$10^4 m^3$ | 214.1739 |

从表中可知单机24h理论注气量为 $214.1739 \times 10^4 m^3$。

## 3. 注气压缩机用电量计算模型

注气压缩机用电量主要和注气压缩机功率 $W$、效率 $\eta$ 和机器数量有关。其中压缩机组效率又与实际注气量 $Q_1$、标准注气量 $Q_2$、注气压力 $p_2$、来气压力 $p_1$ 4个变量有关。压缩机效率采用效率公式：

$$\eta = K(Q_1/Q_2)\lg(p_2/p_1) \tag{9-12}$$

式中 $K$——等熵指数。

实际注气量 $Q_1$ 取呼图壁注气经验值 $800.8686755 \times 10^4 m^3$，标准注气量 $Q_2$ 取 $1000 \times 10^4 m^3$，$p_2$ 取 23MPa，$p_1$ 取 9MPa。

代入式（9-12）得压缩机效率为 0.489513351。其计算过程表见表9-7。

表9-7 注气压缩机工作效率计算过程

| 参数 | 数值 |
| --- | --- |
| $K$ | 1.5 |
| $Q_1$ | 800.8686755 |
| $Q_2$ | 1000 |
| $p_2$ | 23 |
| $p_1$ | 9 |
| $\eta$ | 0.489513351 |

由前面计算可知注气压缩机功率约为4000kW，呼图壁储气库共8台注气压缩机。每万立方米气的用电量按式（9-13）计算：

$Q=24 \times W \times \eta \times n /$ 每万立方米气的注气量

求得理论每万立方米气的用电量为 479.479kW·h。具体计算过程见表 9-8。

表 9-8 每万立方米气的用电量计算过程案例

| 序号 | 项目 | 数量 | 实际 |
| --- | --- | --- | --- |
| 1 | 注气期限（稳定期） | 6.1～10.30 | 6.1～10.30 |
| 2 | 天数，d | 151 | 151 |
| 3 | 每天理论工作时间，h | 24 | |
| 4 | 注气功率，kW | 4000 | |
| 5 | 效率 $\eta$ | 0.489513351 | |
| 6 | 机器数量 | 8 | |
| 7 | 理论电量，kW·h | 56767884.25 | 62057600 |
| 8 | 每天理论用电量，kW·h | 375946.2533 | 410977.4834 |
| 9 | 理论每天注气量，$10^4 m^3$ | 800.8686755 | 800.8686755 |
| 10 | 理论每万立方米气的用电量，kW·h | 469.4230962 | 513.1646374 |
| 11 | 允许误差区间 | （-0.05，0.05） | |
| 12 | 区间上限，kW·h | 492.894251 | |
| 13 | 区间下限，kW·h | 445.9519414 | |

## 四、操作经营费用模型

储气库的操作经营费用计算如下：

$$C=C_0+C_1+C_2+C_3 \tag{9-13}$$

式中　$C$——操作经营费用，万元；

　　　$C_0$——气藏及注采井的操作经营费用，万元；

　　　$C_1$——集输及净化系统的操作经营费用，万元；

　　　$C_2$——注气压缩机及其附属系统的操作经营费用，万元；

　　　$C_3$——储气库系统人员工资、行政管理等费用，万元。

将操作经营费用拆分为气藏及注采井的操作经营费用，集输及净化系统的操作经营费用，注气压缩机及其附属系统的操作经营费用，储气库系统人员工资、行政管理等费用。

1. 气藏及注采井操作经营费用

气藏及注采井的操作经营费用主要包括井下设备维修费、气藏的监测与化验费、设备折旧提成等，其计算过程如下：

$$C_0=C_{01} \times N+C_{02} \times (K_0+K_1) \tag{9-14}$$

式中　$C_{01}$——每口注采气井的操作经营费用，万元；

$N$——井口装置数，套；
$C_{02}$——气藏及注采井投资部分的折旧提成系数；
$K_0$——气藏固定资产折旧残值（储气库气藏投资），万元；
$K_1$——注采井的投资，万元。

### 2. 集输及净化工艺系统操作经营费用

集输及净化工艺系统的操作费用主要包括集输管线的维修费、防腐费，净化设备的维修费、动力费以及甲醇、乙二醇等原材料消耗费用，其表达式为：

$$C_1 = C_{11}L + C_{12}G_w + C_{13}(K_2 + K_3) \tag{9-15}$$

式中 $C_{11}$——每千米集输系统管道的操作经营费用，万元；
$L$——集输系统管道长度，km；
$C_{12}$——净化系统单位工作气量的操作经营费用，万元；
$G_w$——有效工作气量，m³；
$C_{13}$——集输及净化系统设备部分的折旧提成系数；
$K_2$——储气库集输工艺系统的投资，万元；
$K_3$——储气库净化工艺装置的投资，万元；

### 3. 注气系统操作经营费用

注气系统的操作经营费用计算过程如下：

$$C_2 = C_{21}N_c + C_{22}K_4 \tag{9-16}$$

式中 $C_2$——注气系统的操作经营费用，万元；
$C_{21}$——注气压缩机站单位功率的操作经营费用，万元；
$N_c$——压缩机所需功率，kW；
$C_{22}$——集输及净化系统设备部分的折旧提成系数。
$K_4$——压缩机系统的投资，万元。

# 第十章 标准成本管理制度建设

## 第一节 标准成本管理配套机制

在加强成本管理的过程中,成本管理机制建设是必不可少的重要内容。当前环境下,油气开采企业推行标准成本管理的过程中,应着重加强以下三个方面的机制建设:

(1)标准的建立与修订机制。

由于当前经济环境的变化,技术经济的高速发展,油气开采企业应结合公司实际,在各部门成员的协助下,着眼于本公司生产管理流程来进行成本分析,以建立符合企业发展现状的标准成本。

此外,油气开采企业对变化不大的项目可以通过通知形式下发,对于变化较大且数目多的项目应严格以标准成本补充规定的形式发布,企业也应根据实际情况定期对制订的标准成本进行修订。

(2)实际成本核算机制。

标准成本主要用于成本控制和业绩评价的过程中,油气开采企业需要根据标准成本的要求对相关成本信息进行搜集和整理,进一步建立完善标准成本实时搜集与系统整理,从而实现实时获取业绩报告(工序差异报告、各成本责任中心差异报告等)的功能。这样一来,企业能够最大程度控制不利因素的发生,能有效地将事后控制变为事前与事中控制,并采取更加正确的行动,最终实现成本的有效控制。

(3)成本的分析考核与改进机制。

标准成本管理制度的建立迫在眉睫,其要求建立健全监督、考核和激励机制,从而对成本的控制绩效进行有效评价。标准成本分析需要从数量因素和价格因素两方面入手。其中,财务部门需要结合实际,对财务部门标准成本处、各成本中心或作业单元所收集的相关成本资料进行分析,运用比较分析法、比率法等方法从定性、定量两个层次对企业或部门的运营发展情况以及发展潜力进行有效分析。此外,各部门还需要重视成本差异调查,定期对实际成本和标准成本当中的差异进行比较分析。一方面,可以对所制订的标准成本进行完善;另一方面,也可以找出实际操作中发生的问题。各部门可通过晨会、旬例会和月度例会来完成此项工作。标准成本管理处还应当定期召开标准成本例会以进行相关问题的自检。

标准成本差异分析报告是油气开发企业发现问题的重要参考资料。因此,建立标准成本差异分析报告制度对企业的发展具有重要意义。各成本负责中心或责任单元在标准成本的执行过程中需要安排专人对成本进行及时检查,以掌握成本预算执行的实时情况,并形成标准差异分析的临时报告和定期报告,并在规定时间内送至相关管理部门。整个过程中,出现差异和重大问题时需要及时上报,以避免问题的发生。

成本考核的主要对象是各级标准成本责任中心执行主体。整个考核过程中,以成本预算的完成情况为核心,根据标准成本计算的预算标准,对预算的实际执行情况和预算标准进行比较,明确差异产生的原因,进而对相关单位和负责人的工作进行评价考核。考核指标分为财务指标和非财务指标两个部分,根据成本预算的完成情况,秉承分级考核原则、合理性原则等原则进行综合考量。财务部门标准成本处所进行的考核结果将成为相关部门负责人晋升降职、加薪减薪以及其他奖惩的重要依据。

## 第二节 具体制度要求原则

### 一、制度制订过程中的关键内容

企业活动开展的前提和基础是组织。制度的制订对企业规范管理行为、明确全责,以及现实管理目标具有重要意义。在实现油气企业标准成本管理的过程中,为保证执行工作有效开展,需要把握以下内容:

(1)建设完善的组织基础。

标准成本管理制度的实施过程中,原则上不能对油气开采企业目前的组织架构进行改变,但需要建立标准成本委员会进行跨部门、跨专业的协作。由油气开采企业主要领导任委员会主任,全面调动各部门的积极性,协调各部门共同参与,从实际出发,制订切实可行的标准成本运行计划、实施方案和管理办法。根据工作开展情况,定期组织召开会议,对工作实施中的重点难点问题进行讨论研究,定期考核各部门标准成本的工作进度和质量,保障工作正常运行。根据实际管理需求,委员会还需设置工艺流程建设、QHSE控制、修订及监督、考核等专业委员组,专门进行成本管理体系的修订、监督落实、考核兑现等方面工作。

(2)健全管理制度和运行机制。

在实际操作中,油气开采企业需要对现有的标准成本管理制度进行实时梳理和完善,剔除与企业发展不相适应的制度,解决制度现存问题,着力提升管理制度的适应性,保障作业标准成本体系的实施。同时将现行的成本核算制度转化为标准成本核算制度,寻找实际成本和标准成本之间的差异,并及时处理,对作业标准体系的实施进行有效保证。建立健全各项标准成本的运行机制,将标准成本管理与全面预算、内控建设、生产组织、运行和管理决策相结合。在预算的管理和控制方面,以作业过程和成本消耗定额为基础,建立预算编制模式,将财务预算与用工总量、生产井数和人均费用相挂钩。企业或部门负责人可通过成本报告中的内容,及时纠正工作偏差,同时为企业奖惩制度的实施提供依据。通过内控体系建设的不断深化,为标准成本运行提供制度保障。此外,借助ERP系统平台,能够与标准成本共同开展部署、监控、考核等工作,从而提高企业管理效能。

(3)加强资源投入相关制度。

根据机会成本原理可知,作为制度实施抓手的管理者,其对于新机制和响应程度和资源配置的不同,会对企业各类资源造成不同程度的影响。若要保证标准成本管理模式切实有效地执行,油气开采企业管理者应当尽快适应该模式,并缩短资源配置的到位期。此外,成本控制系统不是独立存在的,它需要和其他部门相结合,在发展中不断进行修改完善,使成本控制系统尽可能趋于完善。

(4) 开发信息管理平台。

标准成本管理信息系统对于及时、准确处理成本数据，提高标准成本管理的效率和效果尤为重要。因此，在实际生产过程中，企业要注重信息系统的开发。该系统能够将标准成本管理信息系统与财务核算、生产统计、ERP等系统进行紧密连接；能够实时对标准成本数据库当中的信息进行查询、计算和分析；能够及时准确地掌握生产经营当中的各项费用数据，对数据进行实时搜集、对比、监控其动态变化情况并进行及时反馈；能够充分发挥系统的预算编制分解和监控功能，根据生产设施的相关参数对标准成本和调节系数进行分析测定。

(5) 缩短管理者的适应期。

任何新制度的实施都需要一定的适应期。尤其是标准成本管理制度，其突破了传统的成本管理模式，对成本管理理念和成本管理文化造成了冲击。在实施过程中，如何实现"入脑、入心"不仅与管理制度有关，更受到管理理念和管理文化等深层次问题的影响。因此，在标准成本管理制度的实施过程中，企业管理者首先要转变自身观念，深刻认识到标准化成本管理模式不可替代的巨大优势，秉承"早适应、早主动、早落实、早见效"的原则，尽快适应该项制度，使得该项制度的实施尽快步入正轨。

(6) 完成企业标准化体系专业培训。

标准成本管理制度的实施不仅需要管理者的统筹协调，还需要调动全体员工的积极性，实现全员参与。因此，企业需要建立有计划、分阶段的科学培养方案。通过培训，使员工在潜移默化中树立标准化理念，时刻用标准化制度严格要求自己，从而实现标准化的整体改革。

(7) 缩短资源配置的到位期。

标准成本管理制度，作为一种引导企业管理者对资源进行优化配置的有效机制，在实施过程中还受到资源配置到位期的限制。该项制度的实施过程，也就是企业资源配置优化的过程。资源配置的到位期主要取决于管理者对于制度的适应期以及有效配置自愿的能力。理性经纪人"逐利"特性决定了资源优化配置的原动力来自于相关激励和约束政策。

## 二、制度制订原则

1. 科学决策原则

标准成本作为一种成本性质的指标，需要结合油气开采企业生产实际，根据企业的经营战略，从企业整体经营战略目标的总成本出发，对整个油气开采以及经营过程进行严谨的分析。从整体把握，按照功能范围等对决策进行不同层面上的预算划分。此外，标准成本在执行过程中，各级成本中心需要对标准成本进行层层把控，保障战略在不同层面上都能够良好地实施。

2. 节约性原则

标准化成本管理体系要解决的重要问题之一就是要在保障油气开采企业正常运营的基础上，节约成本，积累资金，促进企业的进一步发展。因此，在日常生产活动当中，油气开采企业需要对成本进行严格把控，在不影响企业正常运营的情况下，制订标准成本，合理利用物资。

3. 重要性原则

由于油气开采需要巨大的资金，所涉及的人力、物力较大，因此，在油气开采过程当中，油气开采企业应当对油气开发的各个过程进行科学地分析，秉承遵循油气藏自然规律的原则，对油气开发的各个环节进行有针对性的控制，找出其中的重点环境，进行重点把控。只有将主要问题和次要问题把握准确，才能有条不紊地开展工作，保障油气开采企业的正常运营。

4. 先进性和现实性相结合的原则

社会在不断发展，各项技术也在不断地更新换代。因此，油气开采企业所制订的标准化成本制度要紧跟时代潮流，并始终处于业内先进水平。这里所指的先进水平是指在定额消耗的情况下，以保证任务完成为首要前提，经过不断地调整，达到最低消费水平。除了要具备先进性，还需要具备一定的现实性。也就是说，一切要从实际出发，实事求是地按照实际产生的成本制订相应的标准。

5. 实事求是，动态管理原则

在标准化成本的制定过程中，必须要结合行业特点，对项目进行考查时，应当从生产运行的新工艺方面考虑，使得所制订出的政策更加具有实际意义和现实可操作性。此外，由于市场需求不同，面对不断变化的市场环境，企业所指定的标准化成本策略也应当进行动态调整，根据不同阶段企业的运营状况进行完善。

## 三、油气开采企业标准成本管理体系的构成

油气开采企业标准化成本的制订与实施过程中，需要处理许多系统繁杂的工作，其中涉及财务、工艺、地质等多方面的内容，需要多部门共同配合参与，提供巨大的数据支撑，从而开展大量的数据分析工作，为制订出有效的控制措施提供参考。在实际操作中，油气开采企业要注重标准成本管理体系的构成。将传统的成本计算工作，从复杂化到简单化，从量化到流程化再到标准化的过程，在实际操作中由四大体系构成。

1. 标准成本预算体系

要制订行之有效的标准化成本管理体系，首先要进行全面预算。从实际出发，根据油气生产过程中的工作量、消耗量指标。从整体出发，逐步分区块，分过程制订预算，从横向、纵向两方面对成本进行分解。同时，结合当前生产工艺以及市场变化，对预算进行调整。

2. 标准成本的制订

标准成本的制订主要包括制订标准成本、制订基础标准、制订修正指数三部分内容，其主要是根据产品数量价格等标准得出相关产品的标准成本。

（1）制定标准成本。

由于油气开采行业所涉及的相关技术工艺流程等较为稳定，除非有较为重大的基础飞跃，否则一般情况下，其数量标准较为稳定，且通常由市场价格决定。因此，业内一般都

采用近期平均市场价格来确定标准成本。

（2）制订基础标准。

基础标准是指在正常生产工艺条件下，最基本成本的消耗水平。基础标准分为三种，首先是通过历史数据来确定的定额标准，其次还有如油井电费、单车燃料费等经过现场测量得出的基础标准，最后还有一种就是如税费、财产保险费这类的由国家行业公司所规定的标准。

（3）制订修正指数。

在实际操作中有些因素会对成本费用变化造成重大影响，因此需要运用修正指数对成本费用进行调整，使其数据更符合实际生产情况。修正指数是根据生产经营状况的不同影响因素对基础标准进行修正的系数。在修正指数的作用下，不同单位之间的数据便更为统一也更为贴近实际。但由于油气开采行业所涉及的面广，影响因素较多，在实际操作中，对调整因素的选择要具有一定的侧重性，一般选择对基础指标影响幅度超过5%以上的因素。

3. 标准成本控制体系

在成本的实际执行过程中，需要严格按照企业所指定的标准成本管理目标进行操作。为了保障标准化成本制度的良好实施，需要严格控制每一个环节，着重注意重点成本项目的计量操作。

1）标准成本控制

标准成本控制根据其时间节点分为事前控制、事中控制和事后控制，把握这三方面能够使得各项成本制度达到预期标准。实施过程中，主要注重以下内容：

（1）实施预算动态调整。

由于油气开采企业的经营环境、生产工艺以及劳动市场价格等因素都处于动态变化过程中，因此，需要根据各项影响因素的实际情况对标准成本预算进行动态调整，使其更加客观地反映成本的耗费情况，实现标准预算管理的快速、有效传递，更符合实际生产发展的需求。

（2）加强重点成本项目控制。

在生产实际中，应当着重关注重点成本项目的控制。对重点成本项目实现精细化管理，可将成本项目分为必不可少的支出项目、十分必要的支出项目、保障性支出项目和非必须支出项目，再根据其支出的必要性制订相应的控制措施。对于重点支出项目，可将其分解为多项费用要素，在针对每项费用要素的每个工作过程制订切实可行的控制措施。对于保障性和弹性项目，由各业务部门层层把关，将责任落实到每个负责人身上，以强化挖潜工作效果。而对于那些非必要的支出项目，在不影响正常运营的情况下，应当尽量减少或避免其发生。

（3）强化全员参与成本管理。

成本管理涉及面广，因此需要每个部门共同协作，并激励员工全员参与，共同促进油气开采企业的标准成本目标管理工作。对企业而言，在工作开展实施过程中一定要将审查批准后的标准成本预算指标进行逐级分解，落实到各个岗位，让员工在潜移默化中加强对成本管理的认识，关心企业生产经营，并自觉主动开展节约行为。

2)标准成本差异分析

标准成本差异是指实际生产成本与标准成本之间的差异。标准成本制度的实施能够帮助企业及时有效地发现其当前生产管理方面对成本的有利和不利因素,使管理者及时了解生产经营活动中存在的问题,并及时提出行之有效的控制方案,进而提高成本控制水平。采用绝对值成本差异度量成本差异,能够更为直观地反映实际成本与标准成本的差异程度。同时,为了将责任进行更为系统的划分,需要将价格差异中的混合成本差异分离开来,并按照比例分摊到价格差异或是进行单独列示。

4. 标准成本评价考核体系

要掌握标准化成本管理体系的实施效果,需要对其工作进行考核。运用量化考核指标的方式,能较好地监督油气开采企业各项指标的完成情况。因此,在制度的建设方面还需要建立全面预算标准管理体系。

标准成本管理模式下,需要对以下几个方面的内容进行分析评价:

(1)标准成本与同行业成本指标对比。

在发展过程中,各油气开采企业不能故步自封,需要选取业内其他企业的先进水平进行评价对比。通过对比,能够更好地发现本企业与业内先进水平的差距,从而进行下一步目标的制订。所对比的项目主要有总成本的对比、分项目成本的对比以及单位石油产品成本的对比等。

(2)标准成本与实际成本对比。

受市场环境、产品工艺等动态因素的影响,实际成本与标准成本之间往往会存在一定差异,通过对比这其中的差异能够准确地找到成本超支环节,并对管理不善的环节进行分析,找出原因并制订相应的控制措施。

## 第三节 具体制度制订

对于油气开采企业而言,标准化成本管理制度的实施主要体现在工程造价管理、价格管理、投资管理、固定资产管理、资金授权管理、成本核算管理6个方面。每个管理过程都有与其相适应的相关制度。在制订标准化成本制度的过程中,以上6个方面都有其自身需要注意的问题。

### 一、工程造价标准化成本管理制度建设

1. 制度建设总体原则

油气开采企业在工程造价标准化成本管理的制订当中,应当按照国家《建筑法》《价格法》等相关法规和集团公司投资、工程造价管理规定,根据公司发展需求,为适应市场经济的发展和企业适应新体制的需要,维护企业的利益,严格基建程序,合理确定和有效控制工程造价,确保工程的审查质量,结合实际,制订相关细则。所制订的相关细则应具有一定的普适性,应适用于油气开采企业所有的生产,办公场所建设项目的投资估算、工程概(预)算、工程招标标底编制、合同、价格、定额管理和工程竣工结算的审核等工程

造价管理的全过程。与工程造价相关的所有合同都应当遵守所制订的相关细则。

2. 标准化成本管理制度运营中管理机构及职责

标准化成本管理制度的运营离不开组织保障，因此，管理机构的建设也是标准化成本管理制度建设当中的重要内容。

（1）办公室设在计划科，负责工程造价管理的日常工作。在标准化成本管理制度运营中，办公室主要有以下职责：贯彻执行油田公司工程造价管理方面的有关规定，修定完善厂相关管理办法。负责工程建设项目标底的编制和报批。负责工程概（预）结算项目的初审。负责工程项目和对外交易项目的价格管理和价格审查工作，并定期进行设备材料价格信息的采集和报批，及时向概预算管理部反映材料价格变动情况。负责工程定额管理工作，审查各项目工程定额执行情况。配合概预算管理部对工程项目中使用新技术、新工艺、新材料进行测定，并编制补充定额及单位估价表。参与工程项目的前期立项调研、图纸会审工作、大额项目的签证会签。按时参加由专业部门组织的施工例会，掌握施工进度，按时审查拨付施工进度款。参加由专业部门组织的工程项目的竣工验收工作。配合上级管理部门做好其他工作。

（2）专业部门是工程项目实施的组织和管理部门，在工程造价过程中要承担重要责任。例如，专业部门需要组织工程项目的图纸会审，给计划科提供一套完整的图纸，并将图纸会审纪要反馈计划科一份。此外，对于纳入招标计划的项目，专业部门负责提供招标范围和工程量。在工程项目实施过程中，重大工程变更要及时通知计划科，必要时进行现场踏勘并报请上级部门，以书面报告形式申请追加投资。组织工程项目的竣工验收，验收合格后15日内专业部门负责审查工程量，并督促施工单位在限期内将结算书报送计划科。

3. 价格、定额管理

在价格和定额管理方面，油气开采企业应当贯彻执行公司发布的相关价格，制（修）订和定期发布本企业有关产品价格，对价格执行情况进行监督和审查。

对于油田公司投资及大修理资金、厂控大修理及净成本的项目的工程，凡指导价以外的材料价格，由施工单位按规定的报表编制后报项目主管部门签字确认并报厂计划科。计划科组织市场调研后，向概预算管理部申报，根据概预算管理部批准的价格，作为工程结算的有效依据。同时还需要加强价格信息的采集、积累，及时掌握同类价格的变化情况，不断完善价格管理体系。

工程定额的范围主要有以下六个方面：

（1）石油建设安装工程预算定额及油田维修安装预算定额；

（2）石油建设安装工程费用（其他费用）定额；

（3）物化探、钻井系统工程定额；

（4）井下作业定额；

（5）石油建设安装工程单位估价表；

（6）工程定额未包括的有关工程计价标准。

工程定额管理主要有两方面的内容：

（1）配合油田公司组织的编制（或修订）石油建设工程定额和物化探、钻井系统工程定额工作；

（2）配合概预算管理部对工程项目中实用的新技术、新工艺、新材料进行测定，并执行编制补充定额及单位估价表。

依据国家和上级部门工程定额标准，对各项目工程定额执行情况进行审核。重点审查工程预算定额与费用定额配套执行情况，防止高估冒算；标准的套用是否符合现行规定。费用构成应清晰、明确。

4. 工程概（预）算

工程概算是确定和控制建设项目全部投资的文件，是编制固定资产投资计划、实行建设项目投资包干的依据。在实际工作中，凡通过该油气开采企业和油田公司立项的总投资在300万元以上的地面建设项目，油气开采企业负责对概（预）算进行初审后交由概预算管理部审核。凡通油气开采企业下设工厂立项的总投资在50万元到300万元之间的建设项目，由专业部门负责提供图纸、方案并附概（预）算报厂计划科审定。

5. 工程项目标底的编制

对于纳入招标计划的项目，按招标文件要求编制、测算标底。根据招标文件，设计图纸及有关资料编制标底。参照国家技术、经济标准定额及规范，公司相关造价规定，合理确定工程造价。整个过程中，标底价格必须严格保密，任何部门和个人不得泄漏。标底需要由概预算管理部进行审核。对于所有的议标项目，要求相关部门提前两天报送有关价格方面的资料；复杂项目要求不少于一周的时间，便于调查、咨询、收集、整理、确定标底。具体提供的资料应包括：

（1）技术方案、规范标准、安全措施、工艺要求；

（2）新技术、新型材料有相关部门鉴定或已有成熟先例经验；

（3）图纸、实物工作量；

（4）费用明细组成。

6. 竣工结算

工程竣工后由施工单位编制结算书，报建设单位审核，办理财务结算，分二审和一审。其中二审主要是指凡油田公司投资及大修理、厂控大修理50万元以上的项目由计划科审核，报概预算管理部审定并办理财务结算。对于井下作业项目，若合同签订的结算方式为分期或按季支付的，其按月或按季支付的款项，概预算管理部不进行审核，可按进度支付。办理最终结算时必须报概预算管理部进行审核后方可办理财务结算手续，提供资料要求包括：除每月（季）结算时提供的资料外，必须提供全年汇总表，分别为纸质和电子文档；必须是原始资料。一审是指厂控大修理50万元以下的项目，计划科审核后办理财务结算。对于成本费用已形成单价合同的，由部门确认工作量按月或季直接办理财务结算。

施工单位当年完成的工程量须当年结算，完工后20个工作日内报送结算书并按规定日期办理结算。凡在当年有关部门调价指数文件发布前完成结算并符合调整规定的，可按文件规定调整。

项目竣工决算后45个工作日内，建设单位根据工程投资完成情况、批准概算或投资额编制建设工程费用项目总表，对建设工程一、二、三类费用进行对比分析；对物化探、钻井系统工程，按照批准概算编制建设项目投资完成情况明细表并进行成本分析，经主管领导审核并加盖单位公章后报概预算管理部，作为落实投资及项目考核和年度工程造价管理人员考核的主要依据。

工程签证是施工中遇到某些特殊情况的书面手续。因此除设计变更通知书、施工组织设计技术措施方案、定额中明确规定的有关问题以及技术文件、通知单、证明书、甲乙双方协调会议纪要等不需签证外，其他均属现场签证范围。签证是甲乙双方索赔的唯一依据（一式6份），必须实事求是、内容明确、项目清楚和数量准确。甲方代表、工程造价管理人员对现场签证要逐一审核，对不合理的应予废除，做到既堵塞漏洞又合理公正。

工程进度款，由建设单位与施工单位按照合同执行。建设单位造价部门必须参与工程进度款的拨付工作。

7. 工程其他费用

（1）勘察费。

勘察单位必须按照建设单位委托范围，做好建设项目勘察、资料整理工作。完成勘察成果后，勘察单位应及时编制勘察费用计算书报建设单位。建设单位对勘察成果、基础资料认真核对审查，报概预算管理部审定并办理财务结算。勘察费计取，按油田公司相关规定执行。

（2）设计费。

按照建设单位委托范围、估算投资和设计工期，设计单位做好建设项目设计、施工图出版及设计概（预）算编制工作。设计费计取，按油田公司相关规定执行。

（3）工程监理费。

按照建设单位委托，监理单位认真履行合同，做好全程监理工作，确保工程质量。监理费计取，按油田公司相关规定执行。

（4）工程造价咨询服务费。

按照建设单位委托，依据国家、集团（股份）公司和油田公司有关规定，工程造价咨询服务单位要认真、公正、合理地做好咨询服务工作。工程造价咨询服务费计取，按油田公司相关规定执行。

8. 资质管理及业务行为

工程造价专业人员的资格管理，按照集团公司《石油工程造价专业人员资格管理办法》执行。为合理确定和有效控制工程投资，确保计价工作质量，实行专业人员持证上岗制度。持有建设部及相关部委统一颁发的造价工程师及造价员资格证的人员，方可进行估算、概（预）算、预结算的编制及审核工作。造价管理人员行为应该以国家有关法规为准则，严格按照公平、公正的原则认真审核。同时造价人员应当严守公司工作规范，保守企业商业秘密，做到廉洁自律，积极做好本职工作。

9. 考核与奖惩

油田公司对工程造价管理工作中做出显著成绩的单位和个人给予表彰。任何单位（包括设计、施工、建设、监理）给油田公司造成经济损失，都要进行相应处罚或责任追究。

一般是在年终结算完成后，参照油田公司现行奖惩办法进行执行。

勘察设计成果考核内容如下：

（1）勘察成果考核。

必须保证质量。由于勘察成果质量与建设项目现场不符，不能满足工程需要时，酌情扣减勘察费20%～50%并按要求返工。

（2）设计成果考核。

推行限额设计、标准化设计，控制工程成本，实行奖优罚劣。对设计单位因优化施工图设计而降低工程投资的，给予一定奖励并作为以后招标时优选条件。对因设计单位错误、漏项或扩大规模、提高标准而导致工程投资超标的，相应扣减设计费并由委托单位记录备案。

初步设计概算额超投资估算10%的要重新编制；10%以内的，进入下一步审核程序。送审值与审批值的差值超过±8%的，要重新编制；超过8%以上的，除重新编制外，每超过一个百分点扣减设计费5‰。因设计单位失误、漏项或扩大规模和提高标准导致工程投资超概算或施工图预算，要扣减设计费。

（3）甲方现场经济签证。

由于建设单位会审图纸不认真造成施工单位完工后重新施工的，除给予通报批评外还将扣减建设单位投资节约奖。

（4）监理公司考核。

监理单位对施工过程中出现的工程量与施工图不符之处不及时签证并备案的，按增加或减少工程量所计取监理费的200%扣减监理费用。对于监理单位擅自变更设计和出具不符合实际工作量的无效签证，按所计取监理费的200%扣减监理费用。对工程监理人员的徇私舞弊等行为，委托方一经查实即可提请监理单位换人，所造成的经济损失由监理单位承担，同时扣减20%的监理费。监理单位应加强设计图纸审查，并尽可能使之优化。由于监理单位合理化建议而节约投资的，经建设单位确认后按节约额的5%给予奖励。

（5）工程造价咨询服务单位考核。

造价咨询单位审核后的工程造价与项目终审造价误差在±3%（含±3%）以内的，视为合格。误差每超过规定标准1%，扣减工程造价咨询服务单位咨询费5%。未在合同规定时间内完成委托方项目的，每延误一天扣减咨询费3‰。

施工单位编制的工程造价与终审造价误差在±5%（含±5%）以内的，视为合格。超出误差规定的，根据具体情况并分清责任后，其误差每超出规定标准1%，扣减相当于工程结算总造价的0.2‰；因施工单位责任造成建设单位不能在规定时间内报送预（结）算的，每延误一天扣减原结算金额0.3‰。对于没有纳入招标计划的项目，施工单位在开工后的15天内提交工程预算，每延误一天扣原结算金额的0.2‰。

## 二、价格管理标准化成本管理制度

1. 价格管理总则

价格管理制度是油气开采企业进行基本建设、生产经营结算的重要依据。在油气开采企业的发展过程中，为进一步加强油气开采企业的价格管理，建立健全价格管理体系，保障油气开采企业经济活动有效运行，促进管理水平进一步提高，应当依据国家、集团的相关规定，并结合自身实际情况对价格管理的相关制度进行制订。国家、地方政府、集团（股份）公司有定价的，执行定价；已形成市场价格的，执行市场价格；既无定价又不宜按市场化原则确定价格的，按成本因素定价。

2. 管理机构与职能

要进行价格管理首先要成立价格管理办公室。办公室设在计划科，负责价格管理的日常工作。办公室的主要职责有：

（1）贯彻落实油田公司价格管理相关规定；

（2）负责收集、分析本单位产品、服务价格测算资料并提出建议方案，向油田公司价格管理部门报审、报批有关价格；

（3）及时反映价格执行过程中出现的问题；

（4）负责地属改制企业以非竞争性方式为本单位提供产品或服务的价格初审工作，向油田公司主管部门报送建议；

（5）参与本单位计划投资、维修和成本项目主要器材采购招标定价、谈判议价工作，负责有关价格的审核和报批工作。

3. 价格制订与发布

（1）在油气产品价格及管道运输价格的制定方面，原油、天然气、管道运输价格属国家定价，由集团（股份）公司发布执行；原料油、原料气（含轻烃、液化气）等价格，由油田公司财务资产处根据集团（股份）公司相关规定制订和发布；成品油内部供应价格，由油田公司财务资产处根据有关价格调整文件执行。

（2）生产服务、社会服务类产品和服务价格，由油田公司造价中心负责测算和制订，提交公司主管领导审定；属于受政府监管的，由油田公司造价中心负责向地方政府主管部门申报。

（3）油田勘探、开发建设、油田生产相关的技术服务、劳务（主要包括检测、测绘、勘察、通信、监理、咨询服务）等，按国家、地方政府发布的指导价格进行管理。

（4）不通过竞标进入油田勘探、开发建设和生产市场的地产材料价格管理，主要采取生产企业申报、用户单位提出初审意见、油田公司造价中心审核批准的方式进行管理。

（5）不通过竞标进入油田勘探、开发建设和生产市场的工程技术服务价格管理，必须向油田公司造价中心提供相关资料。

（6）市场竞争性价格（主要包括通过各类竞标方式进入油田市场的工程技术服务、物资等）的管理方面，进入油田市场的工程技术服务等，通过招标等方式由市场形成价格。此外，直接从网上、招投标和谈判采购的物资，油田公司造价中心参与谈判，油气开采企业能够掌握原价并及时形成物资供应价格目录。采取委托采购方式采购的物资，物资供应部门应及时向油田公司造价中心提供原价，以便及时形成物资供应价格目录。以自行采购方式采购的工程建设和生产消耗物资，采购单位必须及时向油田公司造价中心提供物资采购价格清单，由油田公司造价中心审核物资原价并及时形成物资价格目录。

（7）申报产品、工程技术服务劳务价格，要向价格管理部门提供产品、劳务质量证明文件、单位营业执照、油田公司市场准入证、用户单位对价格的初审建议、成本核算资料及其他相关证明材料。

（8）凡指导价以外的材料价格，由施工单位按规定的报表编制，报项目主管部门签字确认后报厂计划科。计划科组织市场调研后，向油田公司造价中心申报。油田公司造价中心批准的价格，作为工程结算的有效依据。价格管理办公室加强价格信息的采集、积累，及时掌握同类价格的变化情况，定期发布，不断完善价格管理体系。油气开采企业办理具体业务时，应当以油气田公司价格管理部门发布的价格为指导。对于那些波动较大的市场价格，油气开采企业需要及时掌握其动向，根据实际情况进行及时调整。

4. 业务管理和行为管理

价格管理部门要加强业务管理，接受上级管理部门的业务培训，与各二级单位交流管理经验，不断提高业务水平。同时价格管理部门需要加强行为管理，价格管理人员要以《价格法》为准则，严格按照公司价格审核、审批程序，公平、公正地审核好每一笔业务。价格管理人员要严守油田公司价格秘密。价格管理人员要廉洁自律，积极做好本职工作。

5. 监督管理

价格管理部门要会同相关部门不定期地做市场调研，掌握价格行情，提高价格管理水平。当然，价格部门还需要对相关单位和负责人进行严格要求，有下列情形之一的，视情节分别对相关单位和责任人实施责令整改、事件披露和通报批评；造成损失的，并给予经济处罚。情节严重；造成不良影响的，给予责任人行政处分。

（1）不执行油田公司指导价，擅自大幅度调整有关价格的；

（2）采取以次充好、降低标准等手段，变相提高价格的；

（3）利用某些产品的垄断性操纵供应，使产品价格严重背离市场经济规律的。

## 三、油气开采企业投资管理标准化成本制度建设

1. 投资管理标准化制度建设总则

为加强投资管理，规范投资行为，提高投资效益，实现天然气跨越式发展，根据国家有关法律法规和各油田公司投资管理办法及有关规定，建立油气开采企业投资管理标准化成本制度准则。其中涉及的投资这一概念，是指为获得未来收益，以现金或资本投入到项目中形成资产或权益的经济行为。这里所说的投资管理，包括投资规划与计划、方案、实施、竣工验收、投资统计、后评价及监督考核等全过程管理。其中，油气开采企业计划科是投资管理的归口部门，专业部门按职责分工管理。

在投资管理的相关原则的制订当中，应当注意突出天然气主营业务，同时配套发展相关业务，从严控制非生产性支出。同时要进行统一计划管理，各级、各类投资项目必须纳入油气开采企业的统一投资计划进行组织实施。在实践中，要以项目为载体，对投资管理进行严格把控。按项目编制下达投资计划，按项目组织实施、拨款、结（决）算、统计、监督考核和后评价。有效控制投资和降低成本是其中需要把握的重点。实行投资总量控制和项目估（概）预算控制，在审定投资规模内，对外部单位采取市场化机制，以招（议）标等竞争方式择优确定价格。最后，还要坚持效益标准，严格考核兑现。列入年度计划的

项目必须达到相关合作油气田公司规定的效益标准，确保投资效益。建立投资管理奖罚机制，维护投资管理的严肃性。

2. 投资管理机构和职责

计划科是油气开采企业投资管理归口部门，其中肩负的主要职责有：

（1）组织制订油气开采企业投资管理规章制度；

（2）组织编制油气开采企业中长期业务发展规划；

（3）负责组织上报油气开采企业中长期业务发展规划和年度投资建议计划；

（4）按照项目管理权限，组织编制和下达油气开采企业年度项目资金计划，组织投资统计、投资效益分析和项目后评价。

除了计划科外，其他有关部门也需要负责投资管理的相关工作。主要有以下几个部门负责相应具体工作：

（1）生产技术科负责组织编制天然气开发及原油老区开发专业规划和专业年度业务发展建议计划；负责组织编制科技专项规划和专业年度业务发展建议计划；负责组织编制老油气田调整改造项目专项规划和专业年度业务发展建议计划，组织老油气田调整改造项目中需单独立项的天然气处理站、原油处理站、注水站、污水处理站等地面工程项目的方案编制、审查，做好上报审批工作。

（2）生产运行科负责组织编制水、电、通信、道路、防洪工程、应急抢险工程专项规划和年度业务发展建议计划；负责组织编制装备专项规划和专业年度业务发展建议计划；负责组织编制节能、节水、节气专项规划和专业年度业务发展建议计划；负责组织方案编制、审查，做好上报审批工作。

（3）安全环保科负责组织编制安全环保专项规划和专业年度业务发展建议计划，负责组织安全消防环保项目方案的编制、审查，做好上报审批工作。

（4）地质研究所负责组织编制油气藏评价、油气田专项规划和专业年度业务发展建议计划；负责组织方案的编制、审查，上报生产技术科。

（5）采气研究所负责组织编制天然气工程建设业务专项规划和气田调整改造项目专业年度业务发展建议计划，即气田调整改造项目中需单独立项的天然气处理站、增压站等改造和检修项目的编制、审查，上报生产技术科。

（6）工艺研究所负责组织编制石油工程建设业务专项规划和油田调整改造项目专业年度业务发展建议计划，即油田调整改造项目中需单独立项的原油处理站、注水站、污水处理站等地面工程项目的方案编制、审查，上报生产技术科。

（7）信息档案管理站负责组织编制信息化建设专项规划和信息化项目专业年度业务发展建议计划；负责组织方案的编制、审查，做好上报审批工作。

（8）其他管理部门，按职责做好投资管理相关工作。

3. 投资项目管理权限及投资项目中长期业务发展规划

计划科是油气开采企业规划业务的归口管理部门，负责组织各专业部门开展中长期业务发展规划、专业（专项）规划和滚动规划的编制。中长期业务发展规划应当确定投资方向和结构，明确重大项目、投资规模和预期投资效益。油气开采企业中长期业务发展规划需报厂长办公会审定，专业（专项）规划需报主管领导审定，并报规划计划处及专业处室备案。各专业规划和专题研究，由专业处室牵头组织开展研究和审查。

投资项目安排和年度投资计划制订，以中长期业务发展规划、专业（专项）规划和滚动规划为依据。未纳入中长期业务发展规划的项目，原则上不得开展可行性研究等前期工作。前期工作未完成的项目，不得列入投资计划。

4. 投资项目可行性研究管理

投资项目可行性研究是油气开采企业所关注的重点问题，已列入厂中长期业务发展规划、专业（专项）规划和滚动规划的建设项目由主管专业科室组织开展项目可行性研究、方案技术审查、综合论证。计划科根据资金平衡情况，在投资计划中以计划代立项申请，上报规划计划处。建设项目可行性研究，主管专业科室应委托具备相应资质的设计单位编制，内容、范围及深度必须达到油田公司和行业规定标准。主管专业科室必须对设计单位完成的可行性研究（方案）组织初审，由计划科组织上报审查文件。初审意见和修改后的报告随文上报主管专业处室和规划计划处。项目主管专业科室接到可行性研究报告后尽快完成审查条件检查、可行性研究审查。因特殊情况需延期的，应及时报主管领导说明情况并预告审查时间。

在进行可行性研究报告分类审查审批时，主要需要走以下程序：

（1）老油气田调整改造、系统配套、安全技术改造和环保治理、节能减排、抗震加固、装备制造及设备购置等项目，依据规划和年度计划部署，由采气一厂提出项目建议书和设计工作委托书，经主管专业处室和规划计划处审查通过后，委托设计单位开展项目可行性研究。

（2）非产能建设项目中新建油气管线、站库总体改造、科研及生产生活辅助工程、公用工程配套建设、教育培训等项目，由油气开采企业依据规划和年度计划部署，提出项目建议书和设计工作委托书，经规划计划处审查通过后，委托设计单位开展项目可行性研究。

5. 投资项目初步设计管理

设计单位完成初步设计后，必须交由审核后报建设单位（委托单位）。主管专业科室必须对报告组织初审，由计划科组织报审查文件，初审意见和修改后的初步设计随文上报主管专业处室和规划计划处。项目主管专业科室接到可行性研究报告后尽快完成审查条件检查、可行性研究审查。因特殊情况需延期的，应及时报主管领导说明情况并预告审查时间。

初步设计审查的内容主要有几点：

（1）内容是否执行国家、集团公司、油田公司及当地有关工程建设和概算编制的方针政策、法律法规、技术标准与规范，尤其是强制性标准条文；

（2）是否符合批准的可行性研究报告要求；

（3）初步设计内容与深度是否符合相关行业设计规范，设计的主要依据、原始资料是否真实、准确、齐全；

（4）还需要注意站场选址、主要工艺流程、总平面布置是否合理，主要建构筑物的地基基础、主体结构体系是否安全、可靠；

（5）采用的新技术是否成熟可靠、经济适用，技术水平、主要经济技术指标是否先进、符合实际；

（6）主要设备、材料的选用是否合理，是否需要引进；

（7）设备、材料价格是否按市场价格水平合理确定，定额套用和费用计算是否准确；

（8）公用和生产辅助设施是否配套，安全、消防、节能、环境保护、劳动安全、职业卫生等专篇是否符合要求，安全预评价、环境影响评价及地震安全性评价中提出的意见是否按实际情况调整，是否损害公众利益，各种外部协作条件是否落实；

（9）生产定员配置是否合理；

（10）设计提供的工程量是否真实、准确，有无漏项、重项；

（11）初步设计的编制及出版质量是否符合要求等。

初步设计分类审查审批程序内容如下：

（1）老油气田调整改造、系统配套、安全技术改造和环保治理、节能减排、信息化建设、抗震加固、装备制造项目的初步设计审查，按照项目立项批复文件，由主管专业科室提出初步设计委托，经主管专业处室和规划计划处审查通过后，委托具备相应专业设计资质的单位进行设计。

（2）非产能建设项目中新建油气管线、站库总体改造、科研及生产生活辅助工程、公用工程配套建设、教育培训等项目的初步设计审查，按照立项批复文件，由主管专业科室提出初步设计委托，经规划计划处审查通过后，委托具备相应专业设计资质的单位进行设计。

在项目预算调整当中，项目实施过程中若遇重大设计变更、不可抗拒的重大自然灾害和政策性调整，导致投资可能突破批准概算的，项目经理部应及时提交书面报告予以解释说明，项目投资可能超过批准概算10%且已完成70%工作量的，由项目经理部委托原编制单位编报调整概算，调整概算经原审批部门审查批准后方可执行。项目初步设计批复后两年内没有启动或初步设计阶段工艺技术方案有重大变更的，应当按照审批权限重新报批。

6. 年度投资计划

年度投资计划包括年度业务发展计划、投资分批计划和年底调整计划。年度业务发展计划确定年度投资总体安排，分批投资计划，是在年度业务发展计划内根据项目进度确定的执行计划。年底调整计划，是对全年分批投资计划的汇总和调整。编制年度业务发展计划5个阶段：专业部门年度业务发展建议计划的编制阶段；专业年度建议计划的编制阶段；油气开采企业年度业务发展建议计划的编制阶段；项目论证阶段；年度业务发展计划的落实阶段。

（1）编制建议计划。

每年6月初，各主管专业部门组织编制专业建议计划，并由计划科汇总编制《年度业务发展建议计划》。7月中旬，相关负责人办公会审查通过后由计划科负责上报规划计划处。

（2）编制专业计划。

5月上旬，计划科将建议计划按类分发到各专业科室，各专业科室根据管理职责组织相关部门对各基层单位建议计划进行论证，按照轻重缓急和效益标准排队，根据油田公司对专业计划的编制要求，7月底完成专业计划的编制。

（3）编制业务发展计划。

各专业计划编制完成后于7月中旬提交计划科，由其负责组织编制年度业务发展计划，7月中旬完成后经相关负责办公会审定后上报油田公司规划计划处。

（4）项目论证阶段。

由各主管专业科室牵头，组织各专业科室和相关人员参加采年度投资项目论证审查会。

（5）年度业务发展计划落实阶段。

根据论证审查意见，计划科编制上报年度业务发展框架指标，负责组织相关部门修编年度业务发展建议计划，经相关部门办公会审定后报油田公司规划计划处，落实年度投资规模。

年度分批投资计划编制和下达方面，按照年度实施计划确定的规模实行总量控制和项目管理，根据项目前期工作进展情况，计划科编制分批投资计划，分批投资计划经相关负责人审批后下达。对于没有列入年度实施计划但属于特殊急需安排投资的项目，由专业部门提出应急项目书面申请，提交计划科，由其根据资金平衡情况报相关负责人审定后下达调整计划通知单（具有分批投资计划的效力）。列入年度分批投资计划的项目应符合以下条件：

（1）投资包含在厂年度实施计划确定的投资规模内；

（2）不可预见的突发性安全隐患治理项目。

公司投资计划具有严格的约束力，相关部门和单位必须严格按计划组织实施，不得擅自扩大建设规模或提高投资标准。调整计划是对分批投资计划完成情况的汇总，是资金安排的重要依据。每年11月底，根据项目结算资料预审情况，完成建议调整计划的编制并报规划计划处。12月底，计划科根据公司审查意见下达厂调整计划。

7. 投资项目实施

建设项目投资计划下达后，组建项目经理部，落实组织机构和成员。项目经理部是项目实施执行单位，对投资、质量、工期、安全环保及其他目标负全部责任。凡公司直属或列为公司重点建设项目的，项目经理与公司主管领导签订包保协议，按照公司招标、合同、质量、HSE等有关规定，组织投资项目实施。工程建设项目具备实施条件后，应编制开工报告。公司重点建设项目的开工报告，由公司基建工程处审批。实施投资项目，必须严格按照下达的年度投资计划和批准的项目内容及估（概）预算执行。项目实施过程中不得随意变更项目内容和建设标准。重大设计变更，必须按管理权限报批后方可实施。依据相关政策实施办法，对投资项目进行竣工验收。

8. 投资统计与后评价

规划计划处制订统一的投资统计制度，统一投资统计范围和标准，规范投资指标体系和计算方法。凡列入公司投资计划的工程项目，建设单位应按单项工程统计工程实物量和投资完成额，依照公司有关规定上报并跟踪分析。所有投资项目建成投产后均应及时组织开展后评价工作，对不能按期建成（超过设计工期1年以上）或建成后长期（1年以上）不能投产的项目，应组织开展阶段后评价工作。项目后评价分为简化后评价和详细后评价。简化后评价，由项目使用单位按照油田公司规定的方法和表格编制；详细后评价，由规划计划处委托具有相应资质的专业机构按照集团公司的规定编制。公司简化后评价任务，由规划计划处以文件形式下达到各管理单位。简化后评价由规划计划处和工程咨询中心指导各管理单位完成，评价报告报规划计划处。

9. 投资监督与考核

在投资监督与考核方面，油气开采企业应当建立投资计划执行情况季度报告、年度计划执行效果分析制度。每季度第一个月5日前，有关部门向计划科报送重点项目进展情况和投资计划执行情况分析报告。计划科汇总形成季度投资执行情况分析报告。每年1月10日前，有关部门将上年度投资计划执行情况报计划科，由其汇总形成分析报告并通报执行效果。采取重点抽查和定期检查相结合的方式，由相关部门对投资项目实施过程进行监督检查，并向厂通报检查结果。建设项目总投资与计划安排投资相比有结余的或其他项目决算投资与项目批准估（概）算投资相比有节余的，按照公司及相关考核奖励办法进行奖励。

在考核中要注重奖惩力度，有以下行为的，应当予以通报批评并纳入单位主要负责人、主管领导和单位业绩考核：

（1）有计划外项目、未经批准或授权对外投资的；

（2）擅自扩大建设规模或引进范围、变更建设内容，造成上下游装置不配套、公用工程与工艺装置不配套、装置内单元不配套等瓶颈的；

（3）新建、改扩建项目安全、环保设施验收不达标或能耗指标测试不合格的；

（4）擅自开工建设，或未经批准提前开展设备订货的；

（5）在投资管理中不认真履行职责，失职、渎职的；

（6）其他违反细则规定的。

## 四、固定资产管理标准化成本管理制度建设

1. 油气开采企业固定资产管理标准化成本管理制度建设总则

为加强对固定资产、油气资产（以下简称固定资产）的内部控制和管理，保证企业资产安全、完整，根据相关制度规定，结合油气开采企业实际情况，制订相关细则。

固定资产是油田生产发展的重要物质基础。保护资产的所有权和收益不受侵占，是企业管理工作的一项重要任务；保证资产账、实相符、合理使用，是资产使用部门的首要责任。油气开采企业固定资产应当实行企业、二级单位二级管理。固定资产的管理和使用，要坚持统一政策、统一领导、归口管理、责任到人、物尽其用的原则，对固定资产的购建、验收、使用、盘点、保管及处置等关键环节进行控制，防止实物资产被盗、毁损和流失。固定资产管理工作的主要内容包括资产核算及网络数据库维护、资产清查、转资与调

拨、资产租赁、资产报废、资产调剂、资产处置等。

在实际工作中，固定资产管理工作主要有以下任务：

（1）在资产管理授权范围内，行使授予的资产管理权和资产经营权；

（2）建立健全各项管理规章制度，合理配置固定资产，保障固定资产的安全和完整；

（3）推动资产合理流动，实现资产优化配置，提高资产使用效益；

（4）定期进行资产清查工作，及时掌握资产动态，做好企业闲置资产调剂、资产租赁和资产报废工作；

（5）根据油田公司业务重组安排及公司结构调整，配合做好资产重组和资产评估工作。

2. 管理职责

固定资产的使用管理要建立使用部门及人员负责制。当机构变动、人员调动、出国（6个月以上）、离岗、退休前，应对其管理的在用固定资产进行清点，办理交接、登记、变更等手续。财务科是油气开采企业资产的归口管理部门，其主要职责是：

（1）贯彻执行国家、油田公司关于资产管理工作的方针、政策和法规，结合厂实际情况，制订资产管理规章制度及实施细则，建立健全资产管理制度；

（2）定期组织厂资产清查、核实工作；

（3）按照相关的财务、资产管理制度，负责全厂及各基层单位固定资产日常管理的指导、监督和信息统计工作；

（4）负责厂固定资产存量管理、新增固定资产转资、固定资产调拨、租赁和调剂工作，并按管理规定上报审批固定资产盘盈、盘亏、毁损、报废工作；

（5）负责组织资产产权转移时的资产评估、确认工作；

（6）负责固定资产核算工作，定期报告固定资产增减变动情况，及时掌握固定资产实物及价值状况；

（7）负责厂固定资产实物管理的信息化应用工作，实现固定资产动态信息的电算化管理；

（8）及时反映资产存量及变化情况，提高资产管理水平；

（9）参与公司新投项目的竣工验收和资产移交工作。

企业各业务主管部门负责资产运行的专业管理和技术管理工作。各专业部门的职责内容如下：

（1）生产运行科是企业设备及油田水、电、通信、道路和房屋土地等公共系统运行的专业技术管理部门，负责组织油田产能建设地面工程及相关配套工程、设备的实施、竣工验收及实物管理监督，并配合资产移交工作；负责企业设备设施调剂工作，负责报废油田设施及设备的技术鉴定及归口上报工作。

（2）生产技术科负责采油、集输、注水等生产工艺技术管理工作，负责油田开发及采油工程综合调整方案的实施工作，负责井站投产、改造、扩建措施的技术审核及施工验收工作。

（3）地质所是企业油气水井的专业技术管理部门，负责油水井、油水井作业及相关配套工程的实施及管理，负责组织油气水井的交井验收并配合资产移交工作。负责报废油水井的技术鉴定及归口上报工作。

（4）安全科是企业安全设备设施的专业技术管理部门，负责厂安全设备的实物管理监督、新增设备验收并配合资产移交工作，参与安全设备调剂及报废的技术鉴定及实施。

（5）信息所是企业计算机及网络设备的专业技术管理部门，负责组织该类设备的实物管理监督、新增设备验收并配合资产移交工作，参与设备调剂及报废的技术鉴定及实施。

（6）资产使用单位对其所属资产具有内部控制和管理权，是资产的使用、保管部门，对所属资产负全面管理责任。各单位应设资产管理人员，负责固定资产附属卡片的建立及完善，负责办理新增、调入、调出资产（包括厂内）的原始交接手续并及时上报财务科，要求能够及时反映本单位占用资产的使用状况和技术状况。按照财务科及专业部门的要求定期做好资产清查、核实工作，保证本单位资产的账、卡、实物相符。

其中，直接管理单位负责人和使用人员具体负有安全使用、定期维护保养、防止丢失和非正常损坏的直接管理责任。在实际操作中，使用单位发现固定资产丢失、损坏等问题时，应及时查明原因，分清责任，并上报财务科。企业可根据固定资产丢失、损坏情况，视情节轻重给予当事者必要的行政处分或经济处罚，财务科做好有关业务处理。对固定资产闲置和申请报废，由资产使用部门写明原因，逐级上报。资产使用部门应定期做好闲置资产和报废资产的统计分析和申报工作。各单位应保持固定资产系统完整，如需解体使用，须事先提出书面报告，经财务科上报专业管理部门审核批准后方可实施。因规划拆迁房屋及构筑物，必须要有相关规划部门的确认手续。

3.资产信息系统维护及资产核算

企业应尽快建立启用企业资产管理信息系统，由财务科负责各单位及相关部门程序安装、分配用户名、调试，并负责日常维护。

资产管理信息系统中站类及公寓类设施卡片分主附卡管理，财务科负责资产主卡片的建立、健全完整；各基层单位核算员负责资产附属卡片的建立、健全完整。如遇转资、新增资产情况，参照执行。

根据系统中管理权限，各单位可查询修改本单位使用固定资产卡片，并进行统计分析。可以对资产名称，规格型号等参数进行修改，确保与实物资产完全相符，但不可修改任何价值类数据。每级用户均可登陆信息发布网页对资产卡片、报表数据进行查询统计分析。对账外资产及已报废未处置资产由财务科录入系统的账外及报废资产数据库进行卡片的维护管理。凡符合固定资产管理条件的资产均应在资产管理系统中建账登记，对实物按《股份公司固定资产分类与代码目录》进行编号，按照资产管理的统一要求建立单项资产的"固定资产数据卡片"，按物登卡、凭卡记账。各单位对实物资产必须实行分类、分级管理。

固定资产折旧按月由油田公司统一计提，财务科进入系统统计汇总本月折旧、折耗，按照《中国石油会计手册》的规定进行账务处理。如遇需补提折旧情况，参照执行。固定资产各类报表每月底由财务科生成，无纸上报并存档。

4.资产新增管理

购建固定资产必须按照油田公司固定资产投资计划进行实施。固定资产购买或购建完成后，应履行竣工验收，达到预计可使用状态时就必须办理财务转资或者预转资手续。

资产达到预定可使用状态经验收合格，应根据项目投资档次，于验收合格之日起限期完成转资。非安装设备自投用当月转资。投资5000万元以下项目时，一个月内完成转资；投资5000万元以上项目时，两个月内完成转资；特大型项目转资期限可适当延长，但必须在一个月内预转资。

预定可使用状态，是指资产实体功能达到预定使用目标。存在以下情况之一时，可认为所购建的资产达到可使用状态：

（1）资产的实体建造工作已全部完成或者实质上已经全部完成；

（2）已经通过试生产或试运行，且结果表明资产能够正常运行或者能够稳定地生产出合格产品，或者试运行结果表明能够正常运转或营业；

（3）发生在该项资产上的支出金额很少或者几乎不再发生；

（4）所购建的资产已经达到设计或合同要求，或与设计或合同要求基本相符，即使有极个别地方与设计或合同要求不相符，也不足以影响其正常使用。

凡达到预定可使用状态符合固定资产管理条件的资产均应建账登记，及时办理资产交接手续。资产建设单位应该根据现场实物建设情况填写《工程竣工财务决算及交付使用清册》。资产管理部门对实物按《股份公司固定资产分类与代码目录》进行编号，将资产相关信息及时、真实、完整地记录于资产管理信息系统。各单位内部专业技术管理部门和下属单位之间记录的同类信息，内容应保持一致。

完工已交付使用的资产，应及时办理固定资产移交及转资手续。对已竣工交付使用还未进行竣工决算的资产，填写《预转资明细表》（附件四）并及时做好资产验收和移交工作，自交付之日起，按照工程的概算、预算或工程实际成本资料，估计转入固定资产并计提折旧。竣工决算资料办理完毕后，填写《预转资资产调整表》（附件五），做好正式转资工作。杜绝年底未实施计划投资项目突击挂账，或未到货、未完工的资产提前转资及由于个人或部门人为因素造成跨期转资等不符合会计制度的行为。

固定资产转资工作流程：

（1）固定资产（项目）预估。

① 为真实反映资产负债，加强转资管理工作，规范工作程序，符合内部控制和审计要求，所有工程项目在开工后每月必须对工作量进行预估。

② 预估工作量的项目范围包括投资项目、产能建设项目、科研经费项目及公司下拨的其他非成本列支的项目。公司拨大修理资金项目、企业大修理资金项目及公司级、企业其他非投资类的重大项目也必须按照本条规定执行。

③ 每月25日前，项目主管部门对固定资产（项目）进行认真核实计划投资额、工程进度、施工中存在的特殊情况等。由部门按照计划项目填写《工程进度分析表》（附件二），并签字盖章，经计划科项目管理岗签字盖章后交财务科基建岗进行业务处理。

（2）公司下达厂投资计划项目。

① 石油公司下达油气开采企业的投资计划项目竣工后，由交付单位（建设部门）或企业有关部门按照实际交付资产填写《交付使用资产验交单》（附件一）并进行现场移交，由项目主管部门和厂属各接收单位按照资产验交单进行现场清点接收。

② 项目主管部门在组织完成现场清点接收后，于每月18日前将《交付使用资产验交

单》及时交财务科资产岗。

③ 财务科资产岗在每月 20 日前完成已接交的《交付使用资产验交单》的归集整理并编制《预转资资产明细表》转基建岗。

④ 财务科基建岗根据各工程实际结算情况编制完成《单项工程转资明细表》（附件三）和《预转资资产明细表》。对已竣工实际结算未完成的项目，由计划科工程造价岗对《预转资资产明细表》中的单项工程价值进行预估后交财务科基建岗。基建岗于每月 26 日前完成中油财务系统的账务处理，并及时将《单项工程转资明细表》和《预转资资产明细表》转资产岗，资产岗在每月 29 日前完成中油资产系统的明细信息录入。

（3）开发公司移交建设项目。

① 开发公司移交的建设项目，由开发公司按照实际交付资产填写《交付使用资产验交单》并进行现场移交，由项目主管部门和各接收单位按照资产验交单进行现场清点接收。

② 目主管部门在组织完成现场清点接收后，于每月 18 日前将《交付使用资产验交单》及时交财务科资产岗。

③ 财务科资产岗在每月 20 日前完成已接交的《交付使用资产验交单》的归集整理并编制《预转资资产明细表》（一式三份）报开发公司经营办。开发公司完成价值估算，在中油财务系统中进行账务处理后返回财务科（公司要求每月 26 日前），财务科资产岗在每月 29 日前完成中油资产系统明细信息录入。

④ 补提折旧的资产需将补计折旧情况表报公司财务资产处，对以预转资形式完成的资产应做登记备案管理并在系统中进行明细标记，以便于最终确认价值的调整。

⑤ 预转资形式完成的资产，待工程项目正式决算完毕、资产清册出来后，分别由财务科基建岗和开发公司经营出具《预转资资产调整表》并在中油财务系统中进行账务处理，及时转财务科资产岗在中油资产系统中将原来的资产暂估价调整为最终确认的价值，并相应调整已提折旧额。

5. 资产的租赁

凡租赁的资产，必须经财务科和有关主管部门清查核实，编制资产租赁方案，经厂主管领导审查确认。在租赁资格审查和资产清查确认的基础上，必须经油田公司专业部门及财务资产处批准后双方签订书面租赁合同，方可进行租赁业务。商业用房要以市场招标的方式进行对外承租，签署规范的出租合同或协议。出租的固定资产租金由财务科审批确定，并对租金收取的时间做具体规定，且在合同中明确。租金收入全部交财务科账务处理。

6. 资产清查及报废资产处理

资产的清查工作按照油气开采企业相关处理制度执行。资产报废与处置工作按照油气开采企业报废及处置实施细则执行。已报废资产清理工作按照油气开采企业已报废资产清理工作管理办法执行。

7. 资产闲置与调剂

1）闲置资产

闲置资产是指企业固定资产中连续停用一年以上、新购二年以上不能投产或变更计划后不用但仍有使用价值的设备。下列设备不得作为闲置设备：
（1）在用和备用的设备；
（2）建设项目的设备；
（3）正在维修或改造的设备；
（4）特种储备、抢险救灾、经生产部门核定封存的生产等所必需的设备；
（5）国家有关部门明文规定淘汰的耗能大、严重污染环境和危害职工人身安全的设备以及其他不允许转让和扩散的设备；
（6）报废设备。

2）固定资产闲置程序
（1）各基层单位每季度通过资产信息管理系统填制一次闲置资产申请表；
（2）厂专业技术管理部门审查鉴定，财务科将闲置资产情况按季上报油田公司财务资产处；
（3）油田公司财务资产处会同部门审核后，将资产闲置情况利用资产信息管理系统在公司内部发布。

厂部门或单位以及油田公司其他单位可通过网上查询公司闲置设备存量，根据本单位需求办理资产内部调拨手续。对外资产处置按资产处置程序办理。

对于闲置的固定资产，基层单位和主管部门应保管好资产实物，活动或可拆卸设备收存到设备库统一管理，按资产处置规定进行清理。资产处置前，基层单位或主管部门对闲置待处理资产仍负有丢失、损坏的管理责任。

3）闲置固定资产处置程序
（1）闲置资产若6个月未调剂成功，可报油田公司财务资产处批准对外出售；
（2）资产原使用单位填写设备有偿转让单，交专业主管部门、财务科审核确认后，报主管领导审批；
（3）由财务科将有偿转让单统一上报油田公司财务资产处委托事务所进行评估定价；
（4）根据评估确认处置底价，由厂财务科组织以公开拍卖的方式进行对外出售。

成交价可在底价的基础上有一定幅度的浮动，但下降比例不超过10%。在清理过程中，如需雇佣外部专业队伍，应以公开招标或议标方式确定。发生的评估费、清理费用和处置收入财务科按照股份公司财务制度的相关规定进行账务处理。

任何单位和个人无权直接对外处理公司资产，严禁不办手续无偿外借、赠送固定资产，必须严格按规定程序办理资产转让、捐赠手续。对在资产处置中弄虚作假、违规操作的，要追究相关人员的责任。资产调剂的目的是使资产合理流动，最大限度地挖掘其潜力，促进资产结构的调整和优化，提高企业的经济效益和社会效益。资产调剂的对象是各单位占用的闲置、低效资产或专业部门明确不再使用的资产。

4）油田公司单位间资产调剂程序
（1）采取无偿调拨方式。
（2）调出资产必须有油田公司专业主管部门审批的调拨意见原始资料，由调出单位报财务科填报调拨申请，通知调入方确认。财务资产处审批后，方可通知调入方调拨实物。
（3）调入资产必须有资产具体使用单位确认后，财务科方可办理调入手续。
（4）所调拨的资产应真实反映原值、净值，调入、调出方同时账务处理。

8. 资产评估

凡涉及资产产权发生变动的，必须按规定进行资产价值评估，需资产评估的范围有：

（1）资产拍卖、转让；

（2）控股公司兼并、破产、出售和股份合作；

（3）与其他经济组织进行合资、合作以及设立有限责任公司。

如涉及资产评估工作，则由财务科上报油田公司财务资产处负责管理，并按照资产评估程序进行。财务科根据资产评估结果办理有关资产对外拍卖、转让移交等相关手续。资产评估报告自评估基准日起一年内有效，超过有效期，须重新评估并办理立项、确认手续。

9. 资产内部调拨管理

厂内部资产调拨必须先办理调拨手续，后进行实物调动。内部调拨的对象是厂内各单位占用的闲置、低效等全部资产或专业部门明确不再使用的资产。资产内部调拨程序为：

（1）对于需要在厂内部调拨的资产，由资产使用单位（调出方）工程技术部门提供调拨意见原始资料，报给单位核算员并及时填报《采气一厂固定资产内部调拨单》（附件六），由本单位负责人和经办人员在调拨单签字确认后上报专业主管部门审批；

（2）经专业主管部门同意后交调入方；

（3）调入方单位负责人和经办人员在《采气一厂固定资产内部调拨单》上签字确认并于当月25号之前交财务科确认后，方可进行实物调拨；

（4）财务科进入系统进行单位调整，并反映在当月报表中。

企业电子类工具及仪器调拨管理由信息档案管理站负责，除了电子类工具及仪器外的其他资产调拨管理均由生产运行科负责。各资产管理单位要做好资产的调拨管理工作，严格执行调拨手续，促进资产的合理流动，充分发挥资产的效益。

## 五、油气开采企业资金授权管理标准化制度建设

1. 油气开采企业资金授权管理标准化制度建设总则

为加强采气一厂资金集中管理，规范支出程序，提高使用效率，建立约束和监督机制，明确各项资金支出的审批权限和办理程序。在制订相关准则时，需要考虑公司现行发展状况，以及合作的油公司的相关规定。其中所指的资金支出，是指为组织生产经营、投资和其他活动，需要发生的全部资金支出。

2. 授权内容

资金授权管理包括预算内、预算外资金支出。预算内资金支出是指经预算委员会批准列入年度预算的所有资金支出，包括资本性支出、生产经营支出、缴纳税款支出、关联交易支出等。预算外资金支出是指未列入年度预算的各项资金支出以及赞助、捐赠等。

3. 分级授权

对预算内、外资金支出，实行企业相关负责人授权下的审批制度，在实际运行中由总会计师审批。总会计师因公外出出差、学习不在工作岗位时，预算内、外资金支出，由企

业董事长或由董事长指定的分管领导审批。

4. 审批程序

在预算内资金支出方面，根据年度预算，结合厂生产经营以及投资、科研项目进度，经综合平衡资金需求，由财务科编制月度资金支出预算，经科室领导审核后报总会计师批准。在进行预算外资金申请上，首先要由业务部门提出书面申请（资金支付用途、理由、金额和支付方式等），申请报分管领导审定，业务部门送总会计师审批，经分管领导审定后，由总会计师提出处理意见，报预算委员会批准，财务科执行。

5. 资金管理监督责任制

为加强对资金使用的管理和监督，完善资金管理责任制度，实行资金授权管理办法后，建立资金签批责任制，对于资金支出实行"谁审批，谁负责"的制度。企业各有关部门应严格按照规定程序办理各项资金支出业务，加强对资金使用情况的监管。经批准使用预算外资金的部门和单位，要对签批分管领导负责，遵守国家财经法规和中国石油天然气集团公司、油田公司规定，严格按批准的用途使用资金，不得转移、挪用，形成账外资金。凡是未按相关办法履行审批手续的资金支出事项，财务科一律不予办理付款手续。

## 六、油气开采企业成本核算标准化成本制度建立

1. 油气开采企业标准化成本制度建立总则

为规范采气一厂天然气成本核算和管理行为，能够正确及时计算各项成本，如实反映成本支出情况，监督成本开支范围，分析成本升降原因，挖掘降低成本潜力，根据中国石油天然气集团公司和油田公司有关规定，结合实际情况，制订相关办法。根据油田公司成本核算的模式，油气开采企业应当与所合作的油田公司使用统一的会计账套、统一的成本费用科目、统一的成本核算方法进行天然气生产过程中发生的各项成本费用的核算。企业成本核算以责任中心为成本费用归集对象，反映下属各单位发生的各项成本费用；以成本中心、作业过程和产品品种为成本核算对象归集核算油气生产成本。成本费用科目按油田公司管理要求设置统一的专项核算类别、台账类别和辅助核算，满足内部管理需要。

2. 成本列支范围

企业成本列支的具体范围包括：

（1）天然气生产过程中消耗的各种材料、燃料、动力等实际成本；

（2）从事天然气生产人员工资、各种工资性补贴和按工资总额规定比例计提的工资附加费；

（3）辅助生产单位向天然气生产提供专项技术服务支出的实际成本，包括井下作业费、维护及修理费、运输费等；

（4）厂职能管理部门以及基层生产单位为组织和管理天然气生产所发生的各项管理费用；

（5）企业油气资产及固定资产应计提的折旧及折耗。

下列支出不得列入企业成本费用:
(1) 为购置和建造固定资产、无形资产和其他资产的支出;
(2) 对外投资的支出;
(3) 被没收的财物、支付的滞纳金、罚款、违约金、赔偿金;
(4) 企业赞助、捐献支出;
(5) 国家法律、法规以外的各种付费;
(6) 国家规定不得列入成本费用的其他支出。

3. 成本核算程序

在成本费用科目的设置上,企业应设置"油气生产成本""管理费用"科目核算厂属各责任中心在天然气生产及管理过程中发生的成本费用。

1) 油气生产成本

本科目用于企业各采气作业区、辅助管理单位核算为生产天然气过程中发生的各项成本,即为管理和维护气井及相关设施、设备所发生的人工费、维护修理费、燃料、材料、动力费、运输费、井下作业、测井测试费、折旧折耗等费用。通过本科目核算成本的责任中心包括除员工培训站、综合服务站以外的各责任中心。

本科目设置成本中心、作业过程和产品核算、其他款项等辅助核算。成本中心用于核算各地质区块的油气生产成本,作业过程用于归集天然气生产过程中发生的成本费用,产品核算用于核算各责任中心的原油和天然气成本,其他款项主要归集成本费用的资金支出流向。

本科目以各地质区块设为成本核算中心,以油气品种设"天然气""凝析油"为成本核算对象,按责任中心设置明细账。月末本科目归集的天然气生产成本分"油气产品"结转到"库存商品"科目,本科目月末应无余额。

2) 管理费用

本科目用于核算采气一厂员工培训站、综合服务站为辅助天然气生产过程中发生的各项成本支出,即为员工培训站、综合服务站所发生的人工费、维护修理费、燃料、材料、动力费、运输费、折旧折耗等费用。

本科目设置部门核算、其他款项等辅助核算。部门核算用于归集部门所发生的管理费支出,其他款项主要归集成本费用的资金支出流向。月末本科目归集的管理费支出在 FMIS7.0 自定义结转到"本年利润"科目,本科目月末应无余额。

在成本的核算程序方面,不同项目需要进行不同的程序:

(1) 原材料及燃料的核算。

材料发放时,应核算到明细责任中心。对于生产单位领用的材料,还要注明应列入的成本中心以及具体使用范围(即采气井、天然气净化装置)。月末由财务科根据各责任中心确认的材料单据,分责任中心列入相关成本费用科目材料明细项目及相应的"作业过程"进行材料成本归集。

基本生产单位和辅助生产单位领用的材料性劳保服装、手套、洗涤用品统一在相关成本科目的"油气生产成本\原料及主要材料\其他材料"项目下核算,机关和管理单位的此项费用在"油气生产成本\劳动保护费"项目下核算。

(2)水电费的核算。

由双方主管人员定期抄表计量当期的水电消耗数量,依据供用电双方的合同和协议,计算应结算的数量。经作业区、主管部门逐级签字确认后,由供电方出具劳务结算单、增值税专用发票等结算资料,最后由财务科相关岗位办理结算。

由于水电费的计量是以作业区(或供电线路)等非明细责任中心为结算对象,作业区主管部门还应将结算的水电费在明细的责任中心、成本中心之间进行分配。

(3)工资及附加费的核算。

依据人事部门出具的工资计算表,按责任中心分别记入相关科目的人员费用项目及相应的作业过程归集人员费。列入作业区类责任中心的工资,还应列入对应的成本中心。外雇工劳务费的工资性劳务费、托管人员的工资和计提的附加费、支付出差补贴,列入所属的责任中心归集费用的成本费用科目及相应的作业过程中。

(4)各项税费的核算。

各责任中心支付的印花税、房产税等税费通过"油气生产成本/税费"科目核算,各责任中心支付的财产保险费按所属的责任中心列入"油气生产成本/财产保险费"科目。

(5)预提费用的核算。

月末财务资产科根据各生产部门报送的各责任中心和成本中心的实物量消耗数据和实际结算的费用差额,按权责发生制的会计核算原则,分析计算各责任中心的成本项目应预提的各项费用,编制预提费用计算表。下月初,以相同的分录用红字冲销(即 FMIS7.0 的对冲复制功能),下月末按同样的方法做类似的账务处理。

(6)折旧折耗的核算。

各责任中心折旧折耗费用在作业过程的"采出作业"归集,各责任中心按规定的折旧折耗计提方法(产量法)计提当期的折旧折耗,并核算到各明细的责任中心。如果该责任中心为作业区类责任中心还应对应(或分配)到成本中心和油气产品明细。每月月末检查当月折旧折耗及摊销的计提数与进成本数保持一致。

(7)井下作业费的核算。

井下作业工作量完成后,双方按规定的管理程序,由作业区、工艺部门确认工作量并办理各项结算手续。施工单位出具修井结算单和结算发票,由财务科相关岗位办理结算并以责任中心和成本中心为汇总对象编制分作业类别的修井作业费用汇总表,分别汇总各责任中心和成本中心分类修井作业费,记入相应责任中心的"油气生产成本/其他外包劳务支出/井下作业成本"科目及相对应的"井下作业/明细"作业过程中归集,按照责任中心对应地质区块分配到成本中心和区块对应的油气产品明细。

(8)测井试井作业成本的核算。

测井测试工作量完成后,双方按规定的管理程序,由作业区、工艺部门确认工作量并办理各项结算手续。施工单位出具测井测试结算单和结算发票,由财务科相关岗位办理结算并以责任中心和成本中心为汇总对象编制分作业类别的测井测试作业费用汇总表,分别汇总各责任中心和成本中心分类测井测试作业费,记入相应责任中心的"油气生产成本/其他外包劳务支出/测井作业(或者试井作业)"科目及相对应的"测井测试/明细"作业过程中归集,按照责任中心对应地质区块分配到成本中心和区块对应的油气产品明细。

(9)运费、维护及修理费等成本核算。

运费、维护及修理费等成本费用按照合同约定，双方按规定的管理程序，由各部门确认工作量及主管科室审核后办理各项结算手续，提供劳务方出具的结算发票及结算单。财务科相关岗位办理结算并以责任中心和成本中心为汇总对象编制分作业类别的费用汇总表，分别汇总各责任中心和成本中心分类成本费用，记入相应责任中心的"油气生产成本/费用要素"及相对应的"作业过程"中归集，按照责任中心对应地质区块分配到成本中心和区块对应的油气产品明细。

油气生产成本核算按作业过程归集，按费用要素核算。其中维护及修理作业过程和运输作业过程只核算直接采油采气过程中的维护及修理费以及运费，其他作业过程发生的维护及修理费以及运费在相应的作业过程中核算。

（10）矿管理费核算。

矿管理费类责任中心（机关—科室、地质所、工艺所、采气所、信息所、物资管理站、试采抢险中心、保卫科）所发生的成本费用按照成本费用要素核算，在"油气生产成本/企业矿管理费/企业级"作业过程中归集。按"谁受益谁承担"的原则，在各成本项目中核算，并按油田公司规定的方法计入各区块成本和产品成本中。矿管理费类责任中心所发生的厂矿管理费属于一个区块的直接计入该区块，所发生的矿管理费跨两个或两个以上区块的，按照各区块上上月产量等为标准实时分摊计入各块和产品成本。

4. 成本报表的编制

成本报表是定期反映天然气生产支出的书面报告。因此，必须完整准确地编制天然气生产的各种成本报表。报表类型包括采油采气成本计算总表、采油采气计算表、采油采气计算表（气层气）、投资及生产经营支出表、下属单位成本（区块）计算表。

标准化成本管理制度建设对于油气开采企业来说，具有很强的现实意义。结合企业生产实践，将标准成本贯彻到预算管理的过程中，有利于企业不断增强核心竞争力，提升经营管理水平。

# 后　记

　　标准是科学、技术和实践经验的总结，是衡量企业科技创新能力和运营管理水平的重要标尺，是推动整个油气资源行业发展进步的关键因素。标准国际化是标准化工作的必然发展趋势。标准化管理理念和标准一体化体系建设等问题需要及时有效地解决，以缩短国内标准化与国际先进水平的差距，满足我国油气资源行业的发展需求。

　　本书在新疆油田公司2014年科技项目"气田标准成本模型研究"（CQYC-2012-174）和2017年四川民族山地经济发展研究中心一般项目"四川民族地区矿产资源开发生态补偿模式及机制研究"（SDJJ1714）的研究报告基础上形成。新疆油田公司采气一厂的相关领导柳海、刘志杰、颜泽江、单江、张锋、张永强等对项目的研究和专著的撰写给予了大力支持。项目研究中，为了研究油气资源型企业标准化管理现状与存在的问题，本课题组深入调研了新疆油田采气一厂、新疆油田呼图壁储气库、中国石油集团测井有限公司、长庆油田、胜利油田、塔里木油田、西南油气田分公司、四川省凉山彝族自治州的西昌盆地昭觉区块等相关单位，并多次召开课题组研讨会。感谢相关地区和部门的领导和专家为课题研究提供的支持和帮助。项目还受到2018年度四川省软科学研究计划项目"基于界面管理的四川省页岩气勘探开发协调管理机制研究"、2017年西南石油大学人文社会科学科研专项基金项目"基于供给侧视角的我国新能源产业集群发展模式与机制研究"（2017RW027）、西南石油大学新能源产业发展与政策创新青年科技创新培育团队（2017CXTD013）、四川石油天然气发展研究中心项"生态文明建设背景下的物权生态化的制度构建—基于博弈论视角的研究"（SKW14-04）资助，团队成员等给予了大力支持。在书稿的形成中，得到西南石油大学博士研究生胡尧、硕士研究生张培鑫、邱代坤、张志伟等帮助，他们或收集资料，或调研分析，或参加研究讨论，为本书贡献了力量与智慧，在此向他们表示衷心的感谢！

庞敏　秦扬

2018年5月于成都